당신의 생각은 언젠가 현실이 된다

SOUL MASTER

소울 마스터

막심 만케비치(Maxim Mankevich) 지음
추미란 옮김

원더박스

**GRÄFE
UND
UNZER**

Soul Master by Maxim Mankevich, ISBN 978-3-8338-8319-4,
© GRÄFE UND UNZER VERLAG GmbH, 2022
Korean translation copyright: © 2023 by Wonderbox,
an imprint of Bulkwang Media by arrangement through AMO Agency, Korea.

일러두기
- 이 책은 2022년 3월 독일에서 출간된 「SOUL MASTER」의 온전한 우리말 번역입니다.
- 책 이름에는 홑낫표(「 」)를 영화와 음악 등의 제목에는 화살괄호(〈 〉)를 사용하였습니다.
- 국내에 출판된 책, 상영된 영화 등의 제목은 국내 출판과 상영 당시 제목을 사용하였습니다.
  단, 제목에 특별한 의미가 있어 저자가 이를 설명하려고 한 경우 원서 제목을 직역하였으며
  괄호 안에 국내 출간이나 상영 제목을 달았습니다.
- 외국어 단어를 그대로 읽을 경우 저자가 사용하는 언어인 독일어를 기준으로 하였으며
  의미만 옮겼을 경우 필요에 따라 독일어를 병기하였습니다. 단, 동일한 의미를 가진 단어가
  국어사전 등에 등재된 경우 국어사전 표기를 우선으로 하였습니다.

나의 아들 레오에게,
삶의 큰 질문들에 이 책이 너를 위한 답이 되기를 바란다.
사랑한다!

목차

들어가는 말

세상에 태어나면 확실한 것은 하나밖에 없다. 언젠가는 다시 돌아가야 한다는 것 말이다. 그리고 사람은 태어나면서 선물을 하나 받는다. 바로 삶이라는 선물이다. 이 선물 안에는, 그러니까 인간의 삶 안에는 열리기만을 기다리는 수많은 가능성이 숨어 있다. 하지만 슬프게도 대개는 그 선물을 열어 보려고도 않는다. 물론 이 책을 읽는 당신은 다를 것이다. 이 책을 읽고 나면 당신은 근원과 연결될 테고 우주의 법칙에 따라 당신의 그 모든 가능성을 깨우고 계발하는 소울 마스터가 될 테니까.

"우리의 가능성에 비하면 우리는 반만 깨어 있다." 미국 심리학의 아버지 윌리엄 제임스William James의 말이다. 육체적 · 정신적으로 가진 것의 작은 부분만 사용하고 있다는 뜻이다.[1] 인간은 자신의 잠재성을 전혀 발휘하지 못하며 살아간다. 영혼의 힘을 가짐에도 거의 모든 상황에서 그 힘을 온전히 끌어내지 못한다.

지금 우리는 유례없이 좋은 시대를 살고 있다. 기술과 지식의 발달 덕분에 삶이 전반적으로 편리해졌다. 100년 전이라면 몇 달이 걸릴 수천 킬로미터 길을 하루 만에 통과한다. 50년 전만 해도 문제가 생기면 주변 사람에게 묻거나 도서관에 가서 적당한 전문 서적에서 해결책을 찾아야 했지만, 이제는 인터넷만 있으면 2분도 안 되어 해결된다. 하지만 그래서 나는 자꾸 자문한다. 외부적인 가능성이 이렇게 커졌는데 우리는 이미 가진 내면의 자원은 왜 아직도 잘 활용하지 못하고 있을까?

물론 그 이유는 많다. 그럴 환경이 아니라서, 자기애가 부족해서, 자신만의 소명을 잘 몰라서, 분명한 목표가 없어서, 아이디어를 실현할 노하우가 부족해서 등등.

「소울 마스터」가 당신에게 자유로 향한 문을 열어 줄 것이다. 당신부터 좋아져야 당신 인생도 좋아질 것이기 때문이다. 그 문을 통과하느냐 않느냐는 당신에게 달렸다.

이 책의 앞부분인 '영혼', '의식', '행복' 장에서는 먼저 당신이 지구에 온 이유와 당신만의 '근본 신뢰Urvertrauen' 강화하는 법과 살면서 늘 행복할 방법들을 살펴볼 것이다. 그 후 나머지 여섯 장은 당신이 이 지구에 온 바로 그 '이유'를 삶의 중요한 분야들에서 성공적으로 실현하는 법을 살펴보려 한다.

지구인이라면 다음 두 가지를 생각해 보아야 한다.

어떤 삶이 내가 정말 원하는 삶인가?

나는 어떤 사람이 되고 싶은가?

그리고 그렇게 해서 얻은 답은 당신만의 결정이고 그 누구도 그 결정을 바꿀 수 없다. 나이가 들수록 꿈이 작아진다. 타협한다. 하지만 사람은 꿈꾸기를 절대 멈추지 말아야 한다. 몸에 음식이 필요하듯 영혼에는 꿈이 필요하기 때문이다. 새로운 시도를 두려워하지 말아야 한다. 그보다는 언젠가는 늙고 시간이 다해 꿈을 실현할 에너지가 사라질 것을 더 걱정해야 한다.

인생에서 확실한 건 태어남과 죽음뿐이다. 그 중간에 삶이라는 놀이터가 있고 그 놀이터를 좋은 사람들, 훌륭한 아이디어, 알찬 경험과 결과로 채울 것인가 말 것인가는 당신에게 달렸다. 하지만 죽는 것만 빼고 못 할 게 무엇이 있겠는가!

CHAPTER 1

영혼

창조적인 당신

당신이 여기에 있는 진짜 이유

지구상에는 약 80억 명이 살아가고 있지만 내 추측에 따르면 조상들까지 통틀어 약 2천에서 4천 명만이 우리가 천재라고 부르는 마스터의 경지에 올랐다. 다른 사람들은 잠자고 있는 가운데 이 소수의 영혼은 정신, 감성, 영혼의 모든 잠재성을 계발해냈다. 어떻게 그럴 수 있었을까? 어떻게 한 인간이 비범한 생각 하나로 인류 전체를 더 높은 수준으로 끌어올리고 수백만의 인생을 영원히 바꿀 수 있을까? 니콜라 테슬라가 발명한 전기, 마크 트웨인의 모험담, 모차르트의 음악…. 이것들은 세상을 영원히 바꾸었고 세월이 흘러도 그 가치는 여전하다.

그런 의미에서 당신이 인생에서 할 수 있는 가장 중요한 질문은 "나는 왜 여기 지구에 있는가?"일지도 모른다.

이 질문에 어떤 대답을 하느냐에 따라 앞으로 당신 인생이 달라질 것이다. 우리는 우리 의식 가장 깊은 곳이 허락하는 것만큼만 행복할 수 있고 성공할 수 있기 때문이다. 예를 들어 당신은 이렇게 대답할 수도 있다. "나는 겨울에 태어났지. 부모님이 추운 겨울밤 몸을 데우고 싶었거든. 인생이 힘들 때가 많아. 이제 그만 모든 스트레스가 사라졌으면 좋겠어. 은퇴해서 소박하게 즐기며 살고 싶어."

그렇다면 나는 당신이 질문을 하나 더 해 보길 바란다. "나는 이런저런 경험을 하는 인간인가? 아니면 이런저런 인간적인 경험을 하는, 신과 같은 영혼인가?"

이 질문에 어떻게 답하느냐에 따라 당신은 행복해질 수도 불행해질 수도 있고, 만족할 수도 상심할 수도 있고, 조화로운 인생을 살 수도 끊임없이 고군분투할 수도 있다.

왜 주저앉기만 하는가?

고뇌 속에서 매일 근근이 살아가는 사람이 많다. 인생에서 뭐 하나 제대로 되는 게 없는 것 같다. 순간의 기쁨과 자극을 좇지만 돌아서면 허무하다. 이렇듯 결핍 혹은 피해의식 속에서 살아가는 사람이 많다. 왜 그럴까? 왜냐하면 아무도 이들에게 규칙을 말해 주지 않았기 때문이다. 인생이라는 게임의 규칙 말이다. 게임의 규칙을 모르니 단지 남들 하는 대로 소비하며 산다. 물건을 소비하는 사람도 있고 (예를 들어 온라인 데이트로) 사람을 소비하는 사람도 있다. 어느 쪽이든 표면적이고 불만족한 삶이라는 결과는 마찬가지이다. 다음은 창조적인 영혼이 꼭 피해야 하는 다섯 가지 함정이다.

함정 1 : 오락

이미 고대 로마 시대부터 사람들은 검투사들이 그 마지막 숨을 토해 내는 모습을 관전하기 위해 콜로세움으로 향했다. 극적인 장면은 우리 뇌 속에서 마치 마약처럼 작용한다. 극적인 장면을 보는 순간 우리는 살아 있음을 느낀다. 긍정적인 감정이든 부정적인 감정이든 감정이 없는 사람은 삶의 기쁨도 없다. 당시 그렇게 풍성한 음식과 경기로 시작됐던 것이 지금 우리 시대까지 넘어왔다. 단지 지금은 콜로세움의 자리를 인터넷과 텔레비전이 대신할 뿐이다. 잠시 당신이 누릴 수 있는 오락거리들을 생각해 보자. 당신은 그것들을 매일 어떻게 쓰고 있는가? 텔레비전이든 인터넷이든 컴퓨터 게임이든 대중 매체든, 긍정적인 머리기사보다 부정적인 머리기사가 훨씬 더 잘 팔린다. 오늘 저녁 뉴스를 한번 시청해 보라. "안녕하십니까?"라는 친절한 인사로 시작되지만 15분 만에 자신이 안녕하지 못함을 확신하게 될 것이다. 냉정한 사람이라면 "원래 그런걸요. 그렇다고 나까지 영향을 받지는 않아요!"라고 한다. 하지만 정말 그런가? 2013년, 익명의 페이스북 유저들을 상대로 한 연구가 하나 있었다.[2] 일단 연구자들은 68만 9천 명 유저들의 페이스북 시작 페이지를 조작했다. 유저들 일부는 친구들이 올린 긍정적인 소식만 받았다. 그 결과 이 사람들도 긍정적인 내용들을 올렸다. 다른 일부 유저들은 친구들이 올린 부정적인 소식만 받았고 이 사람들도 그런 흐름에 맞게 부정적인 내용들을 올렸다. 세 번째 그룹 유저들은 중립적인 소식만 받았고 이들도 그런 흐름에 맞게 감정적인 글은 자제했다. 결론. 장기적으로 볼 때 우리는 매일 듣고 보고 생각하고 행한 대로 변해간다.

함정 2 : 음식

다른 사람들의 소비 패턴에 맞춰 생활하다 보면 자연스레 음식도 거기에 발맞춰 섭취하게 된다. 현재는 맛있게 빨리 먹을 수 있는 음식이 대세다. 따라서 패스트푸드, 냉동 피자, 간편식, 통조림에 저절로 손이 간다. 수많은 화학조미료와 색소는 덤이다! 하지만 이런 음식들은 우리 몸의 생명 에너지를 모조리 빼앗아 간다. 우리 몸이 죽은 물질들로 꽉꽉 찬다. 거기다 술 몇 잔, 담배 몇 개비도 빠질 수 없다. 몸에 좋은 음식을 먹느냐 나쁜 음식을 먹느냐는 매우 중요한 문제이다. 전자는 당신에게 생명 에너지를 주고 후자는 생명 에너지를 죽이기 때문이다.

당신은 매일 대체로 기계적으로, 그러니까 자동 조정 장치처럼 생각할 필요도 없이 무엇을 소비할지 결정할 수 있다. 하지만 당신은 정말로 스스로 결정하고 있는가? 혹시 그 전에 어디 광고에서 본 것을 무심코 사지는 않는가? 어떤 흥미로운 연구를[3] 보면 마트에 배경 음악으로 프랑스 샹송을 틀어 놓으면 사람들이 평소보다 프랑스 와인을 더 많이 산다. 그렇게 와인을 산 사람들에게 계산대에서 방금 어떤 음악을 들었는지 기억나느냐고 물으면 기억하는 사람은 거의 없다.

함정 3 : 질병

세상이 돌아가는 원칙 중 하나는 "뿌린 대로 거둔다."이다. 내일 어떤 사람이 될지 알고 싶은가? 그럼 오늘 당신이 무슨 생각을 하고 무슨 말을 하고 무슨 일을 하고 무엇을 먹는지 보라. 예를 들어 정제 설탕과 밀가루를 매일 먹는 사람이라면 언젠가 몸이 아프다는 신호를 보낼 것이다. 자신의 그 멋진 육체에 수년 동안 무엇을 먹이며 무슨 짓을 하고 있는지 전혀 모르는 사람이 많다. 그런데도 우리 몸의 기관들은 오래 견디며 묵묵히 자기 일을 한다. 하지만 돌보지 않은 시스템은 언젠가는 약해지기 마련이다. 자동차에 기름이 아니라 모래를 넣는다면 어떻게 되겠는가?

우리는 심지어 몸보다 물건들을 더 잘 돌본다. 그리고 진짜 원인을 찾아 해결하기보다 당장에 괜찮으면 된다는 생각으로 매일 약을 삼킨다.

함정 4 : 부채

자신을 위해 그리고 사랑하는 가족을 위해 좋은 집을 꿈꾸는 사람이 많다. 두 시간 동안의 상담 끝에 은행을 나온 가장은 주변에 당당히 그리고 자랑스럽게 선언한다. "나 집 샀어!" 하지만 슬프게도 사실은 정신적 감옥을 하나 매입한 것이다. 새로 산 그 집은 엄밀히 말해 향후 20~50년 동안 은행 소유이기 때문이다. 그런데도 목을 조이는 불안감과 어깨를 짓누르는 부담감은 물론이고 계약서에 서명한 것 하나 때문에 수십 년의 자유를 포기해야 하는 것은 가장의 몫이다. 그때부터 가장은 뭔가 조금 비싼 것을 살 때마다 '이걸 정말

사도 될까?' 고민하고 몸이 움츠러드는 것을 느낀다. 그런데 집을 살 때만 부채를 지는 것도 아니다. 요즘은 뭐든지 신용 대출로 산다. 새 핸드폰? 문제없다. 오락거리(함정 1)를 즐기는데 필요한 새 전자기기? 얼마든지! 금리가 바닥을 치는 시대라면 대출로 사는 것이 오히려 돈을 버는 일이다! 아닌가?

정말 내 것이 아닌 것을 어떻게 소유할 수 있나? 현재 형편으로는 살 수 없는 것을 가지려 할 때 우리는 우주에 어떤 에너지 진동을 보내고 어떤 성격을 드러내는가? 직업적으로 영혼이 원하는 길을 가지 않는 사람(5장 참조)은 내면의 공허함을 채우기 위해 물건들을 소비한다. 없는 돈으로 필요하지도 않은 것들을 좋아하지도 않는 사람들에게 자랑하려고 사 모은다.

함정 5 : 관계(들)

관계를 통해 자신의 존재 가치를 만들어 가는 것 혹은 보호하고 싶은 것은 인간의 본성이다. 하지만 자존감이 부족해서 끊임없이 인정받고자 하고 그런 사실을 알아차리지도 못하는 사람이 많다. 사람들이 서로 만나는 이유는 다양하지만, 사람들이 오랫동안 함께 하는 이유는 단 하나다. 바로 사랑이다. 그런데 사랑은 서로 신뢰하고 매사에 존중하는 것으로 드러날 뿐 인정받는 것과는 아무 상관이 없다. 자신과 화목하지 못하다면 지금 자신에게 절실한 것을 자꾸 다른 사람에게서 찾는다. 그 다른 사람으로 자신이 마침내 완성될 것을 바라며 보람도 없이 관심과 인정을 갈구한다. 거의 매일 대중 매체는 "누군가의 사랑을 필요로 하는 사람"을 그리며 일그러진 진실을 판매한다. 하지만 사랑 혹은 진정한 관계는 누군가에 종속되는 것이 아니다. 사실 다른 사람과 아무 상관이 없다. 늘 이렇게 자문해보자. '나는 외롭다는 느낌 없이 혼자만의 시간을 얼마나 잘 보내고 있는가? 결정을 내릴 때 나는 감정적으로 얼마나 자유로운가?'

내면 들여다보기

당신은 지금 어떤가? 기분이 좋은가? 지금 무엇 때문에 당신 영혼의 기본권, 즉 자유를 온전히 누리지 못하는가? 나이가 지긋한 사람은 쳇바퀴에서 벗어나기를 바라고 젊은 사람은 그 속에 처음부터 빠지지 않으려 한다. 하지만 세월이 흐르면 주변 환경대로 살아가게 될 것이다. 현재 당신은 세상이 시키는 대로 소비하면서 살고 있는가 아니면 이미 지각의 길을 걸으며 모든 천재 거인들이 그랬듯이 당신 내면의 찬란한 빛을 드러내고 있는가? 천재 거인들은 모두 현재 상태에 의문을 품었고 소비의 길에서 벗어나 자신만의 영혼의 길을 걸었다. 그렇게 자신만의 거짓 없는 진실을 드러내 보였다. 대다수가 하는 일을 할 때 대다수가 얻는 것, 즉 평균적인 결과만 얻을 수 있다. 그 결과 평균적인 인생을 산다. 이제는 벗어나기를 바란다. 당신은 더 잘할 수 있다. 당신 인생은 당신이 더 잘해 줄 날을 기다리고 있다!

영성과 만나려면 물질과 잡은 손을 놓아야 한다.

◯

이제 짧은 조사를 끝냈으니 용기를 내어 내면을 들여다보자. 이것은 매우 중요하다. 당신 영혼의 길이 무엇인지 알고 싶은데 그 길을 다른 사람에게 물어볼 수는 없는 노릇이다. 당신에게는 당신의 길만이 유일하게 옳다!

당신은 이사를 해 본 적이 있을 것이다. 이사하고 몇 달 지나면 어떤가? 대개 예전 집에서와 거의 비슷하게 살게 될 것이다. 왜 그럴까? 왜 우리는 늘 같은 식료품을 사고 왜 늘 같은 것만 보는가? 왜 늘 같은 일을 하는가? 왜 늘 같은 관계를 만드는가? 수천 개의 가능성을 갖고 있음에도 우리는 대부분 늘 같은 현실 속에 있는 자신을 본다. 그리고 스스로 그렇게 만들었음을 의식하지 못한다. 우리는 아침부터 밤까지 반복을 통해 어제의 현실을 오늘 또 재가하고 확정한다. 매일 매주 매달 매년 그렇게 산다. 자신에게 얼마나 많은 선택권이 있는지 대부분 알지 못한다. 자신에게는 통제권이 없다고만 생각한다. 그리고 외부 세상이 내면 세상보다 더 실재한다고 믿는다! 나쁜 소식(외부적 사건)을 들으면 슬퍼한다(내면의 반응). 그리고 일상과 습관들에 너무 익숙한 나머지 내면 세상(예를 들어 아이디어 하나)이 외부 세상을 창조할 수 있음을 까맣게 잊어버린다. 그 반대가 아니다. 지금 당신 책상에 있는 볼펜이든, 인기 차트에 오른 새 노래든, 당신이 좋아하는 음식이든 다 마찬가지이다. 모두 처음에는 누군가의 머릿속에서만 존재했던 아이디어였다. 다음에 무언가 일이 잘 풀리지 않아 기분이 언짢을 때는 꼭 기억하기를 바란다. 당신은 아이디어가 만들어 낸 세상에서 살고 있다는 것 말이다. 이 말은 가능성으로 가득한 우주에서 살고 있다는 뜻이다. 지금 당신에게 부족한 것은 단지 하나의 아이디어, 그뿐이다.

당신의 믿음 문장이 당신의 미래를 만든다

갓 태어난 아기는 순수하고 무한한 사랑 그 자체다. 시간이 지나면서 아기는 누구나 지키는 규칙들을 배운다. 자유를 구속하는 메시지들이 하드디스크, 즉 우리 뇌에 끊임없이 들어온다. '친절하라', '착하게 굴어라', '공부 열심히 해라', '네 방을 청소해라', '부자가 되기보다 인간이 되어라', '안정적인 직업을 가져라' 같은 말이 매일 우리를 길들인다. 심지어 가족도, 아니 가족이라서 우리를 더 구속한다. 최악의 배신은 적군이 아니라 아군 쪽에서 일어나는 법이다. 내가 프리랜서가 되기 위해 직장을 그만뒀을 때 내 어머니는 내 앞날에 대한 걱정에 흐느끼면서 다시 출근할 것을 애원했다. 내가 이제부터 완전 채식주의자로 살겠다고 했을 때 내 아버지는 채식주의자이기를 선택한 사람은 멍청해서 그런 거고 또 일찍 죽는다며 흥분했다. 나는 내 부모님을 사랑한다. 하지만 의식 높은 사람들에게서 배우면 배울수록 의식 낮은 사람들이 하는 충고는 아무리 좋은 의도에서 하는 말이라도 독이 될 수 있음이 점점 더 분명해진다.

왜 가장 사랑하는 사람조차 우리를 구속하는가?

우리 영혼의 힘을 억압하는 사람이 하필이면 왜 우리와 가장 가까운 사람일까? 그 이유를 알면 우리를 구속하는 믿음 문장들에서 벗어날 수 있을 것이다. 가까운 사람이 우리에게 제약을 가하는 데는 다음 세 가지 이유가 있을 수 있다.

첫째, 자신에게는 그것이 진실이기 때문이다! 예를 들어 너무도 많은 부모가 자신만의 대개 제한적인 세계관을 자식들에게 주입하며 자식들의 성장을 막고 창조성을 죽인다. 자신만의 상상력이 감옥이 되어 그 안에 갇혀 사는 사람들이다. 나는 나의 정신적 경계를 뛰어넘기 위해 훌륭한 세계 기록들을 살펴보곤 한다. 경계선은 대부분 우리 머릿속에만 존재하기 때문이다.

당신의 정신은 이미 많은 것을 이룰 수 있다. 당신이 설득해야 하는 것은 당신 몸이다. 언제 당신은 당신 인생에서 정말 가능한 것과 가능하지 않은 것을 확정했는가? 당신이 오늘 혹은 미래에 무슨 일을 할지 혹은 하지 않을지는 오로지 당신 상상력에 달려 있다.

상상력이 세상을 만든다. 생각은 시간이 지나면
현실이 된다. 당신 마음에서 물질이 나온다!

아무런 구속 없이 자란다면 인간이 얼마나 더 대단해질지 생각해 본 적 있는가? 장기간에 걸친 한 연구[4]에 따르면 미국에서 아이들은 18세가 될 때까지 약 18만 가지 부정적인 혹은 구속적인 메시지를 듣는다고 한다. "내버려둬!", "하지 마!", "그만둬!", "그건 할 수 없어!", "왜 그래?" 같은 문장들 말이다. 7세 이전의 아이는 빈 컵과 같아서 모든 종류의 확신 혹은 관점을 잘 받아들인다. 당신도 당신 부모님으로부터 어떤 확신 혹은 관점을 전달받았는지 자문해 보기를 바란다. 다른 사람의 제한적인 세상이 당신의 현실이 되어서는 안 된다.

가까운 사람이 당신에게 제약을 가하는 두 번째 이유는 그 사람이 당신을 좋아하고 당신과 시간을 보내고 싶기 때문이다. 당신이 갑자기 성장하기 시작하고 바빠지면 그 사람들은 언짢아진다. 당신이 책을 읽고 팟캐스트를 들으며 자신을 알아갈 때 그들은 혼자 소파에 앉아 축구 경기를 봐야 한다. 혹은 혼자 쇼핑하러 다녀야 한다.

마지막으로 사람들은 성장하는 당신을 보면서 정체해 있는 자신을 보아야 하고 급기야 비난받는 것 같으므로 당신의 아이디어와 발전에 부정적인 말을 한다. 당신이 성장하려 애쓰고 내외면적으로 발전하고 있음이 보일 때 당신 주변 사람은 두 가지 중 하나를 선택할 수 있다. 먼저 자신도 당신처럼 노력하며 발전할 수 있다. 물론 이건 힘이 드는 일이어서 대개는 즉시 거부한다. 미지의 행복을 위해 노력하느니 익숙한 불행을 선택한다. 아니면 자신의 수준으로 당신을 다시 끌어내릴 수 있다. 이것이 분명 더 쉽다. 누구나 말은 할 수 있지만, 누구나 행동하는 것은 아니다. 이들은 질투, 무력감, 자신이 놓친 기회 등을 또다시 느끼고 싶지는 않으므로 비판부터 하고 본다.

불평만 한 사람을 기리는 기념물은 세상에 하나도 없다. 하지만 행동한 거인들을 기리는 기념물은 수천 개다. 콜럼버스가 1492년 항해를 감행하지 않았다면 우리는 지금도 지구가 평평한지 둥근지를 놓고 논쟁하고 있을지도 모른다. 세상을 바꾼 것은 의심하는 자가 아니라 꿈꾸는 자였다. 사람은 다 각자 다른 세상을 본다. 농부가 보는 세상은 컨베이어벨트 노동자가 보는 세상과 다르고, 작은 소녀가 보는 세상은 소녀의 아빠가 보는 세상과 다르고, 축구 훌리건이 보는 세상은 수학 교수가 보는 세상과 다르다.

**사람은 자신의 의식 수준만큼만
행복할 수 있고 성공할 수 있다.**

다음에 누가 비판을 해 오더라도 그 사람에게 다정하자. 칠흑 같은 지하실이라도 촛불 하나만 있으면 다른 수많은 초를 밝힐 수 있으니까 말이다. 타인의 확신, 그러니까 우리를 억누르려는 확신은 어떻게 바꾸는 것인지를 보여 주는 멋진 이야기가 하나 있다. 바로 호주의 울트라마라톤 선수 클리프 영의 이야기이다.[5] 1983년 호주에서 875킬로미터 이상의 풀코스를 달리는 울트라마라톤 대회가 열렸다. 대회 직전 모든 참가자가 모였는데 거의 모두 이십 대 청년들이었고 운동복을 멋지게 차려입고 출발선에 섰다. 그런데 그중에 튀는 사람이 한 명 있었으니 그는 멜빵바지를 입고 그에 걸맞게 장화까지 신고 있었다. 비가 올 것 같아서라고 했다. 울트라마라톤 홍보 전략의 하나로 생각한 리포터가 그에게 "여기서 뭐하세요?"라며 인터뷰를 시작했다. 클리프는 "달리려고 왔지요!"라고 했다. "나이도 있으신 것 같은데 완주하시겠냐?"는 뒤이은 질문에 클리프 영은 단지 "저는 평생을 양치기로 살았어요. 양치기는 폭풍이 몰아칠 것 같으면 사흘 밤낮을 양들을 모아 가둬야 한답니다."라고만 했다.

경기 시작 직전에 진행자가 말했다. "출발선에는 나이가 지긋하신 분도 한 분 계시는데요. 울트라마라톤에 참가하는 것이 오랜 꿈이었다고 합니다. 금방 뒤처지지 않고 잘 달리셨으면 좋겠습니다." 진행자의 우려는 틀리지 않았다. 몇 시간 지나지 않아 클리프는 한참 뒤처지기 시작했다. 그런데 다른 참가자들은 18시간에서 24시간을 달려 그날의 목적지에 도착하면 여섯 시간씩 잠을 잤지만 클리프는 그만의 독특한 방식으로 밤낮을 가리지 않고 계속 달렸다. 그리고 5일 15시간 4분 후 그 누구도 예상치 못한 일이 일어났다. 클리프 영이 우승한 것이다! 그것만이 아니다. 클리프 영은 풀코스를 거의 이틀이나 일찍 주파하는 신기록을 세웠다. 기자가 어떻게 그런 일이 가능했는지 묻자 클리프는 "꼭 자야 하는지 몰랐어요!"라고만 대답했다. 클리프는 당당히 상금 1만 달러를 받았다. 상금이 그렇게 높은 줄도 몰랐던 그는 가장 마지막에 들어온 다섯 참가자들과 각각 2천 달러씩 나눠 가지겠다고 했다. 그 사람들도 목적지에 도달하기 위해 자기만큼 힘들게 달렸는데 혼자 그 돈을 다 가지는 것이 옳지 않다고 했다. 클리프 영은 2003년 향년 81세로 사망했지만, 그의 이야기는 전설로 남았다.

지금까지 우리는 무엇 때문에 우리의 창조적인 자아가 그 잠재력을 발휘할 수 없는지 살펴보았다. 바로 바깥사람들이 우리의 가능성에 매일 경계선을 긋기 때문이다. 그럼 이제 훨씬 더 중요한 다음 단계로 넘어갈 때가 되었다.

뛰어난 인생을 사는 법

진정으로 뛰어난 인생을 살고 싶다면 다음 세 가지가 필요하다.

- 천재성　　　• 직감　　　• 대가다움

어떤가? 어떻게 하면 이것들을 얻을 수 있겠는가?

천재성 계발하기

당신은 천재들은 무엇이 다르다고 보는가? 나는 천재성을 이렇게 정의한다.

$$천재성 = 뛰어난\ 아이디어 + 뛰어난\ 실행력$$

여기서 네 단어 각각 다 중요하다. 실행력은 뛰어나지만, 아이디어는 그저 **좋기만 한** 사람들이 있다. 이들은 그래도 대체로 괜찮은 인생을 산다. 두 명사 앞에 다 가장 약한 형용사가 올 때 난관이 예상된다. 그리고 정말 뛰어난 아이디어(이전에 누구도 생각지 못한 것)가 뛰어난 실행력과 만날 때 한계 없는 탁월한 인생을 살 기회가 생긴다.

뛰어난 실행력은 훈육의 문제로, 머리로 배울 수 있다(9장 참조).

뛰어난 아이디어는 준비가 되었을 때,
영혼의 수준에서만 얻을 수 있다.

뛰어난 아이디어는 음양, 가슴과 머리, 영혼과 에고가 조화를 이룰 때 얻을 수 있다.

여기서 첫 번째 문제가 생긴다. 평생 준비가 되지 않는 사람이 많다. 왜 그럴까? 왜냐하면 늘 오프라인에 있기 때문이다. 당신 머리 위로 우주와 연결된, 보이진 않지만 강력한 선이 있다. 바로 그 선으로 우리는 비범한 아이디어를 전달받는데, 문제는 그 선 위에 있는 영혼만이 받을 수 있다. 비범한 아이디어 혹은 영감은 예고 없이 (대체로 편안할 때) 갑자기 찾아온다. 샤워 중에 받기도 하고 장거리 운전 중일 때 혹은 소파에서 쉴 때 받기도 한다. 과학자들은 이와 관련해서 우리 뇌의 이른바 감마파[6] 상태를 말하는데, 내가 만나는 초능력자들은 단지 '신통력'이라고 한다. 서로 부르는 용어는 다르지만 의미하는 바는 같다.

그리고 바로 여기서 두 번째 문제가 생긴다. 근본 신뢰Urvertrauen가 부족해서 우리는 대부분 자신만의 뛰어난 감마파 영감에 전혀 주의를 기울이지 않는다. "나는 모차르트도 피카소도 셰익스피어도 아니잖아."라며 무시해 버린다. 두 번 생각하지 않으므로 아이디어는 그 즉시 사라진다. 그리고 더 높은 나(영혼)에게 그 신호를 받지 않을 것이며, 따라서 계속 오프라인에 있을 것이며, 예의 그 생각과 패턴의 거듭되는 흐름 속에 갇혀 있겠다는 메시지를 간접적으로 보낸다.

중요한 사실. 오늘 떠오른 아이디어가 (적어도 그것을 쪽지에 적어두

기라도 했다면) 한두 해 뒤에 대단한 성공으로 돌아올 수도 있다.

　서로 다른 시대 서로 다른 곳에서 감마파를 받아들인 거인 마스터들이 이것을 증명한다.

　예를 들어 니콜라 테슬라는 우주에 원천이 있어서 그곳으로부터 앎, 힘, 영감을 받으므로 자신의 뇌는 수신기일 뿐이라고 했다.[7] 볼프강 아마데우스 모차르트는 "아무리 지성 혹은 상상력이 뛰어나더라도 혹은 둘 다 가졌더라도 그것이 천재를 만들지는 않는다. 사랑, 사랑, 사랑이 천재를 만든다. 천재의 영혼은 사랑이다. 이미 모든 것이 작곡되었다. 단지 써지지 않았을 뿐."[8]이라고 했다. 알베르트 아인슈타인은 "직감은 신성한 선물이고 이성은 충실한 하인이다. 우리는 하인에게 경의를 표하고 선물은 잊는 사회를 만들었다."[9]고 했다. 다음은 스티브 잡스가 스탠퍼드 대학교 졸업 연설에서 청중들에게 전달한 메시지이다. "여러분의 시간은 소중합니다. 다른 사람의 인생을 사느라 낭비하지 마세요. 타인의 이론으로 사는 교조주의에 빠지지 마세요. 여러분 내면의 목소리가 타인의 시끄러운 소리에 묻히지 않게 하세요. 그리고 가슴이 하는 말과 직감을 용감하게 따르세요. 당신이 무엇을 진심으로 원하는지 당신 마음은 잘 알고 있으니까요. 다른 것들은 다 중요하지 않습니다."[10]

　미켈란젤로는 거칠게 번역하면 이렇게 말했다. "아무리 대단한 조각가라도 대리석 돌 속에 존재하는 표상을 볼 수는 없다. 영혼의 말을 듣는 손만이 그것을 본다. 예술은 땅의 것이 아니다. 예술은 하늘의 것이다.”

보다시피 역사의 거인들은 우리가 우리 머리 위의 세상과 영적으로 연결되어 있음을 늘 의식했다. 그 연결을 천재성, 영혼, 신, 직감, 하늘, 정신, 원천, 사랑, 에너지 등 각자 다른 용어로 표현했을 뿐이다.

나는 여기서 한 가지 더 밝혀 보려 한다. 당신은 천재들이 서로에게 매혹되었음을 아는가? 각자가 받는 영감의 원천이 같은 곳임을 알아차렸기 때문인지도 모른다. 나는 이들 중 다수가 서로 영감을 주기 위해 같은 시대에 태어나 한동안 같은 곳에서 살았을 것이라고 확신한다. 미국 작가 어니스트 헤밍웨이, 뛰어난 화가 파블로 피카소, 뛰어난 조각가이기도 한 살바도르 달리가 모두 지난 1920년대 파리에서 살면서 서로 교류했던 것처럼 말이다. 미국의 획기적인 발명가이자 전기 기사였던 토머스 알바 에디슨과 테슬라는 심지어 함께 일하기도 했다. 후에 갈등을 빚어 각자의 길을 갔지만 말이다. 기원전 390년경 그리스 철학자 소크라테스는 플라톤을 제자로 삼고 가르쳤다. 그리고 플라톤은 다시 아리스토텔레스에게 자신의 지식을 전부 전수했다. 아리스토텔레스는 또 정복자 알렉산더 대왕의 스승이었다. 미켈란젤로와 레오나르도 다빈치는 15세기 이탈리아에서 당대의 두 적수였고 서로에 대한 적대감을 숨기지도 않았다. 하지만 분명 바로 그래서 둘은 위대한 화가였을 뿐만 아니라 조각가, 건축가로서도 거장의 반열에 오를 수 있었을 것이다. 이것은 상대의 작품에서 신성한 영감을 보고 천재성을 보았기 때문이다.

물론 다른 시대의 마스터로부터 영향을 받을 수도 있다. 천재 물리학자 아인슈타인은 그 누구도 비교가 되지 않는 음악 천재 모차르트에 대해 "그의 음악은 너무 순수하고 아름답다. 나는 그의 음악에서 우주 내면에 존재하는 아름다움 그 자체를 본다."[12]고 했다. 정신 분석의 아버지, 지그문트 프로이드는 레오나르도 다빈치를 두고 남들이 다 자는 칠흑 같은 밤 너무 일찍 깨어난 사람이라고 했다. 다빈치가 평생 많은 부분에서 아이로 살았던 탓도 있었다. 성인이 되어서도 아이처럼 놀이를 즐기던 그를 동시대인들은 때로 꺼렸고 이해할 수 없었을 것이다.[13] 시인이자 자연과학자였던 요한 볼프강 폰 괴테도 레오나르도 다빈치를 "이상적 인물"이라며 극찬했다.[14] 괴테는 자신의 다양한 관심사를 추구하는 동안 만능 천재, 다빈치에게서 영감을 많이 받았다. 니콜라 테슬라는 거두 볼테르의 기념비적인 작품과 괴테의 『파우스트』를 반복해 읽었다.[15] 요약하면 거인 마스터들은 영감을 주는 동료들의 작품에서 영원한 아름다움을 보았고 이것은 지금도 마찬가지이다.

직감을 믿어라

당신 영혼의 힘을 계발하려면 위와의 영적인 연결, 즉 직감이 필요하다. 그런데 지금까지 살펴본 마스터들이 모두 간접적으로 말해온 이 직감이란 것이 정확하게 무엇일까?

직감 = 당신 내면의 목소리

나는 직감이 당신 영혼이 보내는 다정한 메시지라고 생각한다. 그리고 깃털처럼 부드러워서 우리는 그 조용한 소리를 곧잘 놓치곤 한다. 특히 요즘처럼 뭐든지 넘치는 사회에서는 산만해져서 더 그렇다. 매일 쉴 새 없이 밀려드는 광고 메시지들, 수많은 영화, 텔레비전 프로그램, 소셜미디어 포스팅만 봐도 그렇다. 주변이 시끄러울수록 내면 세상은 더 놓치게 된다.

큰 것들은 모두 고요할 때 나타난다.

기도할 때 당신은 신에게 말을 건다. 그런데 명상할 때는 신이 당신에게 말을 건다. 반대로 이성의 에고-지성은 이를테면 팀파니와 트럼펫 연주 같은 것이다. 에고-지성은 귀를 찌르는 톤과 소음으로, 아이디어를 담은 우리 영혼의 다정한 메시지를 묻어 버린다. '오프라인'이라는 말로 내가 의미한 것이 바로 이것이다. 생각이 너무 많을 때 아무런 영감도 받을 수 없다. 선이 막혀 있어서 그렇다.

나는 개인적으로 새벽에 일어나자마자 영감을 구한다. 내 경험상 새벽이 영혼의 전화가 방해 없이 도달하기에 가장 좋은 시간이다. 영감은 분명한 메시지로 올 때도 있고 그 어떤 멜로디로 올 때도 있다. 후자라면 나는 가사를 되짚어 본다. 기상 직후 우리의 영혼은 자연스러운 상태에 가깝다. 나쁜 소식을 들어서 힘들었던 날을 생각해 보라. 다음날 아침에 어땠는가? 일어나자마자, 에고-지성의 격분이 시작되기 전 말이다. 아마도 그 첫 몇 초간에는 고통 없이 단지 '지금 여기'에 존재했을 것이다. 드라마도 피해의식도 죄책감도 없는 바로 그 순간이 우리 의식이 가장 자연스러운 상태이다. 당신은 단지 그곳에 있다. 모든 일이 그저 일어난다. 그 몇 초 후 당신의 에고-지성은 그 전날 있었던 나쁜 일을 떠올린다. 그리고 그때부터 당신은 괴롭다.

의식적인 하루를 원한다면 아침에 일어나자마자 15분 동안 고요한 시간을 갖자. 그럼 당신 영혼이 감사해 할 테고 당신 삶이 더욱 편안해질 것이다.

사람들은 직감과 지성을 어떻게 구분하는지 묻는다. 직감은 갑자기 아무 이유 없이 내면으로부터 찾아오는 강력한 느낌이고 영감이다. 에고-지성으로부터 오는 아이디어는 반대로 멋진 광고 같은 것이다. 혹하고 끌리기는 하지만 온몸의 세포가 강력하게 옳다고 느끼는 유일무이한 아이디어는 아니다. 몸은 우리 무의식이기도 하다. 몸이 없다면 느낌도 없다. 옳은 일이라면 우리 몸에 긍정적인 흥분이 감지된다. 나쁜 일이라면, 예를 들어 근육이 뭉치거나 긴장감이 느껴진다. 그리고 온몸이 움츠러들거나 가슴이 답답하다. 몸이 말하는 감정들에 주의하다 보면 무의식이 보내는 신호를 더 잘 알아차리게 될 것이다. 답답한가, 시원한가? 긴장되는가, 편안한가? 거부감이 드는가, 동의하는가? 싫은가, 좋은가?

직감은 무의식이 담당한다. 어떤 주제에 대해 많이 알수록 그 순간 무엇이 중요한지에 대해 무의식적으로도 더 분명히 알게 된다. 체스의 대가들은 몇 초 안에 다음에 어떤 수를 두어야 하는지 안다. 유사한 상황을 수천 번 경험했기 때문이다. 그래서 무의식적 경험들을 직관적으로 소환한다.

지성의 논리는 1부터 10까지를 순서대로 보여 준다. 직감은 1에서 곧장 9로 간다. 어떤 분야든 잘 모를수록 합리적인 지성을 이용해 논리적으로 사고해야 한다. 경험이 쌓일수록 신성한 직감을 더 신뢰하면 된다. 진실은 그것만의 진동수를 갖고 우리 가슴은 그것을 의심하지 않는다!

중요한 것은 이것이다. 당신은 자꾸 고민하는 대신 생각을 버리고 신뢰할 수 있는가? 인간의 오른쪽 뇌는 창조적, 감정적이고 왼쪽 뇌는 논리적이고 분석적이다. 감마파 영감은 그러므로 창조적인 오른쪽 뇌를 타고 흐른다. 논리와 직감을 각각 대표하는 사람으로 두 발명가 토마스 에디슨과 니콜라 테슬라만한 사람도 없을 것이다. 테슬라는 매우 창조적이고 직감이 발달한 사람으로 늘 영감을 받았다. 예를 들어 부다페스트의 공원을 산책하다가도 갑자기 떠오른 생각을 바닥에 적기 위해 막대기를 집어 들어야 할 정도였다. 안 그러면 잊어버릴 수도 있으니까.[16] 반대로 에디슨은 모든 가능성을 논리적으로 하나씩 열심히 실험해 보던 노력파였다. 에디슨 자신도 "나는 아이디어 흡수에 능한 스펀지 같은 사람이다. 그리고 그 아이디어를 유용하게 만든다. 내가 이용한 아이디어들은 원래 계발의 노력을 기울이지 않던 사람들의 것이었다."[17] 어느 날 니콜라 테슬라는 에디슨에 대해 이렇게 썼다. "건초더미에서 바늘을 찾아야 한다면 부지런한 꿀벌 에디슨은 바늘을 찾을 때까지 조금도 쉬지 않고 건초를 하나씩 다 뒤집어볼 것이다. 나는 그 모습을 안타까워할 것이다. 간단한 이론을 바탕으로 계산만 잠깐 해도 90퍼센트는 하지 않아도 되는 노력임을 잘 아니까 말이다."[18]

뇌의 양쪽을 모두 사용하는 것이 가장 이상적이다. 이것은 자전거 타기와 비슷하다. 논리에만 의지하는 것은 자전거를 타고 무작정 페달(지성)만 밟는 것이다. 그렇게 해서는 결국 아무 데도 갈 수 없다. 방향을 정해 주는 핸들(직감)을 적절히 사용하지 않으면 에너지만 낭비하게 될 것이다. 잘못된 방향으로 갈 때는 속도를 올려봐야 아무 소용이 없다. 아니 달리는 것 자체가 무의미하다. 저 위 우주와 연결되어 있음을 잊어버리거나 그 연결에 무관심한 사람들도 이와 비슷하다. 직감 없이, 목적지 없이 주야장천 달리기만 한다. 혹은 맴만 돈다.

물론 직감만 있어도 안 된다. 당신의 오른쪽 뇌가 주는 영감과 왼쪽 뇌가 주는 노력을 함께 이용해 진정한 걸작을 만들어 내는 것이 중요하다. 영혼과 지성은 함께 간다. 전자는 높은 수준의 영양을 공급받는 데 필요하고 후자는 생존에 필요하다.

대가다움 계발하기

나는 대가다움을 이렇게 정의한다.

$$대가다움 = 아이디어 + 노력 - 에고$$

천재성을 발휘하고 싶은가? 그럼 언젠가는 세속적인 추구에서 벗어나야 한다! 알다시피 천재들은 명성에 그다지 관심이 없다. 굉장한 아이디어를 실현하는 데에만 관심이 있다. 니콜라 테슬라는 역사를 통틀어 가장 큰 부자가 될 수도 있었다. (교류 전류에 대한) 자신의 특허권을 포기하지 않았다면 말이다.[19] 테슬라는 교류 전류 프로젝트에 들어가는 돈을 감당할 수 없게 되자 자신의 특허권을 포기했다. 인류가 교류 전류로 더 나은 미래를 누릴 수 있었던 것은 그의 이런 이타적인 포기 덕분이다!

대가다움에는 늘 의도가 중요하다. 일단 의도를 내면 직감은 떠오르게 되어 있다. 순수한 마음에서 진정으로 봉사하고 싶은 사람에게는 뛰어난 아이디어가 떠오를 수밖에 없다. 나는 이것을 확신한다. 그리고 여기에는 유명한 삼박자, 몸, 정신, 영혼이 언제나 중요하다.

1. 영혼이 인생을 구상한다.

2. 정신은 건축가이다.

3. 몸은 그 결과이다.

많은 전문가, 심리학자, 자기계발 코치, 테라피스트들은 항상 긍정적으로 생각하고 목표를 세워서(2.-정신) 만족하는 삶(3.-몸 혹은 물질)을 살아야 한다고 말한다. 하지만 거의 모두가 영혼(1.)이라는 첫 단계, 즉 기반을 다지는 단계를 망각한다. 큰 탑을 세우려면 기반부터 탄탄하게 잡아야 한다. 중요한 것은 에고의 관점에서 짧은 시간에 가능한 최고를 이루는 것이 아니라 당신과 사회를 위한 최고의 의도를 내고 행동하는 것이다.

에드가 케이시Edgar Cayce는 역사상 가장 탁월한 예언가 중 한 명이다. 케이시는 20세기 초, 미국 대통령 우드로 윌슨, 대발명가 토머스 에디슨 같은 당대 유명 인사들의 고문이었다.[20] 하지만 그는 자신의 재능을 일반 사람들을 위해 더 쓰고자 했다. 족집게 예언으로 부를 축적하기를 거부했고 기부금만 받았다. 케이시는 그렇게 평생 3만 건의 예언을 했고 높은 의식의 트랜스 상태에서 사람들의 과거 현재 미래를 보았으며 아틀란티스 섬의 침몰, 예수의 일생, 나치에 의한 세계대전, 그 외 영혼의 수많은 화신들에 대한 질문은 물론, 병을 치료하는 법이나 제 짝을 찾는 것 같은 간단한 문제들까지 모든 질문에 대답해 주었다. 몇몇 나쁜 사람들이 "다음 경주에서 어떤 말이 이길까요?" 같은 질문으로 케이시를 이용하기도 했다. 그런 질문에 대답하고 나면 케이시는 아팠다. 그의 신성한 재능이 다른 에고의 저급한 동기에 오용될 때 그랬다. 케이시는 잠들기 직전, 심신이 깊이 이완될 때 자기 최면 상태에서 미래를 본다고 했다. 그 상태에서 케이시는 질문한 사람의 잠재의식 혹은 신성한 근원과 연결됐을 것이다.[21] 이 근원은 아카식 레코드Akascha-Chronik라고도 하는데, 그의 앞 쟁반 위에 과거 현재 미래의 모든 일을 펼쳐 보여 주는, 거대한 기록소 같은 것이었다. 아카식 레코드는 모든 데이터를 탑재한 슈퍼컴퓨터 같은 것이다. 케이시는 지극히 높은 차원에서 모든 사건을 보면 시공간이 사라지고 미래도 과거도 없다고 했다. 창조적인 표출의 순간 모든 것이 동시에 일어난다. 그러므로 시간은 인지하고 깨닫는 용도로 필요한 일종의 착각이다. 말년에 케이시는 헌신이라는 대가를 치를 준비가 된다면 누구나 자신처럼 모든 것을 볼 수 있다고 했다.[22] 어쩌면 이것은 그가 우리에게 해 준 가장 중요한 조언일지도 모른다.

에고는 묻는다. 어떻게 하면 이 상황에서
내가 원하는 것을 최대한 얻어낼 수 있을까?
영혼은 묻는다.
어떻게 하면 이 상황을 가장 공정하게 해결할 수 있을까?

창조성을 위한 연결에 마음 열기

갓 태어난 아기는 근원과 강하게 연결되어 있는데 자랄수록 이 연결을 경험하기가 점점 어려워진다. 첫 몇 달 동안 아기들이 그렇게나 많이 자는 것은 나의 이해에 따르면 몸이 약해서가 아니라 근원, 즉 '조건 없는 사랑'에서 벗어나 그 절대적인 반대라 할 만한 지구의 '에고 의식'을 감당해야 하기 때문이다. 지구에서의 새로운 환경에 조금씩 적응하기 위해 평행 우주 속에서 잠을 자며 영혼에 연료를 공급하는 것이다. 사람은 누구나 잠을 통해 다른 세상으로 간다. 그래서 어른들도 때로 느낌이 강렬한 꿈을 꾼다. 특이한 꿈을 꾸고 깨어났을 때 곧장 다시 잠들고 싶은 것도 그래서이다. 우리는 원기 왕성한 꿈속 그림들의 그 강력한 에너지를 계속 더 흡수하고 싶다. 어릴 적 크림반도에서 자랄 때 나는 당시 살던 아파트에서 흘렀던 부정적인 에너지 탓에 거의 매일 밤 악몽을 꾸었다. 당시 우리는 아파트 지하층에 살았는데 성인이 되어서야 나는 어머니로부터 그 아파트 아래에 2차 세계대전 때 죽은 병사들이 집단 매장되어 있음을 알게 되었다. 내면의 밝은 빛을 발산하던 아기들이 자라면서 주변 환경의 어둠에 물든다. 아기는 주변을 감싸고 있는 인간의 죄의식, 수치심, 결함 같은 억압적인 진실들을 반성 없이 받아들이면서 저 위와의 영적인 연결을 천천히 끊는다. 바로 그때 그 존재 이유가 생존인 에고가 우리를 장악한다. 그러면 느낌보다 논리가 중요해진다. 공감 능력보다 사교술이 우세해진다. 신뢰보다 통제가 지배한다. 이제 에고-지성이 대양이라면 사랑은 한 방울의 물처럼 귀해진다. 하지만 때로 기적이 일어나기도 한다. 위쪽 우주와의 창조적 연결을 계속 놓치고만 있던 영혼이 다른 깨어난 영혼과 만나면 마치 자석처럼 끌리기도 하는 것이다(남녀 간의 로맨스를 말하는 것이 아니다). 그 다른 깨어난 영혼이 자신이 예전에 어땠었는지를 떠올리게 한다. 우리가 잊어버렸던, 맛있는 지혜의 꿀이 얼마나 달콤했었는지 떠올리게 한다. 나는 그런 영혼을 '아바타라Avatāra(신의 현현)'라고 부른다. 그런 매혹적인 영혼과 접촉할 때마다 당신도 당신의 에너지 진동수가 저절로 높아짐을 느낄 것을 나는 확신한다. 단지 그 사람 옆에 말없이 앉아 있기만 해도 말이다. 그 영혼에 대한 이런 설명할 수 없는 끌림은 그 영혼이 당신이 진정 누구인지를 혹은 원하기만 한다면 어떤 사람이 될 수 있는지를 알려 주기 때문이다. 당신은 절대적인 확신과 진실을 감지한다. 당신은 그 영혼이 무엇을 하든 그 속에서 장엄함과 위대함을 본다. 그 혹은 그녀의 힘찬 걸음, 마음을 꿰뚫는 눈맞춤, 인상적인 풍모 혹은 단순히 그 아이 같은 가벼움 속에서 위대함을 본다. 그런 영혼이 옆에 있을 때 우리는 사랑할 뿐 다른 것은 아무것도 할 수 없다. 그만큼 고무되고 고취된다.

기독교도이든 아니든 잠시 예수가 지금 살아 돌아온다면 어떨지 한번 상상해 보자. 예수가 그 더할 수 없는 사랑과 부드러운 겸손과 절대적인 확신과 함께 당신 옆에 있다. 예수는 현명한 아바타라이자 인류를 위한 강력한 거울이 아니겠는가? 과거 예수의 지구 도착과 함께 수십억 인구가 자신의 존재 이유를 회의했다. 그리고 일상에서의 크고 작은 죄를 반성했다. 가장 사랑하는 사람에게조차 털어놓지 못했던 더러운 비밀과 과오를 생각했다. 하지만 부족한 자신에게 좀처럼 확신을 가질 수 없던 영혼들도 예수의 그 존엄함 앞에서 자신도 사실은 얼마나 대단한 존재인지를 좀 더 잘, 그리고 좀 더 빨리 알아챘을 것이다. 그리고 겸손하기를 멈추고 원하는 것에 더욱더 매진했을 것이다. 의식이 높은 영혼과 시간을 더 많이 보낼수록 당신의 생각과 행동이 더 빨리 긍정적으로 변할 테고 그 놀라운 끌어당김 속에서 다시 더 높이 날기 시작할 것이다. 당신의 현재 정서 상태는 물을 받는 항아리와 같다. 당신 에너지 진동수가 높을수록 항아리 목이 넓다. 그럼 물이 더 잘 들어오고 그만큼 영혼이 주는 영감 혹은 교서의 질도 높다. 그리고 그것에서 비범한 인생이 나온다. 이제 당신은 다시 '온라인'으로 돌아왔다. 이제 당신은 받아들인다. 이제 당신은 '근본 신뢰Urvertrauen' 상태에 있다.

그 상태에 좀 더 머물러 보자. 당신의 더 높은 '나', 즉 당신의 영혼이 당신 인생을 끌고 가게 두고 단지 받아들이기만 한다. 이전의 정신적 고투 없이, 에고의 목적도 없이 이제 당신은 편안하고 창조적인 상태에서 아무런 소모전 없이 당신 영혼이 주는 교서를 받는다. 그러자 인생의 그 모든 힘듦이 돌연 아무렇지 않게 된다. 꼭 잡고 있던 것을 놓아주었으니 이제 창조적이고 창의적인 과정에 있다. 이제 당신 영혼의 소명이 무엇이었는지 다시 감지한다. 더이상 건강에 좋지 않은 음식 혹은 값싼 오락거리로 대리만족할 필요를 느끼지 않는다. 이미 저 위로부터 에너지를 충분히 공급받고 있으므로. 게으른 타협도 점점 줄어든다. 이제 더는 순간의 자극을 좇지 않고 시간이 걸려도 내면의 충족을 부르는 길을 간다. 내면에서 영혼의 길을 가니 굳이 외부 세상이 제공하는 행운을 바라지 않는다. 그러다 보면 조금씩 주변이 그런 당신에 맞추어 가게 되므로 당신에게 맞는 사람이 찾아오고 맞지 않는 사람은 떠나게 된다. 이 모든 일은 당신의 에너지 상태, 즉 당신 에너지의 서명Signatur이 바뀌었기 때문이다. 자신이 부족하다는 느낌도 사라진다. 사랑 안에 있는 사람은 감정 계좌에 돈이 가득하고 실제 계좌에도 돈이 가득하다. 사랑하는 사람은 사랑하고 사랑받는다. 근본 신뢰가 있는 사람은 가난할 수 없다. 가난, 부족함, 혹은 나약함은 사랑이 아니기 때문이다. 그래서 독일어로 가난은 아르무트Armut이다. 사랑할 용기Mut가 부족한arm 사람이란 뜻이다.

팩트. 더 나은 삶을 원하는가? 에너지 진동수를 올려라. 그럼 살아가기가 한결 수월해질 것이다.

사람을 만날 때 느낌을 잘 살피면 그 사람의 에너지가 어떤 진동 상태인지를 알아챌 수 있다. 진동수가 높은 사람은 우리를 가볍게 하고 진동수가 낮은 사람은 우리를 처지게 한다.

이제 정직한 성찰의 시간을 가져 보자. 잠시 생애 첫 12년 동안 당신이 어떤 감정 상태에서 자랐는지 돌아보자. 집, 학교에서 어떤 감정 상태였는가? 그리고 놀 때는 또 어땠는가? 아마도 생애 첫 12년 동안 느꼈던 감정에 따라 그 후의 인생도 지금까지 흘러왔을 것이다.

수많은 질병은 세포 속에 저장되고 감금된 채 살아보지 못한 감정들이 드러난 것이다. 이런 질병은 오랜 세월 천천히 생긴다. 당신의 길을 가지 않고 있다면 아침에 이를 닦다가 거울에 비친 당신의 눈 속에서 그러함을 문득문득 보게 될 것이다. 영혼의 그런 다정한 알림을 무시하다가는 언젠가는 움찔하는 손이나 알 수 없는 가려움 같은 육체적인 증상들을 겪게 될 것이다. 그런 알림도 무시한다면 당신 영혼은 급진적인 방법을 쓸 수밖에 없고 그러면 당신은 몸의 어딘가에서 통증을 느낄 것이다. 그럴 때조차 왜 그런지 들여다볼 준비가 안 되었다면 분명 네 번째이자 마지막인 알림이 곧 찾아올 것이다. 다름 아니라 만성 통증 혹은 조용히 오랜 시간 숨어 있던 큰 병에 걸릴 것이다. 이렇게 내면의 자세가 몸의 고통으로 반사되어 드러나는 것이 질병이다.

당신 인생의 문제는 자신을 다시 정의하라는
당신 영혼의 초대장이었고 지금도 그렇다.
당신의 과거가 당신 자신은 아니다. 이제 새로운 것을 선택하라!

에고를 떠나보내고 신뢰하라

지구에는 중력이 있다. 중력이 없다면 우리의 지금과 같은 삶은 분명 불가능하다. 우주를 떠돌게 될 테니 말이다. 지금은 누구도 중력을 의심하지 않는다. 우리는 중력을 이용해 테니스, 농구, 축구 같은 스포츠도 즐긴다. 발로 공을 차면 공은 당신이 쓴 에너지만큼 몇 미터 날아간 다음 다시 땅 위에 떨어진다.

중력이 우리 어머니 지구의 것이라면 감정은 우리 인간의 것이다. 그런데도 머리로 생각만 하고 가슴으로 느끼지 않는 사람이 많다. 그리고 감정 자체를 어려워한다. 부정적인 감정이라면 느끼기보다 억누르도록 배웠기 때문이다. 부정적인 감정을 포함한 모든 감정은 우리가 100퍼센트 느껴 주고 풀어 준다면 60초도 안 되어 영원히 해결할 수 있다. 이것은 경험에서 하는 말이다. 하지만 사람들은 대부분 고통을 짧게 온전히 느끼기보다 일생을 번민하며 살기를 선택한다.

그 결과는 다양하게 나타난다. 늘 착하고 절대 싫다고 말하는 법이 없는 사람은 위궤양을 얻을지도 모른다. 진실을 절대 발설하지 않는 사람은 체증이나 변비에 잘 걸린다. 감정을 발산하지 못해서 먹는 것으로 해결하는 과체중자는 누구도 자신의 속을 볼 수 없고 상처도 줄 수 없도록 살로 두껍게 보호막을 치는 사람이다. 원칙 세우기를 좋아하고 완벽주의 성향이 강한 사람은 마른 체형이기 쉽다. 모두 어떻게든 통제력을 잃지 않으려는 에고-지성의 전략들이다.

통제의 반대는 신뢰이다. 각종 보험을 들고 뭐든 보장받으려는 마음 없이 삶을 신뢰하는 것이다. 영혼의 수준에서 우리가 생각했던 삶은 보장받는 삶이 아니었다. 그런데도 사람들은 허망한 안전을 좇느라 성장이라는 성스러운 선물을 받지 못한다. 근본 신뢰Ur-vertrauen를 되찾을 때 저절로 옳은 길이 보일 것이다. 이때 비행기를 잘못 탈 일은 없다. 다시 말해 영혼의 수준에서 볼 때 늘 당신에게 맞는 일만 경험하게 될 것이다.

참고로 영성은 노력해서 배우는 것이 아니다. 영성은 기술이 아니다! 영성은 에고-지성의 선잠에서 깨어나기만 하면 곧장 생겨난다. 아주 잠깐 깨어나고 마는 것이라도 말이다. 우리는 가까운 사람의 돌연하고 충격적인 죽음으로 영원히 변할 수도 있고 질병 덕분에 늘 무시하고 가던 스톱STOP 표지판에서 멈출 수도 있다. 아니면 사고를 당할 수도 있다. 사건은 이토록 서로 다르지만, 그 깊은 의미는 모두 같다. 바로 이제 그만 제대로 보라는 것이다!

실수에서 배우지 못하면 당신 영혼은 똑같은 고통을 포장만 바꿔 다시 받게 된다. 알베르트 아인슈타인은 신이 익명으로 남기 위해 쓰는 비밀 기술이 우연이라고 했다. 그리고 이렇게도 말했다. "인생에는 단지 두 길이 있다. 기적은 하나도 없다고 보거나 모든 것을 기적으로 보거나. 살면서 우리가 물어야 할 가장 중요한 질문은 우주가 친절한 곳인가 아니면 적대적인 곳인가 일지도 모른다."[23]

이 질문에 대한 당신의 대답이 당신 매일의 안녕을 결정할 것이다! 육체가 증세를 보낼 때 혹은 이른바 나쁜 소식을 들을 때 자문해 보기를 바란다. 이것이 나와 무슨 상관이 있을까? 이 모든 일 배후에 내가 지금 놓치고 있는 어떤 더 깊은 의미가 있는 건 아닐까? 모든 생각, 모든 관점, 모든 감정이 우리 내면의 무언가를 바꾼다. 지금의 당신은 며칠 전, 몇 시간 전, 심지어 몇 초 전과도 다른 사람이다.

당신은 예를 들어 기타 같은 음이 맞지 않는 악기를 연주해 본 적이 있는가? 그냥 소리가 맞지 않는다. 늘 진정한 자신에서 벗어나 살아가는 사람도 똑같다. 이 사람은 불안하므로 집단에 소속되기 위해서라면 무슨 일이든 한다. 혹은 에고에만 집중하며 다른 사람은 상관하지 않고 자신의 욕망만 채운다. 두 방식 모두 인정받고 받아들여지고 사랑받기 위해서다. 그리고 마음 깊숙한 곳의 진짜 그리움은 억압하는 것이다.

그런데 작은 사건을 겪거나 단지 일진이 안 좋기만 해도 감정적 경직 상태에 빠져드는 사람이 많다. 마음을 다잡기보다 (예를 들어 15분 정도 짧게 명상을 할 수도 있다) 순간의 아픔을 곱씹기를 선택한다. 이런 침울한 정신 상태로는 다른 일상의 기적들이 눈에 들어오지 않는다. 그 감정 상태와 유사한 에너지장의 사건들만 계속 끌어당기기 때문이다. 이것은 무의식적으로 고정해 놓은 라디오 전파 같은 것이다. 샤키라의 신나는 음악을 바라지만 들려오는 것이라곤 헤비메탈뿐이다.

당신의 현재 에너지장이 거대한 안테나라고 생각하자. 당신이 지금 생각하는 것, 무엇보다 당신이 매일 거듭 느끼는 감정들이 무한한 우주로 쏘아 올려진다. 그렇게 그 라디오 주파수를 통해 당신은 "이것과 똑같은 것을 더 주세요!"라고 말하고 있다. 고통 속에 있는 사람은 더 많은 고통을 끌어당긴다. 상처 입은 사람은 상처 입은 사람을 끌어당긴다. 사랑하는 사람은 사랑하는 사람을 끌어들인다.

당신은 더 나은 삶을 원하는가? 좋다. 그럼 더 나은 감정이 필요하다. 긍정적인 감정을 생산하는, 에너지 진동수가 높은 행동이 바로 공감, 용서, 정직, 선행, 웃음, 존경, 관대함, 기쁨, 인정, 보살핌, 배려, 사랑의 행동들이다.

공원 호숫가에서 오리와 백조에게 빵을 나눠주는 소년을 보라. 그 순간 소년은 나눠주고 싶은 생각뿐이다. 그리고 자신이 나눠준 것을 먹는 오리와 백조들을 보고 기뻐하고픈 생각뿐이다.

다음에 또 힘든 날이 찾아오면 10분 정도 명상하면서 모반을 꿈꾸는 정신부터 진정시키기를 바란다. 그 짧은 10분 안에 바깥세상에서 바뀌는 것은 별로 없겠지만 당신 내면 세상에서는 많은 것이 바뀔 것이다! 왜? 당신의 정신이 고요해질 테니까! 세차게 흐르는 모래 강물을 물컵에 담으면 어떤가? 처음에 물컵은 탁하기만 하다. 하지만 10분 후 모래가 가라앉으면 투명해져서 물컵 속이 다 보인다! 우리의 에고-지성도 마찬가지이다.

고요할 때 명확하게 볼 수 있다.
그리고 높은 의식이 자유를 부른다.

다음은 감정 에너지 진동을 꾸준히 높일 수 있는 몇 가지 도구들이다.

- 신선한 채소와 과일을 먹는다. 유기농 품질이면 더 좋다. 설탕이 들어간 음식과 죽은 가공 음식은 피한다.
- 행동과 실천을 위한 역동적인 음악들과 스트레스를 풀어 주는 부드러운 음악들로 각각 하나씩 플레이리스트를 만든다.
- 불소가 들어간 치약을 쓰지 않는다. 불소는 우리 뇌 속 송과선을 딱딱하게 한다. 송과선이 잘 기능할 때 수면 주기가 좋아지고 호르몬 수치와 스트레스 조절이 쉬워진다. 그리고 무엇보다 인간 의식의 고양에 좋다. 송과선은 우리 뇌 속에서 두 세계를 연결해 새로운 인식을 가능하게 하는 지점이다.[24]
- 주변 환경을 의식적으로 잘 조성한다. 당신의 진짜 생각을 있는 그대로 말해도 비판하지 않을 친구들이 있는가?

우리가 다다를 수 있는 가장 높은 의식 상태는 깨달은 상태이고 각각의 존재와 모두 연결되어 완전해진 상태이다. 예수나 붓다 같은 아주 소수의 영혼만이 그런 상태에 도달했다. 하지만 나는 암흑의 중세 시대보다 우리가 사는 지금이 어쨌든 깨어나기에 훨씬 좋은 시대라고 생각한다. 2000년부터 지구에 환생한 영혼들은 내가 알기로 자신의 신성한 진짜 근원과 더 잘 연결되는 경향이 있다. 우리 천재-아카데미Genie-Akademie에서 그런 젊고 의식 높은 사람들을 많이 만날 수 있다.

소통에는 수많은 방법이 있다. 지구상에 존재하는 언어만 봐도 6천 개가 넘는다. 그런데 우리 각자는 진동수가 다 다른 자신만의 심장을 갖고 있다. 다른 사람을 이해하고 싶다면 그 사람의 심장을 느끼면 된다. 그 심장에서 나오는 진실만이 그대로 다른 사람의 심장에 가서 닿을 수 있다.

이 우주에서 가장 높고 따라서 가장 강한 진동수를 갖는 것은 언제나 조건 없는 사랑이다. 그러므로 모든 고통은 사랑으로 해결할 수 있다. 어둠은 어둠을 몰아낼 수 없다. 오직 빛만이 어둠을 몰아낼 수 있다. 조건 없는 사랑을 실천해 깨닫는 것이 우리가 이 지구에 온 유일한 이유라면 왜 그렇게 살지 않는가? 바로 두려움 때문이다. 상처받을까 봐, 충분히 잘하지 못할까 봐 두렵기 때문이다. 에고-지성이 설치한 장치인 두려움은 용감한 영혼의 사랑과 대극을 이룬다. 두려움 때문에 우리는 애타게 원하는 꿈을 접고 더 넓은 땅으로 나가지 못한다. 이 낮은 진동수가 수천 년 동안 인간 머릿속에 심어졌다. 인간을 더 잘 통제하기 위해서였다. 두려워하는 인간은 따지지 않으므로 지배하기 쉽다. 그리고 아직도 우리는 자주 "모든 사람이 다 잘 살 수는 없다." "경쟁에서 이겨야 한다." "성공하려면 피땀 흘려 노력해야 한다." 같은 말을 듣는다. 하지만 인생에서 무언가를 열심히 노력해서 얻어야 한다면 그것은 그 사람의 길이 아니다. 아침에 일어나 날고 싶은지 아닌지 자문하는 새는 없다. 새는 그것이 자신의 본성이기 때문에 날 뿐이다. 물고기는 수영할지 말지 고민하지 않는다. 그냥 수영한다. 그것에 동기 부여는 필요 없다. 건축가는 집을 지어야 하고 화가는 그림을 그려야 하고 음악가는 음악을 만들어야 한다.

매일 하는 일을 사랑하지 않는다면
생산성을 올리려고 힘들게 노력하지 마라!

○

세상에서 인내와 끈기로 끝까지 해내고 싶은 일이 있다면 그 일은 반드시 당신 마음 깊은 곳에서부터 원하는 일이어야 한다. 그리고 무슨 일을 인내와 끈기로 끝까지 해냈다고 해서 그 일이 언제나 꼭 당신이 진정으로 원하는 일인 것은 아니다. 전혀 좋아하지 않는 일을 단지 세상이 말하는 성공을 좇아서 열심히 하는 사람이 많다. 이것은 사람들의 인정을 받는 것으로 내면의 공허를 잠시나마 잊고

자 하는 것이다. 리오넬 메시는 FC 바르셀로나에서 뛸 때 역사상 몸값이 제일 비싼 선수였다. 하지만 돈이 그의 목표였던 적은 한 번도 없었다. 단지 축구를 사랑했던 것인데 저절로 그렇게 많은 돈을 받게 된 것이다. 메시는 아르헨티나 로사리오의 길거리에서 공을 찰 때부터, 그리고 자신을 아무도 알아주지 않던 다섯 살 때부터 이미 축구를 사랑했다. 세계 최고 축구 선수에게 수여하는 발롱도르를 일곱 번 수상한 것은 애초에 그의 목표도 아니었다. 그의 진짜 정체성이 낳은 하나의 부산물일 뿐이었다. 그 부산물은 그의 안에 이미 들어 있었다. 그리고 그의 영혼이 가야 할 여정을 갔으므로 밖으로 드러난 것뿐이었다.[23]

당신은 '위'로부터 고취된 음악가가 음악 속에 자신을 온전히 내맡기는 감동적인 콘서트에 가본 적이 있는가? 그리고 음악회가 끝나고 수백 명의 사람과 함께 콘서트장을 나오면서 느꼈던 그 마술 같은 기분을 기억하는가? 근원에서 바로 나온 무엇과 접촉했으므로 그 사람들 모두 한껏 고취되고 서로 연결되었다고 느꼈을 것이다. 아름다운 음악은 구속적인 인간 지성이 아니라 신성한 영감을 통해 만들어진다. 자기 일을 진정으로 사랑하는 예술가는 무언가를 제시하고 외부적으로 성공하기 위해 힘들게 노력하는 사람보다 한결 수월하게 다른 사람의 영혼을 훨씬 더 깊이 건드린다. 그러므로 당신이 어떤 일을 하면 될지 다른 사람에게 묻는 것은 현명하지 않다. 영혼이 가는 길은 각자 다 다르다.

**지혜로운 사람에게 배우되
당신의 길이 무엇인지 묻지 마라!**

다른 사람에게 물어보면 기껏해야 그 사람에게만 맞는 진실을 듣게 될 것이다. 그보다는 당신만의 창조성과 무한한 가능성을 드러낼 길을 찾아내라. 당신 내면의 나침판을 따라가라. 그러고 싶다면 (5장 참조) 당신에게 필요한 것은 주변의 침묵이다.

**발견해야 할 것을 발견하기 위해
잃어야 할 것을 잃기를 바란다.**

CHAPTER 2

의식

흔들리지 않는
근본 신뢰

당신이 정말 믿을 수 있는 것

당신이 어제보다 오늘 더 많이 성취한다면 어제보다 오늘 의식이 더 고양되어 있기 때문이다. 이것은 기분이 더 좋다는 뜻이기도 한데, 기분이 항상 좋은 사람은 지혜로운 사람이다. 의식이 높은 사람은 에너지 진동수가 높다. 내가 이 책을 쓴 이유 중의 하나는 에너지 진동수가 낮은 사람이 지구에 너무 많기 때문이다. 세상을 두루 여행하면서 나는 대체로 가난한 곳일수록 의식 고양의 정도가 낮음을 보았다. 예를 들어 동남아시아의 자카르타 같은 도시라면 나는 그곳의 삶이 얼마나 정신없게 돌아가는지 본다. 복잡하고 더럽고 먼지와 스모그 가득한 길 한복판에서 닭이 튀겨진다. 그곳의 많은 사람에게 튀긴 닭은 일주일에 한 번 겨우 먹을 수 있는 훌륭한 식사이다. 매춘부가 보이고 그보다 더 많은 노숙자도 보인다. 그리고 여기저기서 쥐가 출몰한다. 세계를 두루 둘러보고 나는 인류의 더 높은 의식으로의 전환은 이미 산업화를 끝낸 유럽과 미국 같은 나라에서부터 시작될 수밖에 없음을 점점 더 확신하게 되었다.

이 책을 읽는 당신은 이제 약간 주저하며 이렇게 말할지도 모르겠다. "막심, 다 알겠는데 타협하지 않고 나의 길을 가겠다고 결심할 만큼 나에 대한 확신이 없어요." 내가 자주 듣는 항변이다. 잠깐 시간 여행을 떠나 보자. 1501년, 이탈리아의 어느 조각가가 조각 의뢰를 하나 받는다. 거대한 대리석으로 성경에 나오는 인물을 조각해 달라고 했다. 문제는 그 전에 다른 두 명의 조각가가 이미 그 작업에 두 손 두 발 다 들었다는 점이었다. 하지만 3년이 넘는 고강도 작업 후 그 세 번째 조각가는 그 일을 해내고 만다. 그렇게 다비드상이 완성되었다. 다비드상은 5.17미터 높이에 무게가 7톤이 넘었다. 자동차 한 대가 보통 1톤 정도이다. 피렌체의 길들은 좁고 낮에는 늘 사람들로 붐볐으므로 이 조각상은 밤중에 운반되었다. 그것은 당시에도 이미 대단한 볼거리였고 그때부터 그 조각가는 사람들의 존경과 경탄을 한몸에 받았다. 어떻게 그런 걸작을 만들어 냈냐는 물음에 미켈란젤로는 단지 이렇게 대답했다. "다비드는 이미 그곳에 있었어요. 나는 그저 대리석에서 다비드가 아닌 것들을 제거하기만 하면 되었죠."[26]

근본 신뢰Urvertrauen도 마찬가지이다. 당신은 이미 창조자이다. 당신에게 덧씌워진 그 모든 조건화와 한계 때문에 그러함을 잊어버린 것뿐이다. 흔들리지 않는 근본 신뢰(혹은 앞에서 말한 자기 확신)는 당신이 진정 어떤 존재인지 기억할 때 되찾을 것이다. 사랑하며 살라는 의뢰를 받은 신성한 영혼, 이것이 진정한 당신이다. 당신 자신과 동료 인간들과 당신의 몸과 당신의 일을 사랑하며 살라는 의뢰 말이다. 사랑은 우리의 우주를 연결하는 접착제이다.

영적 성장은 무언가를 배우는 것이 아니다. 사실 그 반대이다.

영적 성장은 당신이 아닌 것을 모두 버리는 것이다!

O

환생 : 마트에 가는 영혼

당신은 아는가? 당신이 이미 많은 생을 살아왔음을. 이미 여자였고 남자였음을. 선해도 보았고 악해도 보았음을. 내가 그것을 어떻게 아느냐고? 나는 20대 초반에 크게 깨달은 적이 있다. 그 일은 과학자들이 논리적으로 설명하지 못하는 초능력을 가진 250명을 인터뷰하던 중에 일어났다. 나는 임사체험자, 커피 찌꺼기 점을 치는 사람, 카드 점을 치는 사람, 숫자점을 치는 사람, 점성술사, 영매들을 만났다. 영매들은 죽은 자나 산 자의 이름만 알려 주면 되었다. 어떤 영매들은 내 인생에 대해 아무것도 알지 못했음에도 몇 초 안에 나에 대한 사실들을 정확하게 말하기 시작했다. 고백하건대 나는 소름이 돋았고 무섭기도 했다. 그것은 누구나 두루뭉술 맞출 수 있는 사실들이 아니었고 무엇보다 정확했다.

평행 우주에 대해 알아갈수록 그때 그 사람들에게 환생이란 얼마나 당연했을지를 알게 된다. 각자의 출신에 상관없이 그들이 정신세계에 대해 하는 말과 그들이 불러온 영혼들이 해 준 말은 모두 서로 일치했다. 그 시절 나는 조금씩 내 영혼이 가야 할 길을 깨닫게 되었고 내가 유년기에 왜 그 모든 고통을 겪어야 했는지 알게 되었다. 지금 이 페이지를 읽는 당신은 이해할 수 없을지 몰라도 당신에게는 분명 더 높은 계획이 있다.

환생에 대한 믿음은 힌두교, 불교 같은 세계의 주요 종교에서 중요한 부분이지만 서양 문화에서도 환생과 영혼의 여정에 대해 깊이 공감하는 사람이 많다. 나는 존재하는 것 자체가 아무리 고통스럽더라도 현재 지구에 우연히 살게 된 사람은 아무도 없다고 확신한다. 당신의 영혼은 이번에 당신이 이루게 될 성장을 위해 이상적이고 완벽한 시간과 장소를 기다렸고 그 결과 당신은 이렇게 환생하게 된 것이다. 당신의 외모, (점성학적 별들의 배치에 따른) 성격적 특성, 당신의 경향, 소질과 재능, 이미 전생에 알았던 다른 영혼들과의 중요한 만남들, 모두 당신이 미리 계획했던 것들이다. 그리고 당신의 인생은 약 스물다섯 명의 가족 같은 영혼들이 함께하면서 이루어진다.

환생과 환생 사이 당신의 영혼은 일종의 결산을 하며 자문한다. 나는 무엇을 배웠나? 그리고 무엇에 실패했나? 조건 없는 사랑의 길을 가는 나에게 더 배워야 할 것은 무엇이고 더 경험해야 할 것은 무엇인가? 이것은 마트에 가기 전에 적어 보는 필요한 것들의 목록과 비슷하다. 당신은 사야 할 것들을 미리 생각한다. 당신 영혼이 하는 일도 똑같다. 당신 영혼은 당신에게 부족한 경험을 최대한 많이 하도록 계획한다. 매우 아픈 경험을 해야 할 수도 있다. 우리는 아픔을 통할 때 가장 빨리 배우기 때문이다. 아픔은 에고의 껍질을 벗긴다.

하지만 당신이 갈 수 있는 깨어나기 위한 가장 빠른 길은 일상의 생각, 말, 행동에 주의하는 것이다. 매일 자신에게 이렇게 물어보자. '행동을 통해 더 높은 의식에 다가갈 수도 있고 멀어질 수도 있음을 잘 안다면 나는 오늘 어떻게 행동해야 할까?'

모든 생각, 모든 감정, 모든 행동이 이 우주에 영향을 주고 당신 인생 장부에 흔적을 남긴다. 그 장부에 기재된 것은 절대 사라지지 않고 우리는 기재를 중단할 수도 없다. 모든 행위는 그것만의 카르마를 남기기 때문이다. 자신과 타인에게 큰 고통을 주는, 힘든 인생을 선택하는 영혼도 많다. 하지만 환생의 여정이 다 끝나고 나면 누구나 똑같은 문을 지나 근원으로 돌아가게 되어 있다. 사랑하는 신의 눈에는 우리 모두 똑같은 자식일 뿐이다(우리 눈에는 사랑하기 힘든 자식도 있지만 말이다). 낮은 의식으로 인한 생각 없는 행동은 우리 영혼의 여정을 쓸데없이 늘린다. 생각 없는 행동이 만든 새 카르마까지 상쇄해야 하기 때문이다. 나는 육체적으로 큰 장애가 있는 사람을 보면 대개 이해할 수 있다. 그런 장애로 카르마를 한 번에 크게 상쇄하겠다는 용감한 결정을 태어나기 전에 했음이 보이기 때문이다. 용감한 영혼만이 지구에 태어날 것을 결심한다. 3차원 세상인 지구에서의 삶은 깨달음으로 향한 길 위에서 우리가 갈 수 있는 '가장 혹독한 학교'이기 때문이다. 다른 차원에서 살기를 결정한 다른 영혼들은 지구를 경험한 영혼들에게 큰 경의를 표한다. 자진해서 지구에서 태어날 용기를 냈음과 지구에서는 인간 의식이 에고에 지배당함을 잘 알기 때문이다. 지난 50년 동안 발생한 과도한 열대 우림 개간과 원양 어업만 봐도 인간 에고가 얼마나 강한지 보인다.

환생에는 좋은 인생도 나쁜 인생도 없다. 우리 에고-지성이 성급하게 재단하는 인생도 영혼의 수준에서는 사랑에 따른 협약일 뿐이다. 예를 들어 두 영혼은 오래된 카르마를 상쇄하고 서로에 대한 과거 인생의 잘못을 사죄하기 위해 직업적으로 혹은 파트너로서 서로가 힘든 관계 속으로 들어갈 것을 의식적으로 약속한다. 그리고 서로의 역할을 바꿔가며 그 똑같은 경험을 다음 생에도 반복한다. 한 영혼이 다른 영혼에게 특정 나이에 정신적 혹은 육체적으로 아프게 할 것을 의식적으로 부탁하기도 한다. 그리고 환생 전에 서로 그런 행위를 하고 받을 것에 분명히 동의한다. 그래서 지구가 자연재해, 전쟁 혹은 혼돈의 시기를 겪을 때면 저 위에서는 환생을 고대하는 영혼들이 줄을 선다. 여러 인생이 요구되는 수많은 감정적 경험을 한 번에 할 수 있기 때문이다.

영혼이 가는 길의 목적지가 온전히 성숙하고 조건 없이 사랑하는 것이라면 먼저 다양한 경험을 할 필요가 있다. 이것은 이해할 만하다. 수많은 환생 동안 상처를 주고 또 받기도 해봐야 비로소 깊은 감정들을 느끼고 이해할 수 있으니까 말이다. 스스로 경험해 보지 못한 것을 이해할 수 있는 사람은 없다. 다양한 감정들을 전부 느껴보아야 다음에 찾아올 중요한 사건에서 다른 영혼을 향해 거부가 아닌 연민을, 심판이 아닌 이해를, 평가가 아닌 공감을 보일 수 있다.

인도의 철학자이자 영적 지도자인 지두 크리슈나무르티는 평가 없이 관찰하는 능력을 인간 지성의 가장 높은 형태라고 말한 바 있다.[27] 무슨 일이든 평가하기를 거절하는 영혼은 깨어난 영혼이다.

깨어난 영혼은 모든 것과 모든 존재를 받아들이고 인정한다. 모든 존재는 자신이 처한 의식 수준 안에서, 다시 말해 영혼의 성숙도에 따라 최선을 다하고 있음을 잘 알기 때문이다.

영혼 계획과 자유 의지

그런데 환생의 유일한 목적이 깨어난 영혼으로 의식 있게 행동하는 것이라면 우리는 왜 전생을 기억하지 못할까? 그 대답은 간단하다. 현생이 수많은 생 중의 하나일 뿐임을 안다면 최선의 노력을 다하지 못하고 감정적으로 더 많이 배울 기회도 놓치게 될 것이기 때문이다. 이런 인생은 어차피 점수에는 가산되지 않으므로 열심히 할 필요가 없는 시험 같은 것이다. 망각의 베일은 우리가 빨리 배우고 새로운 숙제와 시험을 정말 진지하게 받아들이게 하는 도구이다. 나는 몇 해 전, 매우 격한 감정을 일으키는 나쁜 소식을 듣고도 '이건 내가 선택한 것이야! 이래야만 하는 것이야!'라고 생각하며 그 감정을 의식적으로 억눌렀던 경험이 있다. 그런데 나이 지긋하고 매우 영적인 어느 여성분이 이렇게 말해 주었다. "막심, 그렇게 살려고 여기에 태어난 것이 아니야. 네가 깨어났다고 해도 네 영혼은 여기에 있어. 네가 감정을 보여 주고 그것에서 배우고 숙고하기를 바라기 때문이지." 그녀 말이 맞았고 그때부터 나는 나에게 슬픔을 허락한다. 그래야 주어진 숙제를 영원히 해결해 다른 조합으로 또다시 경험하지 않아도 된다. 당신이 해결하지 않은 숙제는 언젠가는 해결해야 할 것들이고 그렇게 미뤄 놓는 동안 우리는 에너지를 빼앗기게 되어 있다.

전생을 기억하지 못하는 것은 전생의 모든 편견과 기존의 생각들에서 벗어나고 싶기 때문이기도 하다. 우리가 갖는 장단점, 호감, 반감 모두 배움을 크게 방해하는 요소들이다. 이런 것들을 모두 그대로 갖고 올 때 많은 새로운 경험을 의식적으로 피할 테니 깨달을 수 있는 영역이 매우 좁아진다. 예를 들어 오렌지를 좋아하지 않는 사람은 오렌지가 맛이 없었던 경험을 기억하기 때문에 오렌지를 새롭게 경험할 기회 자체를 외면할 것이다. 일상의 다른 일들에서도 마찬가지 일이 벌어질 수 있다. 그리고 편견에서 벗어나지 못하면 무엇보다 다른 영혼들을 다시 새로운 눈으로 볼 수 없다.

'지구'라는 실험실에서 당신이 받을 수 있는 가장 큰 선물이 있는데 그것은 바로 자유 의지이다. 자유 의지란 다름 아니라 매일 의식적으로 새로운 결정을 내릴 수 있다는 뜻이다. 내가 알기로 태양계에서 이토록 큰 자유를 제공하는 유일한 차원이 지구이다. 다른 차원들에서는 영혼이 의도한 숙제를 마치게 하고 배워야 할 것을 배우게 하는 일종의 감독 아래 들어가게 된다. 그런데 자유 의지라는 선물을 받기는 했어도 당신은 자유 의지의 65퍼센트를 태어나기 전에 이른바 **더 상위의 영혼 계획**을 위해 반납했다. 그 전에 물론 당신은 어떤 배움을 위해 여기로 올 것인가를 스스로 결정했다. 이렇게 한번 생각해 보자. 당신은 바르셀로나에서 시작해 로마에서 끝나는 여행을 계획했다. 그렇게 대강(65퍼센트)의 여행이 이미 정해졌다. 어떤 길로 얼마나 오래 여행할지, 실제로 어떤 속도로 목적지에 도착할지, 실제로 정말 도착할지 아닐지는 나머지 하위의 자유 의지(35퍼센트)가 결정한다. 당신 영혼은 이미 축적해 온 경험과 아직 부족한 경험을 비교한 후 당신에게 늘 최대한의 성장을 약속하는 계획을 하나 선정한다. 우리 영혼은 한 생애에 몰두할 주제를 원칙적으로 하나에서 세 개 정도 선정한다. 당신 인생이 다섯 개 이상의 크고 지속적인 도전 과제를 갖고 있다면 이생에서 짧은 시간에 최대한 많이 배우고자 했던 영혼의 의도가 있었을 것이다. 이것 또한 당신의 길잡이 영들과 함께 당신 스스로 사전에 완벽히 만들어 둔 계획임을 항상 염두에 두기를 바란다.

당신은 여기 지구에서 인간의 몸을 입고 있다. 그 몸은 3차원 시공간의 법칙 아래 놓여 있다. 따라서 그 몸은 자라고 또 소멸할 것이다. 우리 몸의 오감은 표면적인 것만 파악할 뿐 본질은 알지 못한다. 반면 당신의 영혼은 자유롭다. 영혼은 섬세한 세상에 거주한다. 영혼에게 시공간의 법칙은 아무 효력이 없다. 4차원 세상에서는 시간이 일렬로 가지 않고 나란히 간다. 그리고 공간적 거리도 없다. 그곳에서 우리는 모든 것을 아주 다르게 볼 수밖에 없다. 모든 미망 너머에서 보는 당신 영혼의 눈과 함께라면 모든 것의 본질과 진실 이 드러날 것이다. 잠을 잘 때 우리는 모두 그 다른 세상으로 간다. 길어진 수명과 함께 이 세상의 영향을 더 길게 받게 됨에 따라 이 세 상의 기쁨과 괴로움, 욕망과 바람에서 정체성을 찾기가 더 쉬워졌 고 따라서 수면 상태를 의식적으로 기억해 일상으로 가져오는 사람 이 점점 더 줄어들게 되었다.

나의 직감에 따르면, 평행 우주에 시간이 존재하지 않더라도, 우 리는 약 2개월에서 3개월마다 잠자는 동안 큰 업데이트를 경험한 다. 당신 영혼 계획에 맞게 다음에 당신이 해결해야 할 숙제와 시험 이 업데이트되는 것이다. 어떤 사건이 실제로 일어나기 전부터 뭔 가 예감하게 되는 때가 있는데 바로 이런 이유에서다. 그럴 때는 그 럴 만한 이유가 없는데도 그 일이 일어날 것을 이미 알고 있는 것 같 다. 의식이 높은 사람일수록 저 위와의 연결이 강하고 그래서 다음 에 기다리고 있는 것을 더 빨리 알게 된다.

인생은 성장을 위한 시험과 사건들로 언제나 가득하다. 이것은 당신이 어떤 인생을 선택했든 마찬가지이다.

당신은 비싼 주택에서 살며 고급 자동차를 몇 대씩 갖고 매일 도 난과 손상을 걱정하겠다 선택했을 수도 있다. 혹은 노숙자가 되어 다리 밑에서 살며 원인 모를 무좀을 달고 살겠다 선택했을 수도 있다. 어쨌든 당신이 선택한 그 인생에 맞는 영혼의 도전들이 계속 다가올 것이다. 어릴 때 얼굴에 여드름이나 부스럼 같은 것이 있었는가? 어쩌면 흉터나 피부 포진이 있었는가?

잠깐 상상해 보자. 지금까지 당신이 경험했던 모든 상처와 피부 발진이 지금 당장 한꺼번에 혹은 하루 만에 전부 얼굴에 나타난다면 당신은 어떻게 보이겠는가? 당신은 분명 그 모습에 충격을 받고 결코 집 밖으로 나갈 수 없으리라. 너무 끔찍하니까 말이다. 바로 그래서 당신의 영혼은 서로 인접한 시험들을 하나씩 선택해 시간을 두고 배울 수 있게 한다.

살아온 날들을 돌아보면 실제로 새로운 시험에 처하지 않은 달이 하나도 없었음을 알게 될 것이다. 작은 시험이라고 해도 말이다.

지구는 휴양이 아니라 깨어남을 위한 행성이다.

물론 다양한 환생 중간에 덜 힘든 인생도 있고 그런 인생도 반복된다. 하지만 그런 인생도 높은 수준에서 보면 항상 깊은 의미를 지닌다. 당신 영혼이 모든 상황을 (너무 힘들지 않게) 실용적으로 경험하고자 할 때는 아무것도 하지 않는 것처럼 보일 때도 사실은 배우고 있는 것이다. 당신은 신성한 '하나임Oneness'의 세상에서 이원성의 세상으로 와서 매일 두려움과 사랑이라는 양극 사이에서 선택해야 한다. 물론 늘 사랑으로 행동하고 싶다. 당신 인생의 큰 문제들은 모두 사랑으로 답하라고 말하는 당신 영혼의 부드러운 초대장이다. 하지만 이 초대장에 두려움으로 답하는 사람이 많다. 그래서 똑같은 시험을 거듭 선물 받는다. 얼마나 오래 그래야 하는가는 당신 자신에게 달려 있다. 하지만 당신은 한 번에 당신이 실제로 감당할 수 있는 양의 시험만 받게 되어 있다. 그보다 더 많이 받은 경우는 극히 드물다. 약한 자만이 쉬운 길을 간다. 최대한 강해져야 하는 순간이 와야 자신이 얼마나 강한 사람인지 알게 된다. 그리고 우리가 하는 모든 일에는 늘 동전의 양면이 있다. 레오나르도 디카프리오 같은 세계적 스타는 돈으로 못 할 일이 없을 정도로 부자이고 모든 사람이 사랑하며 주변 사람들도 모두 세계적인 스타일 것이다. 세상의 수백만 사람들이 그런 인생을 꿈꾼다. 하지만 그런 인생에 포함되는 다른 면은 생각하지 않는다. 그 사람들이 갖는 인기만 보고 부러워한다. 그들의 화려한 삶만 볼 뿐 '그 사람들은 그렇게 되려고 얼마나 많은 것을 포기해야 했을까?' 하는 더 중요한 질문은 거의 하지 않는다. 다른 사람의 성공이 꼭 그 즉시 당신의 실패를 의미하지는 않는다. 어쩌면 당신은 그 다른 사람이 그렇게 높은 곳까지 올라가기 위해 치러야 했던 꼭 필요한 대가를 치를 준비가 되어 있지 않을 수도 있다. 레오나르도 디카프리오 같은 사람은 잠깐 쉬려고 카페에 앉을 수도 없다. 곧장 사람들에게 둘러싸이게 될 테니까. 그는 다른 사람들이 자신을 좋아하는 것이 자신의 위상 때문인지 아니면 정말 자신의 인격 때문인지도 절대 알 수 없다. 선정적인 머리기사 생각뿐인 파파라치들이 늘 따라다니며 사생활을 침해한다. 새 여자 친구가 생겼다고? 살이 좀 쪘다고? 그 즉시 모두 인터넷에 뜬다. 하지만 그런 인생으로의 입장표도 그가 직접 구입한 것이다. 그것도 배우로서 첫발을 디디기도 훨씬 전에 말이다. 이처럼 부정적인 측면(물론 사실은 부정적인 것이 아니지만)을 보지 않는 것처럼 모든 괴로운 순간 속 혹은 모든 사건에 내재하는 긍정적인 측면도 우리는 많이 놓친다. 당신의 영혼은 경험하고 싶은 것뿐이다. 7대에 걸쳐 내려온 가족 사업체를 방금 잃고 파산을 신청해야 하는 젊은 사업가가 있다. 덕분에 수천 명이 직장을 잃었다. 채무자와 은행은 말할 것도 없고 파산 관재인도 남아 있는 1유로라도 찾아내려 한다. 하지만 아무리 상황이 힘들어 보여도 동시에 아주 긍정적인 가능성도 함께 드러난다. 예를 들어 그 젊은 사업가에게 그런 지위 혹은 그 직업은 사실 맞지 않았다. 그런데도 그에게 가계를 물려받는 대신 내면의 목소리를 따르라고 말해 주는 사람은 아무도 없었다. 그러기에는 가족 사업에 그가 너무 많이 관여하고 있었던 것이다. 하지만 일이 이렇게 되었으니 이제 그는 100퍼센트 자신이 원하는 것을 선택할 수 있다. 바닥만큼 우리를 고취하는 것도 없다. 이제 무엇을 선택하든 더 나빠질 게 없다! 이제 그의 앞에는 수많은 가능성과 아이디어가 놓여 있다.

다음에 힘든 순간이 찾아오면 이렇게 자문해 보라. '이 일은 어떤

면에서 가치가 있나?' 그리고 그 일에서 부가적으로 얻은 깨달음, 경험, 그 과정에서 드러난 당신의 면모 등을 다 적어 보라.

중국에는 상황이 얼마나 금방 바뀔 수 있는지 보여 주는 옛날이야기가 하나 전해 내려온다.

옛날에 어떤 나이 지긋한 농부가 살았는데 그에게는 말이 하나 있었다. 그 말로 농부는 밭을 경작했다. 어느 날 아침 일어나 보니 밤새 말이 사라졌다. 이웃들이 와서 말했다. "아이고 안됐군요. 이제 말이 없으니 밭은 누가 갈고, 어떻게 먹고 산대요?" 농부는 미소를 지으며 말했다. "글쎄요."

다음날 농부는 사라진 말을 찾으러 나갔다. 그렇게 닷새를 숲속에서 헤매다 농부는 드디어 말을 찾았다. 그런데 자신의 말만 찾은 게 아니었다. 그 옆에는 다른 야생마도 한 필 더 있었다. 그러자 이웃들이 와서 말했다. "아이고 운이 좋으시군요! 이제 말이 두 필이나 있어요." 그러자 농부는 또 웃으며 "글쎄요."라고만 했다.

농부에게는 아들이 하나 있었다. 아들이 아버지를 도와 밭일을 하려고 야생마를 탔다. 그런데 말이 사납게 날뛰는 바람에 그만 말에서 떨어져 다리가 부러지고 말았다. 그러자 이웃들이 와서 말했다. "아이고 어떻게 이런 일이 다 있대요! 영감님은 계속 늙고 쇠약해져 갈 텐데 아드님이 이제 밭일을 도울 수가 없네요." 그러자 노인은 이번에도 웃으며 "글쎄요."라고만 했다.

두 주 후 나라에 전쟁이 터져 18세 이상의 남자들이 모두 전쟁에

나가야 했다. 이웃의 아들들도 마찬가지였다. 이웃들이 다시 노인에게 와서 말했다. "아니, 이렇게 운이 좋을 수가 있나요? 아드님은 다리가 아프니 집에 남았는데 우리 아들들은 영원히 돌아오지 못할지도 모른다네요." 그러자 노인은 이번에도 "글쎄요."라고 할 뿐이다.

노인은 자신에게 일어난 일을 평가하지 않았다. 지금을 분석하지 않고 받아들였다. 노인은 더 높은 질서에 순응했다. 그리고 이 우주라는 거대한 장에서 우연히 일어나는 것처럼 보이는 사건들을 에고-지성으로 규정하는 것이 불가능함을 잘 알았다.

운명을 뛰어넘는 마스터

지구상에는 약 80억 영혼이 각자 다른 성숙도를 갖고 각자 다른 영혼의 계획을 따라 살아가고 있다. 환생을 덜 해 본 젊은 영혼이라면 더 빨리 배우고 싶다. 내가 이해한 것에 따르면 이런 영혼은 생존 싸움을 경험하기 위해 고난이 예상되는 지역에서 태어난다. 젊은 영혼들이 환생하지 않으면 지구 사회의 존재 자체가 불가능해지므로 이들의 환생은 감사해야 할 부분이다. 젊은 영혼은 지구에서의 나이와 상관없이 종종 순진한 격정과 아이 같은 행동을 보인다. 환생 경험이 많은 성숙한 영혼은 혼자 많은 시간을 보낸다. 그리고 사람들에게 이타적인 길을 보여 주는 등 인류의 당면 과제를 숙고하고 해결하려 노력한다.

성숙한 영혼은 전생에 이미 수많은 경험을 했기 때문에 다양한 문화와 연령대의 사람들을 잘 이해한다. 사람들은 대개 문제를 해결했거나 해결하지 않았던 전생의 방식을 현생에서도 똑같이 재현하는 경향이 있다. 이것은 경제 관념부터 성적인 경향, 이웃에 대한 사랑, 먹고 마시는 습관까지 모든 영역에서 그렇다. 우리의 의식은 새로운 경험을 할 때마다 이미 했던 경험들과 비교한다. 그런데 우리의 무의식은 그 크기가 훨씬 크다. 그래서 우리의 무의식은 모든 새로운 생각과 경험을 이전 생들에서 했던 모든 생각, 경험과 비교한다. 그러므로 전생에 당신이 경험하고 생각하고 느꼈던 모든 것이 지금 당신이 경험하고 생각하고 느끼는 모든 것에 영향을 준다.

인간만이 아니라, 온 우주가 변화의 끝없는 흐름 속에 있다. 살아 있는 새 한 마리가 벌레를 먹는다. 그리고 그 새가 나중에 죽으면 벌레가 또 그 새를 먹는다. 나무 하나에서 수천수만 개의 성냥개비가 만들어지지만 수천 개의 나무를 태워 없애는 데에는 단 한 개비의 성냥이면 충분하다. 아프리카 어딘가에 사는 가젤은 매일 아침 눈을 뜨며 그날 하루 또 살아남으려면 세상에서 가장 빠른 사자보다 더 빨라야 한다고 생각한다. 그리고 사자는 매일 아침 눈을 뜨며 그날 하루 또 굶어 죽지 않으려면 세상에서 가장 느린 가젤보다 빨라야 한다고 생각한다. 당신이 강물로 들어가면 당신도 강물도 (서로 영향을 주는 가젤과 사자처럼) 예전의 자신이 아니다. 당신은 활력을 얻을 테고 강물도 당신 몸이 일으키는 물결로 변할 것이다.

의식이 높은 사람은 매일 아침 자신이 모든 존재와 연결되어 있음을 확신하며 일어난다. 당신은 지금 당신 집 테라스 의자에 앉아 있다. 앞의 탁자 위에는 세금 신고서 같은 중요한 문서가 놓여 있다. 당신은 그 문서를 한 번 더 읽어 보고 제출할 생각이다. 이제 당신은 아래 바닥으로부터 개미 한 마리를 잡아 올려 세금 신고서 위에 올려놓는다. 그 개미에게 당신의 세금 신고서는 거대하게 느껴질 것이다. 동시에 당신 위 우주 어느 곳에서 우주비행사가 발아래 지구 대륙들을 본다. 아시아, 아프리카, 유럽을 본다. 그에게 당신 집 테라스 탁자 위에 놓여 있는 세금 신고서는 아무 의미가 없다. 그렇다면 이제 질문해보자. 제대로 보고 있는 자 과연 누구인가? 그 대답은 이렇다. "관점에 따라 모든 것이 달라진다."

의식이 높지 못한 사람은 청천벽력 같은 불행이 닥치면 부당하다고 생각한다. 내면에서가 아니라 밖에서 답을 찾으므로 아무것도 진정으로 배울 수 없다. 환경, 정치, 인생, 날씨, 신의 탓을 한다. 그렇게 시작된 자기 연민과 불평이 시간이 지나면 원망이 되고 울분이 된다. 그리고 자기 운명의 마스터가 되는 대신 피해의식 속에서 살아간다. 창조자가 되기보다 희생자가 된다. 만드는 자가 아니라 모방하는 자가 되고 직접 해보지 않고 평가만 한다. 경험해 가며 행운을 만들어 가는 대신 평생 아무것도 시도하지 않는다. 인생에는 당신이 선택할 수 있는 상황들이 있다. 물론, 이미 결정되어 있어서 달리 결정할 수 없음에도 결정해야 할 것만 같은 상황들도 있을 것이다. 하지만 이미 오래전에 결정난 일이므로, 당신이 거부한다면 당신의 영혼은 당신을 위해 어둠의 고통스러운 길을 선택할 수밖에 없다. 그 고통이 얼마나 지속될지는 오직 당신에게 달렸다. 하지만 그림자가 있는 곳에는 반드시 빛도 있다.

자신이 운명의 개척자임을 아는 사람은 그 반대이다. 이 사람은 좋은 일이든 나쁜 일이든 영혼이 관여한 것임을 이해한다. 그리고 모든 시험을 감사하게 받으며 이겨내고 극복한다. 그 시험이 깊은 의미에서 그를 강하게 하고 성숙하게 하는 선물임을 안다. 그렇게 의식 있게 행동할 때 그는 더 나은 미래를 위한 씨앗을 뿌리는 것이고 그렇게 그의 운명은 더 좋아질 것이다.

가장 약한 점을 극복하는 순간
가장 강한 점이 드러나기 시작한다.

○

당신이 가장 두려워하는 것 속에 가능한 최고를 이루어 낼, 가장 큰 성장의 잠재성이 숨어 있다. 그런데 자신의 잠재성을 알아보는 사람이 왜 이렇게 적을까? 왜 수백만 사람이 매일 고통 속에 있을까? 지금까지 2천 년 넘게 지속됐던 기독교 문화가 윤회를 부정한 것도 분명 그 이유 중 하나일 것이다. 그런데 초기 기독교까지만 해도 환생 개념이 있었다.[29] 기독교 내부에서 대중에게 적합한 실용적인 종교를 구축하겠다는 결정이 있은 뒤부터 환생 개념은 조금씩 사라졌다. 환생은 설명하기 어렵고 이해하기는 더 어렵다. 환생은 신자들 사이에서 수많은 의문을 불러일으켰을 테다. 그리고 현생이 신으로 향한 긴 길 위 단지 하나의 작은 구간일 뿐이라고 하면 아무리 독실한 신자라도 사기를 잃을 수 있다. 덜 독실한 신자라면 수많은 환생의 가능성만 믿고 방종하고 죄를 짓는 아주 다른 길을 선택할 수도 있다.

하지만 진실은 어느 한 집단만 알 수 있는 것이 아니다. 힌두교와 불교에서 윤회 개념은 문헌에 한 자리를 확고히 차지했다. 성경에도, 환생을 믿는 신자들의 해석에 따르면, 예수가 윤회를 말한 구절이 많다.「요한복음」3장 1절에서 예수는 니고데모에게 사람이 거듭나지 않으면 하나님 왕국으로 들어갈 수 없다고 했다.「요한복음」9장 1절에서는 "예수께서 길을 가시다가 맹인으로 태어난 사람을 보았다. 제자들이 예수에게 묻기를 '랍비여, 누가 죄를 지었기에 이 사람은 맹인으로 태어났습니까? 이 사람입니까 아니면 이 사람의 부모입니까?'"라는 구절이 나온다. 예수의 제자들은 어떻게 그 남자가 태어나기도 전에 죄를 지었는지 물을 생각을 했을까? 윤회와 카르마의 법칙을 믿지 않았다면 이런 질문은 떠올리지 못했을 것이다. 외계인이라는 개념 자체가 없는데 당신은 친구에게 외계인을 보았느냐고 물을 수 있겠는가? 그럴 수 없을 것이다.「요한계시록」13장을 보면 예수 자신이 카르마의 법칙에 대해 분명히 말하고 있다. "감옥에 가야 할 자는 감옥에 갈 것이고 칼로 죽임을 당해야 할 자는 칼로 죽임을 당할 것이다."[30] 여기서 예수는 신성한 법칙의 확고부동함과 그것에 대한 믿음을 말하고 있다. 카르마와 환생은 긴밀히 얽혀 있고 서로 분리될 수 없다.

생각 · 말 · 행동의 힘

당신은 어떻게 당신 운명의 마스터가 되겠는가? 카르마와 환생은 방금 말했듯이 서로 얽혀 있다. 카르마는 환생이라는 큰 바퀴가 몰고 가는 하나의 시스템이다. 카르마는 모든 개인의 현생에서의 행위가 (이전 생들에서의 행위와 함께) 다음 생의 상황들에 영향을 미침을 보증한다. 이 세상에 고통이 이토록 만연한 이유가 대개 이전의 삶들에게 행한 잘못된 행동들 때문이다. 하지만 카르마는 신의 처벌을 의미하지 않는다. 우리 힘 밖에 있는, 불가피한 운명 또한 아니다. 사실은 그 반대이다. 카르마는 당신의 생각, 말, 행동에 따라 변하기 때문이다. 카르마는 당신이 살아가는 현실에 관한 시종일관하고 끊임없는 반응이다. 좋은 행위든 나쁜 행위든 효력을 갖지 않는 행위는 없다. 그러므로 상을 주거나 벌을 주는 것은 카르마가 아니라 당신 자신이다. 이 땅에서 존재하며 보낸 시간에 대해 칭찬 혹은 비난하는 사람은 당신 자신이다. 이번 생을 다한 후 당신 스스로 당신 인생의 장부를 들여다보며 평가할 것이다. 죽음 후에는 당신이 살면서 짧게 혹은 길게 갈등했던 다른 영혼들이 그때 어떤 감정을 느꼈었는지도 알게 된다. 육체적으로 죽은 후 그 영혼들을 다시 만날 때는 모든 두려움과 분노가 사라진다. 각자가 맡은 역할을 완벽하게 수행하기 위해 필요했던 안개, 그 3차원 세상의 장치를 인식한다. 그리고 대개 고통을 통해 그렇게나 많은 통찰을 가능하게 해 준 서로에게 감사한다. 3차원의 환영에서 깨어난 두 영혼은 자신들이 각자가 맡은 역할을 완벽하게 해 낸 멋진 배우였음을 알게 된다. 오스카상을 유일하게 세 번이나 수상한 전무후무한 배우 다니엘 데이 루이스 못지않다. 에이브러햄 링컨을 연기했을 때 다니엘 데이 루이스는 역할에 너무 몰두한 나머지 그의 아내는 다니엘이 아니라 미국의 전 대통령과 함께 사는 것 같았다고 했다. 일상에서도 그는 언제나 에이브러햄 링컨의 페르소나Persona(라틴어로 가면이라는 뜻)로 살았다.

그러므로 잊지 말기 바란다. 지구에서 당신이 어떤 사람으로 살고 어떤 경험을 하는지는 대개 그전에 약속된 것임을 말이다. 지구라는 이 이원성의 세상은 항상 우리 영혼의 통찰을 위한 곳이다!

당신 영혼의 성장

지구로 환생하는 데에는 다양한 이유가 있다. 두 영혼 사이의 카르마를 푸는 것도 그 이유 중의 하나이다. 여기서 결국 중요한 것은 힘의 재분배가 아니라 같이 인생을 살아간 후 두 사람이 서로에게 느끼는 감정이다. 두 사람이 정직하게 느끼기에 저울의 균형이 맞췄다면 오래된 카르마의 뒤얽힘이 풀릴 것이다.

이웃에 봉사하고 하나의 종인 인류의 발전을 부르는 것도 환생의 이유가 될 수 있다.

환생의 세 번째 이유는 이원성을 경험하기 위해서이다. 지구에서만이 육체와 오감을 가진 것의 차이를 경험할 수 있다. 오직 지구에서만 흑백의 차이를 볼 수 있고, 신선하고 탁한 것을 냄새 맡을 수 있고, 달콤하고 시고 쓰고 짜고 매운 것을 맛볼 수 있고, 시끄럽고 조용하고 높고 깊은 소리를 들을 수 있고, 거칠고 부드러운 것을 만질 수 있다.

환생의 네 번째 이유는 자신만의 주제에 천착하기 위해서이다. 예를 들어 전생에서 얻은 오래된 감정적 상처를 치유하기 위해서 혹은 새로운 능력을 얻거나 자질을 습득하기 위해서 환생할 수 있다. 그래서 동성연애자로 태어나는 영혼도 있고 타고난 성을 완전히 바꾸는 영혼도 있다. 모든 감정의 스펙트럼을 가능한 한 전부 경험하고 이해하고 싶은 것이다.

당신이 지구에서 배우고자 하는 가치 중에 하나에서 일곱 가지 정도가 중요시된다. 환생 전에 배우고자 계획한 가치의 수가 많을수록 고통받을 가능성도 그만큼 커진다. 하지만 그 가치를 빨리 습득할수록 고통도 그만큼 빨리 줄어든다.

때로 영혼의 계획이 바뀌기도 한다. 내성적인 한 남자가 자기주장이 강한 여성과 둘이 서른 살이 될 때 만나 서로로부터 배우기로 미리 약속했다고 치자. 그 만남으로 여자는 다른 사람의 주장을 존중하는 법을 배워야 하고 남자는 자기주장을 관철하는 법을 배워야 한다. 그런데 남자가 자유 의지를 발휘해 스물일곱 살에 이미 '연설하는 법' 워크숍에 참석해 두려움을 없앴다면 3년 후에 약속된 관계로 배울 것은 더이상 없게 되므로 그 만남은 영혼의 수준에서 취소된다. 그리고 남자의 에너지 서명이 그만큼 달라질 테니 둘 사이 감정적이고 성적인 끌림이 일어나지 않는다.

스스로 배우고 변하는 사람은 대개 갑자기 (하지만 사실은 갑자기 아닌) 바뀐 환경에 둘러싸인다. 그러면 놀라는 사람도 많지만, 간단히 말해서 지금까지 가깝게 지내던 사람들과 에너지적으로 더이상 맞지 않기 때문이다. 심지어 늘 가던 파티에 가도 돌연 아주 다른 사람을 만난다. 때로는 그 변화가 확연하게 드러나기도 한다. 새로운 사람을 만났는데 그 사람에게 마치 마법에라도 걸린 듯 끌린다. 마치 오랫동안 알았던 사람 같다. 그의 영혼이 너무도 낯이 익어서 이유 없이 최대한의 신뢰를 보낸다. 서로 잘 아는 영혼들은 설명할 수 없는 연결을 통해 서로를 알아본다. 친척 영혼들이라면 서로를 이해하기 위해 길게 소통할 필요가 없다. 서로를 향한 끌림과 받아들임의 공기가 자연스럽게 형성된다. 이것은 전생에 생겨났던 연결을 재빨리 알아차리는 것인데 처음부터 다시 시작하며 시간을 낭비하지 않고 그 시간에 서로의 성장에 매진하기 위해서다. 어떤 장소에 대해 갑자기 직감적으로 알 수 없는 연결을 감지하는 일도 있다. 이탈리아 피렌체에 갔을 때 나도 그랬다. 나는 당시 열여섯 살이었다. 도시 자체가 믿을 수 없이 익숙했고 내 감정을 매우 뒤흔들었다. 그 18년 후 나는 내 팀원들과 함께 나의 우상인 다빈치가 태어나 어린 시절을 보낸, 피렌체 근처의 작은 마을, 빈치를 처음으로 방문했다. 우리는 그곳에서 사진과 영상을 가능한 한 많이 찍어 나중에 우리 공동체 사람들에게 보여 주려 했다. 두 대의 카메라가 나를 찍는 상황에서 다빈치의 생가로 들어가던 때를 기억한다. 그런데 기쁨을 느끼기보다 돌연 매우 감상적으로 되면서 굉장한 겸허함을 느꼈다. 그렇게 고작 2분 정도가 지났을 뿐인데 감정을 주체할 수 없어 팀원들에게 모두 나가라고 호통치고 싶을 정도였다. 감정이 대단히 혼란스러웠다. 나는 가능하다면 계획했던 한두 시간이 아니라 그곳에 혼자 더 오래 있고 싶었다. 박물관 관계자가 허락했다면 다빈치 생가 앞 정원에서 밤을 새웠을 것이다. 그때 그 자리에서 분명한 영감처럼 그림들이 나타났다. 나는 이제는 그곳에 없는 집 안의 가구들을 보았고 정원의 벚나무를 보았다. 그리고 어린 나이에 이미 자연에서 실험하고 일종의 나무집도 만들었던 작은 레오나르도를 보았다. 열두 살의 소년 레오나르도가 죽은 쥐를 해부하는 모습도 보았다. 인간 육체에 대한 그의 강한 열정은 이미 어릴 때부터 시작되었다. 후에 레오나르도는 서른 구가 넘는 사체를 해부하며 연구했다. 레오나르도의 생가는 언덕 위에 위치해 전망이 좋았으므로 그 집을 둘러싼 벽 위로 올라가 주변 먼 곳을 둘러보았다. 그런데 10분쯤 후에 나는 팀원들에게 지금도 이해할 수 없는 말을 했다. "저 언덕 뒤에 물이 있는 것 같아요." 그렇게 말하면서 나는 손을 뻗어 주저 없이 한 지점을 가리켰다. 팀원 중 한 명이 재빨리 자신의 백팩에서 스마트폰을 꺼내 지도앱을 켜 주변을 살펴보았다. 정확하게 내가 손으로 가리킨 곳에 정말로 수원(水源)이 하나 있었고 심지어 360도 주변을 다 보아도 수원이 있는 곳은 그곳뿐이었다. 나는 내가 레오나르도 다빈치였다고 말하는 것이 아니다. 다만 그곳에서의 내 경험을 전부 정직하게 나누려는 것이다.

당신도 가끔 전혀 뜻밖의 것과 강하게 공명하는 경험을 할 것이다. 나는 어릴 때 늘 스페인어가 굉장히 친숙한 느낌이었고 중고등학교 때부터 스페인어를 배우고 싶었다. 당시에는 학교에서 영어와 프랑스어만 배울 수 있었지만 언젠가는 스페인어를 배울 거라고 확신했었다. 대학생이 되어 나는 스페인어는 전혀 모르는 상태에서 마드리드로 갔다. 그리고 3개월 후 중급 이상의 스페인어를 말할 수 있었다. 그리고 나는 고작 열두 살 나이에 집안에 고장난 것들을 고치고 타일을 깔거나 하는 일을 거의 매일 했었다. 절대로 누구에게서 배워서 한 일이 아니었다. 수년 후 나는 그 어떤 영감처럼 그 이유를 알 수 있었다. 그때 나는 마흔다섯 살쯤 되어 보이는 목수가 땅에 등을 대고 누워서 나무 벤치를 거의 완성해 가는 모습을 보고 있었다. 누워 있는 그의 옆모습만 보다가 서서히 그의 먼지투성이 얼굴이 드러나는가 싶더니 어느 순간 그의 눈을 보았는데 나는 그만 정신이 아득해지는 것 같았다. 그 순간 나는 나도 그와 같은 목수였음을 기억해 냈다.

전생은 늘 무언가를 남긴다. 가끔은 전생에 대한 정보를 간접적으로 받기도 한다. 예를 들어 책을 한 권 샀는데 알고 보니 우리 의식을 대거 확장하는 그 속의 특정 구절을 읽기 위해서인 경우도 있다. 당신 영혼이 당신이 그 구절을 통해 전생에서 이미 알았던 지식과 습득했던 능력을 더 빨리 기억하기를 바란 것이다. 그렇게 기억할 수 있는 이유는 모든 것이 진동하는 에너지이고 모든 것이 에너지 공명의 법칙 아래에 있기 때문이다.

정신과 의사이자 분석 심리학의 창시자인 칼 구스타프 융은 환생에 대한 자신의 생각을 말하면서 자신의 삶이 시작도 끝도 알 수 없는 이야기 같다고 했다. 융은 자신이 역사의 한 파편이며 인생을 지구로 가는 일종의 출정이라고 느꼈다. 그리고 자신이 이미 과거 수백 년 동안 살았고 대답할 수 없었던 질문들에 부딪혔음을 충분히 상상할 수 있었다. 그래서 그는 다시 태어나야 했다. 자신에게 주어진 숙제를 해결하지 못했으니까. 그가 죽을 때 그가 했던 일이 그를 따라왔고 또 그가 갖고 갔다. 그러는 동안 끝까지 빈손으로만 서 있을 수는 없음을 알았다.[31]

구하는 자 찾는다

영혼의 여정, 카르마, 환생이 어떤 성숙한 영혼에 의해 오래전에 혹은 오늘 사실로 알려졌든 아니든 이것들은 알고자 하는 사람이라면 누구든 언제든 알게 되는 것 같다. 우리 스스로 이 개념들을 갖고 태어났으니까 말이다. 그리고 누구나 초시각, 초청각, 초공감, 초후각, 초미각, 초지성 같은 초감각을 갖고 태어난다. 영혼의 여정에 관해서는 과거나 현재나 이런 초감각을 통해 알 수 있다. 세대를 넘어 말과 글로 전달되는 과정에서 지혜가 변색될 가능성은 늘 있다. 하지만 구하지 않는 자 찾을 수도 없다.

많은 사람이 영성을 전혀 모르거나 알려고도 하지 않으며 살아간다. 모두가 영적인 존재임에도 불구하고 말이다. 이들은 영성을 밀교적인 것이라 치부하고 더이상 생각하지 않는다. 혹은 어차피 믿을 수 없는, 종교적, 특히 기독교적인 개념이라고 본다. 하지만 나이가 들면서 우리는 어쩌면 죽음 후에도 무언가 계속 이어지지 않을까 하는 생각을 더 자주 하게 된다. 사랑하는 사람을 먼저 떠나보냈다면 그런 생각이 더 강해진다. 반쯤 잠든 상태에서 거의 평생을 살다가 뒤늦게 의식 상태가 높아져 삶의 중요한 문제들을 천착하는 사람이 많은 것이 나는 참으로 안타깝다. '나는 정말 내 삶을 살았던가?', '그때 내렸던 결정을 나는 지금도 똑같이 내릴까?', '나는 무엇을 잘못한 걸까?', '정말 이 모든 것이 그럴 만한 가치가 있었던 걸까?' … 왜 죽음이 임박해서야 이런 질문들을 하는 걸까? 우리는 어차피 매일 죽어 간다. 갓 태어난 아기도 하루만큼 죽어 간 것이다. 내가 이 책을 쓴 것은 세상에 고통받는 사람이 지금도 너무 많기 때문이다. 많은 사람이 소비의 미망 속에서 살고 부자가 되기를 갈망하며 살고 자신이 얼마나 창조적이고 위대한 존재인지 잊어버리고 늘 먼지보다 못한 존재라고 생각하며 산다.

하지만 우리에게 본질은 몸이 아니라 에너지이다. 그리고 에너지는 언제나 거기에 있다! 에너지는 생산될 수도, 파괴될 수도 없다. 단지 이 형태에서 저 형태로 바뀔 뿐이다. 이것이 환생이라는 영적인 현상의 물리적 설명이다.

하지만 신이나 영혼의 여정을 믿지 않아도 나쁠 건 없다. 토대가 탄탄하지 않아도 집을 지을 수는 있다. 다만 이럴 때는 땅이 흔들리지 않기를 바라야 한다.

모든 사람에게 영성은 아기 때부터 전 생애에 걸쳐 충직한 동반자로 남아야 한다. 전 생애를 반쯤 수면 상태에서 보내며 자신의 구속적인 확신들을 아이들에게 넘겨주는 부모들이 많다. 하지만 지구에 태어난 영혼은 그 부모의 소유물이 아니라 창조주의 대리자이다. 부모는 단지 아이가 자라는 동안 보호자로서 아이가 언젠가는 창조적으로 자신의 길을 갈 수 있도록 돌봐 주는 역할을 한다.

지난 수십 년 동안 지구에는 존재의 진정한 근원을 좀 더 잘 기억하는 영혼들이 더 많이 태어난 것으로 보인다. 당신도 그렇게 느꼈는지 모르겠지만 더 성숙하고 지혜로운 아이들이 요즘 많아졌다. 나는 이런 현상이 지구에서의 에너지를 대거 끌어올리는 것이 현재 우주가 가지는 목표이기 때문이라고 생각한다. 우리는 지금 포괄적인 변형이 일어나는 물병자리 시대를 살고 있다. 진실이 아닌 것들은 모두 수면으로 올라온다. 숨겨져 있던 것들이 드러난다. 낡은 구조들이 흔들리고 의문시된다. 생각의 전환이 시작되었고, 또 진행되고 있다.

이렇게 정화 과정에 있다 보면 제일 먼저 큰 분열이 일어난다. 오래된 에너지는 계속 머무르고 싶고 수많은 수면 중인 영혼들도 그 망상을 견지하고 싶다. 에고는 원래 변화 앞에서 두려움에 떤다. 깨어나면 과거의 소비 인생을 더이상 온전히 누릴 수 없을 것 같아 두렵다. 그렇다고 당신의 진실을 모든 사람에게 말하며 준비가 되지 않은 사람들까지 바꾸려 들지는 말아라. 이것은 거대한 수면방이 있는데 그곳에서 한 사람만 깨어나 지금까지의 꿈이 모두 망상이었음을 본 것이고 깨어나 진짜 삶을 영유하는 것이 얼마나 좋은지 알게 된 것과 비슷하다. 그 사람이 그 방의 다른 영혼들도 깨우고자 큰 소리로 떠들고 다닌다면 안 그래도 깨어나려고 했던 몇몇 사람은 감사히 깨어날 것이다. 하지만 다른 훨씬 더 많은 사람이 화를 내고 불평하고 왜 잘 자는 사람을 자기 마음대로 깨우느냐고 그 사람에게 오히려 문제가 있다고 할 것이다. 그들에게 무엇이 가장 좋은지는 그들 자신이 제일 잘 안다면서 말이다! 그리고 계속 자면서 꿈의 세상에 머물고 싶어한다. 미지의 행복 대신 익숙한 불행을 선택한다. 인간은 고통 배후의 깊은 의미를 보기 위해 많은 고통을 겪어야 하는 존재인 것도 같다. 인간은 영감보다 고통을 통해 변하는 쪽이다. 다시 말해 인간은 일단 마음부터 무너져야 변하는 것 같다. 그래야 정신이 열리는 것 같다. 통찰보다 가슴 아픈 경험이 인간에게는 더 강한 동력이 된다. 흡연자들도 담뱃갑에 쓰인, 흡연이 생식 능력을 떨어트리고 수명을 단축하고 암을 유발한다는 글귀를 읽는다. 하지만 그런 위협에도 아랑곳하지 않고 하던 대로 하는 사람이 많다. 그러다 어느 날 의사가 청천벽력 같은 진단을 내리면 그제야 그 즉시 금연한다. 우리 사회 전체의 변화 능력도 마찬가지다. 수많은 사람이 아직도 수면 상태의 낮은 의식에 머무르고 있음을 가장 잘 보여 주는 것, 혹은 그 증명이 바로 전쟁이다. 우주에 다른 매우 진화한 종이 있어 우리 인간이 미사일을 쏘아대며 서로 죽이고 고통스러워하는 모습을 보며 무슨 생각을 할까? 지구는 모두의 것이지 너의 땅도 나의 땅도 아닌데 말이다. 현재 우리는 국경만 건너면 그 즉시 모두 외국인이 되어 버린다. 우리의 에고 지성은 끊임없이 너와 나를 나누고 그 사이의 거리를 넓히고 누군가를 혹은 무엇을 부당하게 다루거나 평가한다. 반대로 높은 의식은 모든 것들 사이의 깊은 연결을 알고 이해한다.

임사체험을 한 사람은 갑자기 투시력을 갖기도 한다. 어두운 무의식의 공간에 있던 영혼이 앎의 초의식의 영역으로 한 번 가본 덕분이다. 이것은 심지어 의사들에 의해 임상 증명된 사실이다.[32] 이제 이 사람의 영혼은 물론이고 경계들 속에서 사는 에고-지성도 의심하지 않는다. 진실을 한 번 접해 본 사람의 에너지 채널은 위로 확장되고 이제 덜 망각하고 나아가 덜 회의한다. 당신이 어느 소도시의 광장에 있다고 상상해 보자. 당신은 열기구를 타고 위로 올라간다. 이제 당신은 바닥에 있을 때보다 훨씬 더 넓은 구역을 보고 알아차린다. 그때 저 멀리 지평선에서 세 명의 기사가 나타나 천천히 그 소도시 쪽으로 다가온다. 이제 20분 안에 도착할 것이다. 이것이 당신이 위에서 보는 지금의 현실이다. 한편 아래 광장에 서 있는 사람에게 그것은 여전히 전혀 감지할 수 없는, 20분 후에 일어날 미래의 일이다. 당신이 사는 동안 당신의 영혼도 다른 차원에서 당신이 볼 수 없는 것들을 본다. 임사체험 등으로 의식이 확장된 사람은 지각력이 그 전보다 훨씬 좋아진 상태로 돌아온다. 그래서 텔레파시 능력이 생기거나 축구 경기의 정확한 결과를 예측할 수 있다거나 하는 사람이 많다. 그리고 아무 이유 없이 어느 날 22년 동안 가던 길이 아닌 다른 길로 출근했는데 나중에 원래 출근길에서 그날 아침 사고가 났다는 소식을 듣기도 한다. 내 주변에는 몸을 떠나 위에서 영혼으로서 자신의 몸을 내려다보는 유체 이탈 경험을 했다는 사람도 많다.

팩트. 의식이 높을수록 이해하기 위해 치러야 할 시험이 덜 고통스럽다.

서양에서는 영혼 계획과 영혼 여정에 대해 많이 알려지지 않았고 따라서 죽기 전에 두려움을 느끼는 사람이 많다. 하지만 깨어남을 추구하는 당신 영혼의 여정에 죽음은 단지 한 챕터가 끝난 것뿐이다. 평행 우주를 경험할 때 우리는 사랑과 받아들임의 가장 높은 형태를 경험한다. 그래서 임사체험 동안 대부분은 지구로 돌아올 필요성을 전혀 느끼지 못한다. 그런데도 돌아오는 것은 대개 지구에 있는 자신의 영혼 가족들에 대한 연민으로 옆에 있어 주고 싶어서이거나 여전히 남아 있는 숙제를 마치기 위해서이다.

내가 여덟 살 때 휠체어 생활을 하던 레라라는 지혜로운 할머니 한 분이 종종 나를 돌봐 주곤 했다. 어머니가 일 때문에 집에 없으면 나는 학교를 마치고 레라 할머니에게로 갔다. 할머니는 항상 나를 격려해 마지않았고 나에 대해 좋은 말만 해 주셨는데 특히 이런 말을 자주 했다. "막심은 아주 특별해. 나중에 그걸 세상 사람들에게 보여줄 거야!" 그 3년 후 처음으로 어머니와 외국 여행을 갔을 때 나는 밤에 그녀가 나오는 아주 현실 같은 꿈을 꾸었다. 아침에 어머니에게 꿈 이야기를 했더니 어머니도 간밤에 꿈에 레라 할머니가 나타났다고 했다. 그래서 우리는 할머니에게 전화를 걸어 보았는데 할머니 남편이 그날 새벽 할머니가 돌아가셨다고 했다.

당신은 단단히 연결되어 있다

이제 내가 나를 둘러싸고 있는 우주의 힘들을 어떤 모습으로 경험하는지 설명해 보려 한다. 지구에서 당신이라는 존재로 하는 일은 결국 모두 중요하지 않지만 그런데도 그 일을 꼭 해야 한다! 유사 세상에 태어나 경험을 쌓아가고 다시 떠나므로 높은 관점에서 볼 때 이 삶은 불합리한 것이 사실이지만 그런데도 당신은 이 세상에 우연히 태어난 것이 아니다. 당신의 영혼은 이 여행을 당신 길잡이 영들과 함께 아주 세심하게 계획했다. 길잡이 영들은 일종의 노련한 고문들인데 영혼 계획을 세울 때 당신을 도와준다.

그리고 당신 양쪽으로는 당신이 생명의 위험에 처할 때 심지어 인간의 형상으로 나타날 수도 있는 천사들이 있다. 이들은 주로 당신을 안전하게 보호하는 일을 한다. 천사들은 약 3~5미터 정도로 크고 양성적이라서 남자도 여자도 아니며 얼굴이 없다. 이들은 대개 당신 바로 뒤에서 당신을 보호한다. 당신은 이들과 언제든 소통할 수 있다. 예들 들어 위험을 감지할 때면 (우주의 법칙에 따라) 머릿속으로 "천사들이시여 나를 감싸주시오!"라고 세 번 말하면 좋다. 몸을 입은 지 얼마 안 되어 위험에 자주 노출되는 어린아이들은 더 큰 천사들이 보호해 준다.

우주의 세 번째 힘은 당신이 언제나 도와 달라고 말할 수 있는 존재들이다. 나는 이들을 조력자(헬퍼)라고 부른다. 조력자들은 항상 당신 앞 가까운 곳에 있고 당신이 받은 자유 의지라는 선물 아래에 위치한다. 그러므로 당신이 의식적으로 도와 달라고 할 때만 당신 일에 참견할 수 있다. 이 영혼의 존재들은 도움을 구하는 당신의 진짜 의도를 분명히 알아차린다. 그리고 당신의 에고가 아니라 당신의 빛에 봉사하고 싶어한다. 정확하게 어떤 도움을 원하는지 분명한 문장으로 만든 다음 도움을 요청하라. 이들을 정말로 신뢰한다면 이들이 당신이 원하는 것을 전달해 줄 것이다. 이들의 도움으로 나는 다른 아무것도 바꾸지 않았는데도 단 두 달 안에 나의 라이브 세미나 참가자들을 2백 명에서 5백 명으로 늘릴 수 있었다. 덕분에 나는 내가 아는 것을, 받을 준비가 된 사람들에게 그리고 나와 에너지적으로 공명하는 사람들에게 더 빨리 전달할 수 있었다.

모든 것이 에너지다 : 신 존재 질문

'신은 정말 있을까? 신의 존재는 그냥 믿어야만 하는 것일까? 어떻게 하면 신이 존재함을 정말로 알 수 있을까?' 이 질문들은 우리 존재의 근원에 관한, 인생에서 가장 중요한 질문들이 아닐까 한다. 나의 대답은 이렇다. 눈이 먼 채 태어나서 한 번도 태양을 보지 못한 사람은 태양이 정말 존재하는지 100퍼센트 확신할 수 없다. 단지 태양이 존재한다고 믿을 뿐이다. 태양을 보아서가 아니라 태양을 느끼므로 태양이 존재한다고 믿는다.

신이 있어야만 한다고 말하는 간접적이지만 매우 분명한 암시들이 있다. 시계공이 손목시계를 열고 그 안의 나사들을 조이는 모습을 보면 어떨까? 아주 작은 나사들이 서로 완벽하게 맞물려 돌아가는 모습을 본다. 톱니바퀴 하나만 맞지 않아도 전체가 무너지고 시계는 고장이 날 것이다. 우리의 거시세계도 시계의 이 미시 세계와 다르지 않다. 우주라는 뜻의 '코스모스'는 그리스어로 '질서'라는 뜻이다. 우리는 단지 우리가 볼 수 있는 세상을 본다. 우리 태양계의 모든 행성은 타원형 궤도를 따라 서로 방해 없이 태양 주위를 돈다. 이 사실만으로도 신은 모든 시대를 통틀어 가장 위대한 건축가이다. 지구에서 태양이 몇 킬로미터만 더 떨어져도 지구는 꽁꽁 얼 것이다. 반대로 조금만 가까이 있어도 태양의 엄청난 열기가 모든 것을 파괴해 버릴 것이다. 레오나르도 다빈치(1452~1519)도 세상들 사이의 유사점을 깨달았다. 다빈치는 지구(거시세계)를 인간 몸(미시 세계)과 비교했다. "지구는 하나의 살아 있는 몸이다. 지구의 영혼은 성장의 힘을 갖고 있다. 이 영혼은 지구 몸통의 온도를 조절하고 대개 수조, 유황 광산 혹은 화산으로 드러나는, 지구 내면의 불 속에 존재한다. 인간의 살은 지구로 말하면 흙이고, 뼈는 바위들이 서로 연결된 것이고, 연골은 구멍이 많은 응회석이고, 핏줄은 물줄기이고, 심장의 피는 바다이다. 고동치는 맥박은 바다의 조석(潮汐) 현상이다."[33]

신성에 마음을 열고 우리 우주의 특성에 대해 더 깊이 알고자 천문학과 무엇보다 양자역학을 파고 들어가다 보면 설명할 수 없는 수많은 현상에 당혹감 그 이상을 느끼게 될 것이다. 당신은 빛이 초당 299,792킬로미터로 우주를 여행한다는 사실을 알고 있는가? 빛은 1초 안에 우리 지구 전체를 일곱 번 반 돈다. 그리고 우리가 지구에서 보는 별 중에 많은 수가 수십 광년 떨어져 있을 만큼 우리의 우주는 거대하다. 예를 들어 북극성은 430광년 떨어져 있다. 1광년은 빛이 일 년 동안 가는 거리, 즉 9조4천6백억 킬로미터를 말한다. 그리고 당신이 밤에 하늘의 북극성으로 보는 빛은 우리에게 다다르는 데 430광년 걸린 것이다. 칠레 아타카마 사막에 있는 파라날 천문대 Paranal Observatory에서는 아주 큰 천체 망원경으로 먼 우주까지 볼 수 있다. 이곳의 연구원들은 심지어 지구에서 130억 광년 넘게 떨어져 있는 별들도 볼 수 있다. 바로 이 사실로 모든 것이 아주 흥미진진해진다. 우리가 지금 하늘에서 보는 불빛 하나가 사실은 벌써 오래전부터 없는 별일 수도 있다. 지금 우리에게 오는 그 어떤 대상의 빛이 그것과 지구 사이의 엄청난 거리로 인해 지금 실제로 보이는 그대로가 아니라 한때 그랬던 모습을 보여 주기 때문이다. 수천 년 전에 빛나는 별이 하나 있었다. 그리고 그 빛은 지구에 닿는데 수천 년이 걸린다. 이 말은 우리가 오늘 보는 것이 더이상 그곳에 존재하지 않는다는 뜻이다. 이것을 알고 보면 우리가 보는 밤하늘은 일종의 타임머신이 된다. 지금은 아마도 존재하지 않을 별의 불빛을 보며 과거를 보고 있는 셈이니까 말이다. 그만큼 우리 우주는 거대하다. 다음에 또다시 인생의 큰 문제를 겪게 되면 이 점을 기억해 보기를 바란다.

빛의 변칙성도 수십 년 동안 과학자들을 괴롭힌 특이한 현상이었다. 아인슈타인의 상대성이론은 대단한 통찰들을 불러왔다. 오늘날에도 이해하기 쉽지 않은 통찰들이지만 한번 찬찬히 살펴보자.

고전 물리학은 빛의 속도가 관찰자의 움직임에 따라 달라진다고 보았다. 예를 들어 당신은 들판을 시속 4킬로미터의 정상적인 속도로 걷고 있다. 그런데 자전거 한 대가 시속 10킬로미터의 속도로 당신을 추월하며 지나간다. 여기서 당신이 느끼는 자전거의 속도는 이제 시속 6킬로미터이다. 이제 당신은 아주 빨리 달려서 그 자전거를 따라잡는다. 이제 당신과 자전거는 시속 10킬로미터로 나란히 달린다. 이때 당신이 느끼는 자전거의 속도는 시속 0킬로미터이다. 그런데 이 현상을 빛의 속도에 적용해 보면 우리는 매우 이상한 결과를 얻게 된다. 인간이 빨리 움직일수록 빛의 속도가 줄어들어야 한다는 가정이 틀린 것 같다![34] 물리학자들은 우리가 빛으로 향해 가든, 빛에서 멀어지든 상관없이 빛의 속도는 항상 그대로인 것을 알게 되었다. 인간이 빛의 속도(시속 299,792킬로미터)에 아주 가깝게 가서 시속 299,791킬로미터로 움직인다고 해도 빛의 속도는 이론대로 시속 1킬로미터가 되는 것이 아니라 여전히 시속 299,792킬로미터 속도로 인간보다 한참 빨리 가는 것이다. 광속과 인간이 만날 가능성은 그러므로 결코 없는 듯하다. 빛의 속도는 절대 변하지 않고 모든 이론을 거부한다.

물리학자들은 이 주제를 피한다. 그 어떤 사람도 광속에 도달할수 없으므로 이 문제에 고심할 필요가 없다고 보기도 한다. 하지만 무엇이 가능한지 누가 알겠는가? 19세기 사람들은 달까지 날아가고 대륙을 넘어 실시간으로 영상 통화까지 하는 지금 세상을 결코 상상할 수 없었을 것이다. 빛을 둘러싼 진실이 무엇이든, 이 진실이 지배하는 왕국은 시간 없는 왕국이다. 이 왕국에는 이전 혹은 이후가 없고 현재만 있다. 빛의 속도에 가까운 곳에서는 완전히 다른 세상이 펼쳐진다. 이런 빛의 변칙성은 인간 지성의 한계를 드러낸다. 그리고 신은 인간의 이성으로는 파악할 수 없는 개념임을 천명한다. 인간 의식은 물질 세상에 너무도 강력하게 붙잡혀 있다. 이해할 수 없는 초감각 현상을 논리적으로 설명하고 싶지만 우리 의식으로는 실패할 수밖에 없다.

그런 시도는 창조주 위에 서겠다는 인간 이성의 오만한 생각이다. 자기 존재의 기원을 망각한 채 말이다.

인간 이성과 지성의 한계가 있을 수밖에 없는 능력들에 의지하지 말고 마음을 열고 주변을 제대로 살핀다면 누구나 그 즉시 매일 우리를 둘러싸며 일어나고 있는 수많은 기적을 알아차릴 수 있다. 자연과 동물과 식물의 세계는 단 몇 개의 예일 뿐이다. 세계적으로 유명한 배우 러셀 크로우는 철저한 무신론자였다가 나중에 나이가 들어서 독실해졌다. 아들을 얻고 나서 그는 "이 땅에는 설명할 수 없는 것들이 너무 많다. 꽃을 한 송이 꺾어 그 속이 얼마나 복잡하게 구성되어 있는지 보라. 우리 모두를 움직이는 더 큰 무언가가 있다. 나는 믿음에 관한 한 이제 도약할 준비가 되었다."[35]고 말했다. 이것이 "모든 것을 지켜보고 있는 더 큰 의식 없이 우리의 삶이 대체 가능한가?"라는 질문에 대한 세계적인 스타의 대답이다.

성경(『창세기』 28장)에 보면 야곱이 어느 날 밤 매우 강렬한 꿈을 하나 꾸는데 그 꿈에서 야곱은 자신이 자던 곳의 신비한 평행 세상을 본다. 꿈에서 깨어났을 때 야곱은 큰 두려움을 느끼다가 이렇게 깨닫는다. "이곳에 분명 하나님이 계시는데 나는 그걸 몰랐다!"[36] 지금도 수많은 사람이 야곱처럼 모르고 마비된 채 살아가고 있다. 다른 점이 있다면 예전에 비해 지금은 많은 것이 잘 알려져 있다는 것이다. 하지만 우리가 보기에 이치에 맞는 모형이라도 그것은 창조주의 법칙이 아니라 우리 세상의 법칙을 반영할 뿐이다. 빛의 속도가 드러내는 현상은 아주 다른 진실을 제시한다. 알베르트 아인슈타인은 "나는 나의 여생을 빛이 무엇인지 생각하며 보낼 것이다."라고 했다.[37] 그런데 더 흥미로운 것은 아인슈타인의 특수상대성이론 발표 후 공간과 시간의 개념이 항구적이지 않게 되었다는 것이다. 아인슈타인은 움직이는 사람이 차고 있는 시계는 가만히 서 있는 사람이 차고 있는 시계보다 천천히 감을 발견해 냈다. 나중에 더 세밀한 원자시계로 실험한 결과 이 가설은 맞는 것으로 증명되었다. 우주선 내부의 시계는 실제로 지구에 있는 시계보다 천천히 갔다. 심지어 이전에 계산해 예측했던 시간 편차까지 정확했다![38] 상대적으로 낮은 속도로 한 계산이 맞았다면 더 높은 속도에서도 그 공식은 맞을 것이다. 그렇다면 이제 정말 흥미진진해진다. 인간이 미래에 우주여행 속도를 대단히 높이는 기술을 발명한다면 시간여행도 실제로 가능해질 것이다. 계산된 공식에 따르면 광속의 87퍼센트로 움직이는 물질이 정지해 있는 물질을 지나간다면 전자의 시간이 후자의 시간보다 절반의 속도로 간다고 한다. 한 시간이 30분이 된다. 1년이 6개월이 된다. 그렇게 빨리 나는 우주선 안에서는 지구에서 82년이 지나가는 동안 41년이 지나간다. 그러므로 우주에서 긴 여행을 마치고 돌아온 우주 조종사는 지구의 자기 아이보다 생물학적으로 어려지고 또 실제로도 어려 보인다. 이것이 언제 우리의 현실이 될지 그리고 정말 우리의 현실이 될지는 아직 모른다. 하지만 몇백 년 전만 해도 지구가 둥글다고 주장했다고 이단으로 몰려 화형당하던 시절이었음을 잊지 말자. 현대의 이 앎의 시대에는 3D-인쇄와 자율주행 자동차는 단지 긴 여정의 시작일 뿐이다.

CHAPTER 3

행복

감정의 자유

인생에서 진정 행복해지는 법

어떻게 하면 행복할지 알려면 먼저 무엇이 인간을 행복하게 하는지 알아야 한다. 수집해 놓은 우표를 보고 행복해하는 사람이 있는가 하면 사랑하는 말[馬]을 보고 행복해하는 사람도 있고 할아버지와 깊은 대화를 하며 행복해하는 사람도 있다. 사람 수만큼이나 그 답도 다양할 것이다. 그래도 사람이 최소한 잠시라도 행복감을 느끼는 이유를 나만의 공식으로 만들어 보면 다음과 같다.

행복 = 결과 - 기대

예를 하나 들어 보자. 내 동반자와 나는 어느 일요일, 영화관에 가서 최신 영화를 한 편 보고 싶었다. 주말이라 표가 매진될 수도 있으니 나는 추가 요금을 조금 내고 온라인에서 두 자리를 예약했다. 그리고 저녁이 되어 영화관에 도착해 보니 그 큰 영화관에 우리 둘뿐이었고 영화가 시작된 후에도 아무도 들어오지 않았다. 그때 우리는 얼마나 행복했는지 모른다! 나는 신이 나서 살면서 처음으로 재주넘기까지 했다.

그런데 그렇게 행복했어도 그 순간은 너무 짧다. 이런 짧은 행복감이 내면의 지속적인 평화 같을 수는 없다. 일시적인 기쁨이 지속적인 만족감으로 바뀌는 경우는 거의 없다. 반면 내면의 평화는 감정이 자유로울 때 생기고 그래서 타인이 우리를 어떻게 대하는지 혹은 외부적인 특정 결과에 도달하느냐 않느냐에 영향을 받지 않는다. 당신은 힘든 하루 끝에 명상을 해 본 적이 있는가? 그렇다면 당신도 그 순간에 대해 잘 알 것이다. 의식적으로 고요를 선택할 때 외부의 문제들이 사라지지는 않겠지만 당신 의식의 수준이 올라감에 따라 다시 내면이 평화로워지는 순간 말이다. 행복을 주제로 하는 연구에 대해 읽으면 읽을수록 나는 더 확신하게 된다. 모든 사람을 똑같이 행복하게 하는 이상적인 해결책은 없다는 것 말이다. 그리고 무엇이 우리를 충족시키는지 알지 못한다면 접근법을 바꿔 무엇이 우리를 불행하게 만드는지 묻고 그 일을 그만둘 수도 있다. 어차피 우리는 다른 사람을 항상 행복하게 만들 수는 없다. 칭찬하거나 농담하며 다른 사람을 웃게 할 수는 있지만, 그 누구를 늘 행복하게만 할 수는 없다. 단지 그럴 수 없고 또 그래야만 하는 것도 아니다.

당신은 왜 이렇게 많은 사람이 매일 고통받고 있는지 질문해 본 적 있는가? 내 대답은 이렇다. 바로 생각 때문이다. 문제가 심각해질 것 같으면 사람들은 종종 이렇게 말한다. "생각만으로도 벌써 속이 뒤집힐 것 같아." 당신도 밤에 침대에 누웠는데 수많은 생각이 밀려와 잠을 잘 수 없을 때 어떤 느낌인지 잘 알 것이다. 생각이 꼬리에 꼬리를 문다. 에고-지성은 세상 인식을 위한 도구일 뿐인데 생각에 갇힌 인간은 그것을 인식 도구로 인식하지 못한다. 그래서 세상에 대한 자신의 인식일 뿐인 세상을 진짜 세상이라고 생각한다.

이 정도로 자기 생각의 도구가 곧 자신인 사람이 많고 그 결과 언제나 인식할 수 있는 유일한 순간, 즉 현재를 완전히 놓치고 만다.

당신의 에고-지성은 성공이 아니라 생존 확보를 목표로 프로그래밍 되어 있다. 그 옛날 우리 조상들은 자연에서 문제들을 잘 알아차리지 못하면 금방 잡아먹혔다. 그리고 그때 이후로도 인간의 뇌는 거의 7만 년 동안 그다지 업데이트되지 못했다. 바로 그래서 우리는 오늘도 멋진 연극에서 배우가 약간의 실수만 해도 금방 알아차린다. 우리 뇌는 모든 새로운 경험을 이미 한 경험과 비교한 후 분류 정리한다.

매일 우리 에고 - 지성을 관통하는 생각에는 일반적으로 두 종류가 있다.

- **기능적 생각** - 예를 들어 아보카도 샐러드에 들어가는 재료들을 적으면서 하는 생각으로 구체적인 목적과 기능을 갖는다.
- **가공의 생각** - 이 땅의 모든 고통의 원인인 생각이다. '오늘 바비큐 파티에 오는 손님들이 아보카도 샐러드를 좋아하고 맛있어할까?'처럼 쓸데없이 고민하며 자신을 괴롭히는 생각이다.

뇌과학자들은 우리가 매일 약 6만 가지 생각을 하며 그중에 90퍼센트는 어제도 했던 부정적인 생각이거나 어제도 했거나 부정적이거나 둘 중 하나인 생각이라고 추측한다.[40]

더 나은 삶을 원하는가?

그렇다면 어제 한 생각을 오늘 또 하지 마라.

자꾸만 드는 부정적인 생각을 멈추기는 쉽지 않다. 하지만 불가능한 것은 아니다. 인간의 정신은 기능적인 생각으로 무언가를 창조하거나 가공의 생각으로 자신과 사랑하는 사람들을 해치기는 하지만 어쨌든 하나의 도구일 뿐이니까 말이다. 그리고 우리의 이타적인 영혼은 한계를 정하고 결핍을 보도록 프로그래밍 된 우리 에고-지성과 늘 반대편에 서 있다. 태곳적부터 한 시대의 모든 사건은 그 시대의 의식을 반영했다. 전쟁과 약탈로 점철되는 시대의 그 파괴적인 거시 세상은 한 명 한 명의 구속을 부르는 사고가 지배하는 미시 세상에서 시작될 수밖에 없다. 전쟁 같은 불화는 수면 의식이 강해진 것이다.

사랑의 토대, 에고의 토대

에고를 토대로 인생을 구축한 사람은 내면으로부터 끊임없이 자신이 충분하지 못하다는 느낌을 받는다. 존재를 갉아먹는 이 결핍의 느낌에서 벗어나기 위해 계속 바깥세상에서 만족감을 주는 것들을 찾아다닌다. 이 사람의 신조는 "많을수록 좋다!"이다. 소비할 것과 기분전환 할 것이 널린 지금의 세상은 에고에게는 천국 그 자체이다. 자신의 몸까지 원하는 대로 바꿀 수 있고 늘 또 새로운 장난감을 즐길 수 있다. 그런데 에고의 문제는 만족을 모르고 늘 또 다른 자극에 목말라 한다는 것이다. 그래서 평생 무언가를 쫓으며 보내는 사람이 많다. 특히 남자들이 그런 경향이 더 강한데 아마도 원시시대부터 그렇게 진화해 왔기 때문일 테다. 남자들은 매머드를 잡아 온 다음에도 항상 그 고기를 마지막으로 온 가족이 굶어 죽을지도 모른다며 걱정했다. 따라서 계속 식량을 구해 와야 했다. 오늘날에는 먹을 것이 충분함에도 그 옛날 형성된 사고 구조가 DNA 속에 박혀 있어서 무의식적으로 여전히 더 많은 비축을 꿈꾸며 쇼핑가를 방황한다. 텅 빈 내면이 채워지지 않는 한 인위적으로라도 채우려 한다. 목표는 현재의 약 40~60퍼센트의 행복감을 100퍼센트로 올리는 것이다. 하지만 에고-지성의 무의식적 관점에서는 그 무엇도 결코 충분할 수 없다. 이것을 분명히 알지 못한다면 계속 무언가를 찾아다녀야 할 것이다.

그런데 사랑을 토대로 인생을 구축한 사람은 이미 온전해서 세상의 모든 것은 그저 선택사항일 뿐이다. 새 신발 혹은 아름다운 목걸이를 갖게 되면 좋기는 하겠지만 어떻게든 가져야 하는 것은 아니다. 그리고 이제 영원할 것 같던 사냥을 조금씩 그만두게 된다. 오늘 이미 온전하므로 그 무엇도 그 누구도 자신을 더 온전하게 할 수는 없음을 잘 알기 때문이다. 벌써 100퍼센트로 최대인데 거기서 또 101퍼센트가 될 수는 없다. 외부의 어떤 일로 자존감이 떨어지는 일도 없다. 에고-지성의 망상을 일단 이해하고 나면 에고-지성의 메커니즘을 꿰뚫어 볼 수 있으므로 더이상 에고-지성의 희생물이 되지 않는다. 그런 의미에서 다음은 당신 에고가 당신 일상의 행복을 빼앗기 위해 쓰는 전략들이다.

에고가 당신의 행복을 방해하는 방식

경제적으로 여유가 없는 사람일수록 중요한 사람처럼 보이고 싶고 그래서 예를 들어 비싼 옷을 사서 입는다. 트레이너로서 경력을 막 시작하고 아직 특별한 수입이 없었을 때 나도 그런 어리석은 생각을 했었다. 나는 양복에 넥타이를 매고 다녔다(실제로 넥타이를 40개나 사들였다). 얼굴이 어려 보인다고 생각했으므로 일단 좀 진지해 보이고 싶었다. 그리고 옷을 잘 차려입으면 더 믿음직해 보일 것 같았다. 그러던 어느 날 '마스터 마인드Master Mind'라는 소수의 특권층이 모이는 세미나에 초대를 받았는데 경제적으로 걱정할 게 없는, 크게 성공한 사람들이 오는 세미나였다. 더운 여름날이었으므로 양복에 넥타이를 맨 사람은 나뿐이었다. 모두 반팔, 반바지에 샌들이나 조리를 신고 나타났다. 서로 인사를 나누던 중 그들 중 한 명이 말했다. "양복에 넥타이를 맨 사람들이 반팔에 반바지를 입은 사람들을 위해서 일한다고 하더라고요." 모두 웃었고 틀린 말도 아니었다! 그렇다고 내가 그때 이후로 절대 양복을 입지 않았다는 말은 아니다. 오히려 그 반대이다. 그 후에도 3년 동안 양복은 늘 나의 충실한 동행자였다. 어떤 세미나가 끝난 뒤 양복을 입는 것이 내가 매우 사랑하는 가치인 자유에 역행하는 것임을 깨달을 때까지는 말이다. 자유로워지고자 하는 사람이 답답하게 넥타이를 매겠는가 말이다. 나는 지금도 곧잘 멋진 양복을 입는다. 지금은 양복을 입는 것이 내가 추구하는 가치에 어긋난다고 생각하지 않는다.

물건, 이름, 형태에 대한 집착은 이미 어릴 때부터 시작된다. 아이는 조금씩 세상의 아이디어들을 받아들이면서 에고를 키워 나간다. 정체성을 만들어 가고 갈망하는 법도 배워간다. 물건을 매개로 주변을 살피면서 자신을 정의한다. 그리고 "이 옷을 입는다."라고 말하지 않고 "이것은 내 옷이다."라고 말한다.

"내 것"이라고 말하기 시작하면서
내면의 자유는 사라지고 인생이 괴로워진다.

이 아이는 형태가 중요한 세상과 그 속 자신의 역할에 갇혀 그렇다는 사실조차 알아차리지 못하는 어른이 된다. '내 옷'이 나중에는

'내 자동차, 내 아내, 내 시계, 내 직업, 내 위치, 내 지위, 내 집'이 된다. 그리고 그 모든 것이 다 빌린 것임을 잊고 산다. 에고-지성의 착각 위에 지어진 자아상은 언젠가는 무너지게 되어 있다. 형태가 중요한 세상은 끝없는 변화가 지배하는 세상이기 때문이다. 차에는 스크래치가 나고 아내가 이혼을 요구할 수도 있고 잘나가던 경력도 언젠가는 끝이 난다. 소중하게 생각했던 것들이 하나씩 모두 사라지면 우리는 대개 냉담해진다. 어제 멋지다고 생각했던 것이 오늘 보니 그저 그렇다. 지난 50년 동안 기술은 또 얼마나 변했는가? 그리고 20년 후면 당신 몸도 지금과는 매우 다를 것이다. 몸도 3차원 세상의 물리 법칙에서 벗어날 수 없으니 어쩔 수 없다. 평생 자신의 껍데기가 자신이라고 생각하며 산 사람일수록 늙어가는 게 더 괴롭다. 거울을 볼 때마다 자신의 가치가 사라지는 것 같다.

이렇게 보면 낮은 의식의 사람은 일종의 저주 속에서 산다고 해도 과언이 아니다. 끊임없이 완성, 절대성, 완벽성을 추구해야 하는 저주 말이다. 하지만 그렇게 늙어가는 동안 영혼의 깨달음도 얻을 것이다. 인생은 원래 쌓아 가는 것이 아니라 끝없이 비워 가는 것이니까 말이다. 늙어감에 따라 머리카락도, 이도 빠지고 여기서 또 더 늙어 가면 사랑하는 사람들도 떠나간다. 우리는 창조주로부터 영혼을 받았고 영혼은 육체가 없다.

외부적인 것에 더 많이 더 강하게 집착하고 자신의 껍데기에서 정체성을 찾을수록 더 괴로울 테고 또 더 괴로워야 한다. 이 사람의 에고-지성은 불평한다. "예전의 나는 중요한 교수, 훌륭한 선수, 혹은 성공한 사업가였다. 그런데 지금의 나는 축 처진 피부에 자다가 화장실을 들락날락해야 하는 노인일 뿐이다." 에고가 보기에 이런 상황은 가차 없는 공격이다. 수십 년 노력해 얻은 이른바 성공이 다 물거품이 된 것 같다.

지구로부터는 머릿속에 저장된 순간들과 가슴에 저장된 경험들 외에 아무것도 가져갈 수 없다. 아무것도 가져갈 수는 없지만 무언가를 남겨 둘 수는 있다. 그러므로 다음 질문은 중요하다. 마지막 날이 왔을 때 당신은 어떤 유산을 남길 것인가?

덧없는 것들에서 행복을 찾는 사람은 그 행복도 덧없다.

여기서 나는 급기야 더 나아가 "소유가 우리를 불행하게 한다."라고 주장하겠다. 왜냐하면 일단 처음에는 원하는 것을 얻지 못해 불행하다. 이때 당신은 기본적으로 탐욕스럽다. 그다음 당신은 가진 것을 잃을까 봐 두렵다. 이때는 불안이 커진다. 하지만 진실은 빈손으로 왔다가 빈손으로 간다는 것이다. 그 사이에서 우리는 무언가를 소유했다는 착각에 빠진다.

어릴 때부터 주변의 형태와 신념들에서만 자신의 정체성을 찾도록 교육받은 사람은 나중에 하나의 믿음 체계만 굳게 믿는 사람이 되기 쉽다. 종교 단체에 열광적으로 빠져서 길은 하나가 아니라 여러 개일 수 있음을 잊어버릴 수 있다. 하나의 신만이 있고 다른 믿음 체계는 다 틀렸다고 믿는다. 종교는 잡을 수 없는 것을 잡으려는 인간의 절망적인 시도이다. 혹은 다가오는 선거에서 반대 정당이 정치적으로 다른 생각을 대표한다는 당연한 사실에 흥분한다. 혹은 자신이 좋아하는 팀이 그해 가장 중요한(최소한 그래 보이는) 경기에서 최대 적수에게 지고 있을 때 세상이 무너진 듯이 실망한다. 하지만 이 모든 것이 처음에는 참 중요해 보이겠지만 시간적, 정신적으로 약간만 거리를 두고 보면 점점 의미 없는 일이 될 것이다. 자신의 팀이 주말에 경기에서 이기느냐 지느냐에 따라 정말 다음 2주간의 당신 기분이 좌우되어야 하겠는가? 혹시 이것이 당신이 만들어 온 정체성과 집착의 한 형태는 아닐까? 그리고 이런 정체성과 집착이 시간이 지나면서 무엇보다 고통을 만들어 내지는 않는가? 우리 인간은 평가 기계들이다. 하지만 당신의 몸, 통장 계좌, 믿음, 혹은 다른 모든 소유물이 당신은 아니다. 이것들은 모두 형태일 뿐이고 모두 대체로 안정 혹은 외부적인 인정에 목말라하는 에고-지성이 만들어 낸 개념일 뿐이다. 그런데 에고의 생각들로는 이것들을 얻을 수 없다. 왜냐하면 당신이 가진 그것들이 언젠가는 당신을 가지게 될 것이기 때문이다. 모든 것을 버려야 비로소 모든 것을 할 자유를 얻는다.

소비에 열성일수록 세상에서 길을 잃을 가능성이 더 커진다. 예를 들어 보자. 잠깐 당신이 아주 좋아하는 노래 두 곡을 떠올려 보라. 마이클 잭슨의 〈빌리진〉과 비틀즈의 〈예스터데이〉라고 하자. 〈빌리진〉의 가치를 당신은 1에서 10 사이에서 9로 평가하고 〈예스터데이〉는 8로 평가한다. 이제 당신은 최대한 즐기기 위해 두 곡을 동시에 듣는다. 이제 당신 기쁨의 수치는 어떻게 되는가? 두 노래를 같이 듣는다고 해서 기쁨이 최고 20으로 볼 때 17이 되지는 않는다. 최고를 10으로 볼 때 8.5가 되지도 않는다. 사실은 그 반대로 몇 초 만에 너무 괴로우하게 될 것이다.

『탈무드』에 보면 이런 이야기가 나온다. 랍비가 말했다. "죽기 전에 하루 동안 참회하라." 학생이 랍비에게 여쭙는다. "언제 죽을지 어떻게 압니까?" 그러자 랍비가 대꾸했다. "그러니까 오늘 참회하라. 내일 죽을지도 모르니."[41] 앞에서 설명했듯이 우리 에고-지성의 낮은 의식은 자신이 원하는 것이 이루어지는 것만을 끊임없이 바라고 조금이라도 불편할 것 같은 일은 모두 거부한다. 에고-지성이 사고하는 법을 보기 위해서 세계적으로 많은 영혼에게 감동을 줬던, 2010년 칠레 산호세 광산 사고를 한번 기억해 보자. 2015년에 상영된 미국-칠레 재난 영화 〈기적이 된 실화 33〉을 보면 당시 다음과 같은 놀라운 일이 일어났다. 갱내에 길 하나가 무너져 지하 700미터 아래에 광부 33인이 갇혔다. 외부와 철저히 단절되고 구조 작업 여부도 알 수 없는 채로 광부들은 몇 날 며칠이고 기도했다. 그리고 얼마 없는 음식을 나누어 먹었다. 있는 것이라곤 참치캔 몇 개와 약간의 우유뿐이었다. 광부들은 하루에 한 번 모여 공평하게 하루치 음식을 나눴는데 각자 참치 한 티스푼, 우유 4분의 1컵을 받았다. 그게 전부다! 며칠 후 광부 한 명이 아주 약한 드릴 소리를 들었다. 광부들은 기쁜 마음에 춤을 췄다. 희망이 치솟던 그 순간 그들에게 드릴 소리는 세상에서 가장 아름다운 소리였다. 당신도 다음에 드릴 소리가 시끄러워 못 견딜 것 같은 거리에 섰을 때 이 점을 기억해 보기를 바란다. 사고 17일 후, 광부들이 거의 아사 직전으로 지쳐 있을 때 마침내 구조자 한 명의 드릴이 그들에게 닿았다. 외부 세상과의 첫 접촉이 마침내 가능해진 것이다. 광부 중 한 명이 쪽지에 "우리 서른세 명 모두 안전지대에 잘 있다."라고 써서 전달했다.

하지만 그 후에도 그들은 그 자리에 갇혀 있어야 했다. 물론 마침내 식량이 들어왔고 희망도 돌아왔다. 광부들을 묶어 위로 끌어올릴 수 있게 큰 구멍부터 뚫어야 했으므로 구출될 때까지 몇 주가 더 걸렸다. 그렇게 기다리는 동안 광부들이 정신적으로 무너지지 않도록 음악 감상용 아이팟이 전달되었다. 그런데 그러자 무슨 일이 일어났는가? 광부들이 아이팟 때문에 싸우기 시작했다. 아이팟이 하나 사라졌기 때문이었다. 불과 한두 주 전만 해도 죽을지 몰라 공포에 떨던 사람들이 이제 기계 하나 때문에 서로 치고받고 싸우는 것이다. 물론 영화라서 각색된 면도 있겠지만 낮은 의식의 인간 정신이 얼마나 파괴적일 수 있는지 극적으로 잘 보여 준다. 한순간 그렇게 열망하던 것을 바로 다음 순간 다시 거부한다. 사랑과 미움 사이를 끊임없이 왕래하면서 자신과 타인을 끊임없이 괴롭힌다.

에고-지성의 또 다른 행동 특징이 바로 거부이다. 거부는 탐욕의 반대이다. 에고에는 보호와 자기 유지의 기능도 들어 있으므로 에고는 위협적인 것은 모두 거부한다. 자신과 세상 사이에 쉬지 않고 경계선을 긋는다. "내가 경계선을 긋는 것은 내가 더 나은 사람이기 때문이고 너와 다르기 때문이야!"라는 생각을 신조처럼 따른다. "이 남자는 미국 사람이고 이 여자는 노르웨이 사람이야. 그는 IT 전문가고 그녀는 저널리스트야. 그는 48세이고 그녀는 52세야." 이렇게 분리하며 에고는 자신의 깨지기 쉬운 정체성을 견지한다. 왜냐하면 에고는 진짜로 가까워질 때 따라오는 통제력 상실을 지독하게 두려워하기 때문이다.

인간 에고-지성은 한번 힘겹게 배운 것은 모두 진실로 이해한다. 그것이 진실이 아니라도 혹은 제대로 이해하지 못한 것이라도 그렇게 배운 정보는 일생 수호한다. 아이들은 일단 모방하는 것으로 배우는데 그것이 나중에 성인으로서 자신의 정체성이 되고 대체로 그 정체성을 의심하지 않는다. 그렇지 않고서야 왜 이렇게 갈등과 적대감과 전쟁이 계속되겠는가? 현세대는 이 싸움을 시작하지는 않았지만, 반성 없이 이 싸움을 계속한다. 서로 싸우고 있는 군인들이 모두 자기 가족들을 데리고 긴 식탁에 앉아 함께 음식을 먹고 대화를 나눈다면 그래도 서로를 향해 미사일을 쏠 수 있겠는가? 진심으로 서로의 눈을 들여다본다면 적이 아니라 같은 인간이 보이고 실제로 서로가 얼마나 닮았는지 알게 될 것이다.

　큰 에고일수록 더 큰 반대편 극이 필요하다. 그래야만 두려워 그려놓은 경계선들을 더 확실히 견지하고 통제할 수 있다. 에고가 클수록 자신과 다른 방식에 대한 두려움도 크다. 친밀감은 에고의 죽음이다. 신뢰는 통제의 반대이다. 하지만 딱딱한 심장은 깨지게 되어 있다. 그래도 이해와 존중이 '너'와 '나' 사이에 다리를 놓아 줄 것이다.

당신의 영혼은 "연결을 느끼게 해달라."고 말한다.

　통제하고 평가하는 대신 우리는 신뢰하는 법을 배워야 한다. 독일어로 평가하다urteilen에는 분리하다teilen라는 말이 들어가 있다. 최소한 두 부분으로 해체하는 것이다. 그래서 결핍 상황이 일어난다. 온전하지 못한 존재는 그 불만족한 상태를 끝내고 더 나아지려고 애쓸 수밖에 없다.

　다음에 어떤 사람 혹은 어떤 것을 거부하고 싶을 때가 오면 그 전에 먼저 모든 것을 고려해 본 다음 가장 좋은 선택을 하자. 인간은 고성능 컴퓨터 같은 뇌로 세상에서 가장 아름다운 심포니를 작곡할 수도 있지만, 폭력 범죄도 저지를 수 있다. 당신 자신의 에고-지성이 당신 최고의 친구가 될 수도 있고 최악의 적이 될 수도 있다. 여

기서 내가 10년도 더 전에 겪은 잊을 수 없고 너무도 감사했던 경험
에 대해 말해 보려 한다.

산티아고 길 위에서

2011년, 처음으로 산티아고 길 위에 섰을 때, 나는 신이 나를 좋
아하게 만들려면 고통을 당해야 한다는 이상한 생각을 했었다. 여
정 직전에 35유로를 주고 등산화를 한 켤레 샀다(당시 나는 학생 신분이
어서 많이 절약해야 했다). 한 시간 정도 걸어 보고 나서 '괜찮군! 싸게
잘 샀어'라고 생각했다.

순례의 시작점인 생장 피에 드 포트St Jean Pied de Port로 들어가는
길에서 활발하고 마라톤 선수라 체력도 좋은 호주 사람 알리를 알
게 되었다. 우리는 앞으로 있을 800킬로미터 길에 관해 이야기를 나
누다가 다음날 함께 길을 떠나기로 했다. 나는 생장 피에 드 포트에
서 시작하는 첫날 길이 산티아고 길에서 가장 힘든 구간임을 한참
뒤에서야 알게 되었다. 그야말로 가파른 산길을 4~5시간 내리 올라
가야 하는 코스였다. 우리는 피레네산맥의 안개 자욱한 구릉에서
점심으로 싸간 빵을 먹었다. 그리고 곧장 다시 여섯 시간을 내려갔
다. 우리는 그날 43킬로미터를 넘게 걸었고 그런 우리가 굉장히 자
랑스러웠다. 그런데 다음날 아침에 일어났을 때 지옥 같은 통증이
밀려왔다. 그렇게 아픈 적은 그전에도 그 후에도 없었다. 12킬로그
램의 배낭을 메고 싸구려 신발을 신은 채 가파른 산길을 오르고 내

린 탓에 무릎에 염증이 생겼다. 하지만 내 약한 꼴을 볼 수 없었던 내 에고-지성은 '계속해야지. 여기서 주저앉을 순 없어!'라고만 했다. 둘째 날이 지났을 때 그날 내내 얼마나 천천히 걸었던지 팔팔했던 알리에게 너무 미안했다. 무릎이 아픈 것도 모자라 이제 발에 물집까지 생겼다. 두 발에 물집이 각각 10~15개씩 잡혔다. 그래도 쉬면서 진통제라도 먹을 생각은커녕 천천히 계속 걸었다. 셋째 날 나의 부탁으로 알리는 혼자 먼저 가게 되었다. 통증이 더 심해졌으므로 나는 길가에 있던 나무 막대기를 하나 집어 의지하며 걸었다. 그리고 그다음 날에는 막대기를 하나 더 주워 양쪽으로 짚어가며 걸었다. 심지어 노인들도 나를 추월할 정도였다. 나보다 더 느리게 걷는 사람 혹은 나보다 더 아파하는 사람은 한 사람도 없었다.

나는 산티아고 길을 걷는 동안 수염을 깎지 않기로 했다. 거기다 뜨거운 스페인의 햇살로 얼굴까지 금방 시꺼메진 탓에 나는 일주일 만에 흡사 영화 〈캐스트 어웨이Cast Away〉에서 남태평양의 무인도에 혼자 난파된 톰 행크스 같았다. 심지어 쓰고 있던 두건까지 비슷했다.

매일 걷다 보니 그 심한 통증조차 익숙해졌다. 나의 일과는 이런 식이었다. 새벽 4시에 일어나 10~14시간 걷는다. 목적지에 도착하면 발을 차갑게 한다. 그렇게 여전히 막대기에 의존해 걷던 9일째 되던 날 한 무리의 어르신들이 나를 추월했다. 듣자 하니 네덜란드에서 오신 분들 같았다. 족히 40명은 넘을 것 같은 어르신들이 나를 한 명씩 추월하는가 싶더니 뒤에서 강한 네덜란드 억양의 어떤 여성이 말했다. "아이쿠 젊은이! 지금 다리를 절고 있군." 나는 '농담도 잘하시네'라고 생각했다. 8일 동안 250킬로미터를 오직 절뚝거리며 걸은 주제에 말이다. 그녀는 재빨리 나를 따라잡더니 친절하게 말을 걸었다. 그리고 나처럼 천천히 걸으며 내 상황을 이것저것 묻더니 내가 응급약은커녕 진통제조차 전혀 갖고 있지 않음을 알게 되었다. 그러자 갑자기 그녀는 그 자리에 멈춰 섰다. 그리고 두 손가락을 입 양쪽으로 넣더니 반경 300미터 사람들이 다 쳐다볼 정도로 큰 소리로 입피리를 불었다. 그녀의 네덜란드 어르신 친구들도 우리를 돌아봤다. 그녀는 자기 친구들에게 당장 자신에게 오라고 손짓했다. 나는 영문을 모른 채 무슨 일인가 했다. 어르신들이 우리 가까이 다가오자 그녀는 네덜란드어로 무슨 말인가를 했고 그러자 모두가 배낭을 내려 뒤지기 시작했다. 30초 뒤, 나를 둘러싸던 생판 모르는 사람들이 온갖 약들을 내밀었다. 없는 게 없었다. 모두가 모든 방향에서 나를 보며 환하게 웃으며 어서 뭐든 원하는 것을 가지라고 했다. 그 순간 그 명백한 사랑 앞에서 내 심장이 뛰었다. 1분 전까지만 해도 전혀 몰랐던 40명 영혼이 보여 주는 선의와 도움의 손길에 나는 감동하였다. 머리를 숙이며 깊이 감사한 뒤 그중 두 가지를 골랐고 몇 번이고 더 감사를 표했다. 60초 뒤 그들은 가던 길을 갔다. 믿든 말든 그 뒤 그전까지 1에서 10까지에서 9에 달했던 내 통증이 완전히 사라졌다. 발이 전혀 아프지 않았다. 그들이 주고

간 약을 쓰지도 않았는데 말이다! 나에게는 더할 수 없이 특별했던 그 순간 나는 감정의 힘, 특히 감사한 마음의 힘이 진정 얼마나 강력한 치유를 부르는지 알게 되었다. 그 후 2~3킬로미터를 더 갈 때까지도 통증은 온데간데없이 사라졌다. 그날을 마감할 때쯤에야 통증이 조금씩 돌아왔으므로 나는 걷기 시작하고 9일째 날 비로소 발에 약을 바르고 밴드를 붙였다. 나는 감사하는 마음의 힘이 얼마나 강력한지 배웠다.

치유를 부르는 감사하는 마음.

그리고 약 일주일 후 산티아고 길에서 나는 지금까지도 절대 잊을 수 없는 또 하나의 특별한 경험을 하게 된다. 점점 괜찮아지던 무릎으로 대체로 평지인 루트를 걷던 중 약 80세 정도로 보이던 남자가 나를 따라잡았다. 우리는 기쁘게 서로 인사를 나눴는데 그가 "올라"라고 인사했으므로 나는 스페인 사람과 말하는 기회를 놓치고 싶지 않았다. 그는 호세라고 했고 우리는 꽤 오래 대화를 나누었다. 그런데 12킬로그램의 터져나갈 것 같은 나의 배낭에 비해 아주 작고 헐렁헐렁한 그의 배낭이 처음부터 내 시선을 끌었다. 나는 그의 배낭을 가리키며 "어떻게 배낭이 그렇게 작아요?"라고 물었다. 그러자 그는 내 배낭을 가리키며 "어떻게 그렇게 큰 배낭을 매고 다녀요?" 하고 되물었다. 우리는 둘 다 웃음을 터트렸다.

걷기를 잠깐 쉬는 동안 나는 그의 2.5킬로그램 배낭에 정확하게 무엇이 들어 있는지 물었다. 그는 직접 보라고 배낭을 내밀었다. 양말 한 켤레 안에 각각 속옷과 티셔츠가 하나씩 들어 있었다. 그 외에 칫솔, 치약, 밴드 몇 개, 플라스틱 식사 도구가 있었다. 그게 다였다! 다행히 그는 내 배낭 속에 뭐가 들었는지 묻지 않았다. 한두 개가 아니니 말이다! 내 이성과 지성은 모든 것을 원했다. 거의 쓸 일이 없을 것들도 다 원했다. 양말도 서너 켤레는 되어야 하고 접시도 납작한 것만 아니라 오목한 것도 있어야 하고 옷도 긴 옷 짧은 옷 다 필요하고 당연히 책도 하나 챙겨야 했다. 스위스 접이식 칼? 당연히 챙겨야지! 게다가 절대 쓰지 않을 캠핑 매트도 필요할 것 같았다. 하지만 그렇게 내가 매고 다녔던 것 중에 제일 기이했던 건 2킬로그램이나 나가던 텐트였다. 산티아고 길을 준비하던 중 어디서 순례자들이 밤에 숙소를 못 구할 수도 있다는 글을 읽었다. 하지만 실제로 그런 일은 절대 일어나지 않았다! 그런데도 나는 저녁에 침대를 못 구할까 봐 새벽 4~5시에 일어나 서둘러 길을 나섰다. 나는 그 순간에 있기보다 다른 사람이 나를 앞지르면 뭔가를 놓칠지도 모른다는 불안감에 정신없이 하루를 시작했다.

호세에게 산티아고 길을 몇 번 걸었냐고 물었더니 "이번이 열 번째요. 10주년이지."라고 했다. 정말 짐이 그렇게 없어도 괜찮으냐고 재차 묻자 그는 경험 많은 노련한 사람답게 이렇게 대답했다. "막심,

그게 말이오. 나이를 먹을수록 점점 확실해지는 게 있어요. 살면서 더 많이 가질수록 돌봐야 할 것이 많아진다는 겁니다. 그러다 보면 정말 중요한 것, 바로 이 순간을 놓치게 되지요! 옛날에는 내 배낭도 훨씬 무거웠어요. 하지만 산티아고 길을 다시 걸을 때마다 매일 필요한 것이 얼마나 조금인지 알게 되었고 이 아름다운 자연과 이 멋진 사람들과의 대화를 놓치지 않으려면 짐이 가벼울수록 좋다는 걸 깨달았지요. 게다가 뭘 잃어버리거나 누가 훔쳐 갈까봐 걱정하지 않아도 되니 좋잖소."

이 얼마나 귀중한 깨달음인가. 나는 이날 일기에 이렇게 썼다.

"보이진 않지만 다른 모든 것보다 더 귀중한 것들이 있다. 너는 중요한 순간에 쓸데없는 것들에 정신을 쏟느라 매일의 행복을 놓치고 있다. 일상의 특별함을 알아차리는 것이 행복해지는 비결이다."

참고로 다음날 나는 내 텐트를 일부러 순례자 숙소에 두고 떠났다. 다른 몇 가지도 무료로 나눠 주었다. 그러자 내 배낭도 가벼워졌고, 걷기도 훨씬 편했다.

산티아고를 걷는 동안 거의 매일 온 세상에서 온 새로운 사람들을 만났다. 알렉산드르와 그의 아내는 밤에만 걸었다. 브라질에서 온 그들에게는 스페인의 낮이 너무 뜨거웠기 때문이다. 다른 순례자들이 숙소에 하나둘 도착할 때면 둘은 출발했다. 그래서 둘은 낮에 자주 온 숙소를 독점할 수 있었다. 아일랜드에서 온 크리스는 인생에서 사랑이 얼마나 중요한지 설명했고 그것을 자신은 56세가 되어서야 깨달았다며 그 전에 싸워서 여자들을 떠나게 하지 않고 그녀들을 더 많이 사랑했었다면 좋았을 거라고 했다. 어떤 순례자 숙소에서는 한국에서 온 네 명의 친구 무리를 만났는데 그들은 한국어만 할 수 있었으므로 우리는 손발짓으로만 소통했다. 하지만 그들이 그날 밤 순례자 전부를 위해 요리를 할 거란 사실은 이해할 수 있었다. 그들이 장을 보겠다며 시내로 나가는가 싶더니 네 시간 후, 서로 다른 수많은 나라에서 온 스무 명이 넘는, 서로 다른 얼굴을 한, 그전까지 서로 전혀 모르던 사람들이 아주 긴 테이블에 앉아 멋진 한국 음식을 맛있게 먹었다. 단 네 명의 친구들이 도구도 턱없이 부족한 주방에서 어떻게 그렇게 맛있는 음식을 푸짐하게 만들어 냈는지 나는 지금도 모르겠다. 당신도 언젠가 한 번은 순례자가 되어 보기를 나는 간절히 바란다. 4~6주 정도 고요와 모험을 동시에 경험하고 싶다면 말이다. 산티아고 길이 아름다운 것은 사실 모든 사람이 출신과 지위에 상관없이 하나가 되기 때문이다. 나는 그곳에서 거부 투자 은행가, 매우 가난한 사람, 아시아인, 아프리카인, 괴로운 사람, 행복한 사람, 젊은 사람, 나이든 사람을 다 만났다. 길 위에서 우리는 모두 단지 똑같은 사람이었다! 모두 똑같은 길을 갔고 목적지도 결국에는 산티아고 데 콤포스텔라로 똑같았다.

진실이라는 망상

우리가 현실이라고 생각하는 이 세상은 정말로 존재할까? 당신은 어쩌면 "막심 그게 대체 무슨 말이에요?"라고 물을지도 모르겠다. 나와 함께 잠깐 시계가 없던 시대로 돌아가 보자. 당시의 사람들은 시간을 측정하지 않았고 측정할 필요도 없었다. 단지 늘 변하는 태양 빛이 있을 뿐이었다. 폴리네시아의 뱃사람도 나침판이나 지도 없이 바다를 항해했다. 물과 파도 읽는 법을 자연스럽게 알았기 때문이다. 기원전 2000년 즈음에야 처음으로 바빌로니아인들이 시간 측정법을 만들어 냈다. 그 후 100년 넘게 천천히 현재의 시간 개념이 만들어졌다. 밝은 낮만 측정하던 것이 후에 열두 구간 두 개로 확정되었다. 처음에는 오랜 세월 해만 이용하다가 나중에 물, 모래, 초 등도 이용했다. 그리고 근대에 와서야 비로소 시계라는 기계가 발명되었다. 더불어 분과 초도 생겼고 (존재하지 않는) 매혹의 하루(루마니아의 시인 프란츠 호작의 시 〈존재하지 않는 하루의 매혹〉에서 따온 말로 추정된다—옮긴이)가 초 단위로 잘게 나뉘었다. 에고-지성은 예전에 없던 경계를 창조한다. 그리고 통제할 수 없는 것의 통제를 갈망한다. 시간이라는 경계에도 당연히 좋은 점은 있다. 계획하기 쉽고 꼭 동쪽에 해가 떠오를 때를 기다려 행동할 필요도 없다. 정각 9시에 콘퍼런스를 시작하고 9시 10분에 이미 첫 번째 발표를 계획대로 들을 수도 있다. 하지만 동시에 우리는 촘촘한 경계 안에서 움직여야 한다. 공간도 마찬가지이다. 인간은 어느 때가 되자 지구를 측정하기로 했다. 지구의 길이, 넓이 등을 세부적으로 측정하는 것에서 많은 것을 알게 되고 그만큼 도움도 되었지만 동시에 새로운 경계들도 생겨났다. 경계가 생기면 그만큼 이름들이 생겨나고 이 이름들이 그 대상의 진짜 경이로움을 반드시 대변하는 것은 아니다. 예를 들어 개를 생각해 보자. 개는 사실 개가 아닌데 단지 우리가 개를 개라고 부를 뿐이고 그래서 우리의 언어가 정의하는 하나의 생산물이 되었다. 우리는 이 존재에게 개라는 한 음절의 꼬리표를 붙이고 그 것을 통해 그 개를 이해했다고 착각한다. 이름을 붙이는 순간 매혹이 사라진다. "이건 뭐지?" "개야." 하지만 당신은 그 멋진 존재의 몸을 하나하나 진정으로 연구해 보고 이 존재는 왜 가끔 짖는지, 꼬리는 왜 흔드는지, 왜 으르렁대며 뼈다귀를 씹는지 물어본 적 있는가?

'개'는 우리가 우리 세상을 더 빨리 설명하기 위해 매일 이용하는 수많은 꼬리표 중 하나일 뿐이다. 하지만 파란색도, 23.6킬로미터의 길도, 당신 스마트폰의 인터넷 연결도 없다. 이것들은 모두 우리가 만든 언어적인 개념일 뿐이다. 우리 세상을 간단하게 만드는 데 사용하는 개념들 말이다. 그리고 그것들을 통해 우리 세상은 끊임없이 평가절하된다.

이력이 곧 당신의 운명은 아니다

개념들로 세상의 경이로움을 지워 버리는 것에서 나아가 우리는 매우 자주 바로 지금이라는 이 유일한 순간을 의식하지 못하고 혹은 알아차리지 못하고 놓쳐 버린다! 당신은 아는가? 이 문장을 읽는 이 순간이 언제나 당신이 갖게 될 모든 것임을? 당신이 첫 숨을 토해 낼 때부터 바로 1초 전까지의 당신의 과거는 이제 더이상 바꿀 수 없다.

숨을 한 번 깊이 들이마시고 내보내자. 그 한 번의 호흡을 당신은 당신 인생에서 단지 한 번만 완수할 수 있다. 그 1초, 2초, 3초 전의 순간은 영원히 끝났고 이제 되돌릴 수 없다!

현재 순간의 마법을 끊임없이 놓치고 사는 사람이 많다. 그리고 자신 혹은 다른 사람을 비난하거나 자신이 볼 때 어릴 적, 청소년기, 혹은 다 커서 무엇이 잘못됐었는지를 생각하며 과거의 드라마 속에서 산다. 이때 우리는 인생에서 1밀리미터도 앞으로 나갈 수 없다. 그러기는커녕 고통스러웠던 순간을 거듭 다시 살며 늘 다시 괴로워한다. 그리고 지금을 놓치고 죽은 삶을 살아간다. 예를 들어 어릴 때 도난 사고를 당했다고 치자. 사실 그것은 단 한 번 일어난 일이다. 하지만 그 고통스러운 경험을 머릿속으로 자꾸 떠올린다면 그 같은 일이 자꾸 일어나는 셈이다. 과거의 고통스러운 경험을 수천 번 더 경험하는 사람이 많다. 옛날의 고통에 집착할 때 짧은 고통에서 긴 고통이 만들어진다.

인생에서 괴로움을 피할 수는 없다.
하지만 그렇다고 꼭 괴로워할 필요는 없다.

당신도 한 명쯤은 알고 있을 것이다. 과거를 끊임없이 한탄하고 자신에게 일어난 일은 모두 극적으로 과장하는, 침소봉대가 습관인 사람들 말이다. 왜 그럴까? 왜냐하면 그래야 무엇이라도 느낄 수 있기 때문이다. 감정을 느낄 수 없을 때 쇠약해지는 사람들이 그렇다. 긍정적인 감정을 느낄 수 없다면 과거의 일이라도 극적으로 소환해 내야 한다. 그럼 잠시라도 에고가 살아 있음을 느낀다. 하지만 과거는 그것에서 배우라고 있는 것이지 그 안에 살라고 있는 것이 아니다.

우리는 농담도 두 번째 들을 때는 잘 웃지 않는다. 그런데도 아픈 과거는 왜 자꾸 이야기하는가? 어떤 사람들은 문제의 과거와 자신을 너무 동일시해서 그 과거가 자신의 정체성이 되고 핑계가 된다. 그리고 계속해서 이렇게 말한다. "나는 대학 중퇴자야. 어차피 망한 인생이야!" "못생겼다고 남편한테 버림받은 사람이 무얼 할 수 있겠어?" 혹은 "무슨 일을 하든 부모님은 늘 말했지. 더 잘하라고." 하지만 이렇게 말하면서 이들은 자신이 만족스러운 삶을 살지 못하는 이유가 단지 아침부터 밤까지 자신이 계속 되씹는, 자신들의 머릿속에서만 존재하는 그 이야기들 때문임을 알지 못한다. 이것은 앞유리를 덮고 차를 운전하는 것과 비슷하다. 백미러만 보고 달려서는 도저히 앞으로 나아갈 수가 없다. 당신의 과거가 당신의 미래를 결정하지는 않는다.

당신에게도 믿음 문장이 있는가? 다음의 질문들로 한번 알아보자. 어쩌면 하나 이상일지도 모른다. 이 질문들로 의심되는 믿음 문장들을 하나하나 조사해 보자.

- 나는 언제 이런 정체성을 받아들였나?
- 이 믿음 문장으로 내가 진짜로 얻는 것이 무엇인가?
- 그때 일어났던 그 (부정적인) 일에 대한 나의 해석이 정말 옳은가?
- 이 믿음 문장이 지금까지의 내 인생과 앞으로의 내 인생에 어떤 영향을 줄까?

당신의 지금까지의 이력이 곧 당신의 운명은 아니다. 당신은 언제나 새로운 선택을 할 수 있다. 당신 인생을 바꿀 기회는 매 순간 초 단위로 생겨난다. 부정적인 생각 하나에게 의식적으로 단호하게 "이제, 그만!"이라고 말하고 떠나보내자. 때때로 당신을 힘들게 했을 생각을 떠나보내자.

부정적인 생각은 말하자면 정신적 괴물 같은 것인데 그 괴물이 아직 어릴수록 좀 더 쉽게 떠나보낼 수 있다. 하지만 가슴을 무겁게 짓누르는 문제적 과거도 떠나보낼 수 있다. 이것은 당신이 해야 할 결정이다. 이것은 예를 들어 투명 접착테이프를 가위로 잘라 내겠다는 결정과 하나도 다르지 않다. 그리고 인생에서 마침표를 하나 찍었다면 그 마침표를 뒤늦게 또 쉼표로 바꾸지는 마라.

**여행을 어떻게 시작할지는 결정할 수 없을지라도
여행을 어떻게 끝낼지는 당신만이 결정할 수 있다.**

○

감정의 자유를 얻는 법

당신이 원하는 그 사람이 되려면 일단 당신이 아닌 것은 모두 한 번은 떠나보내야 한다. 이때 용서가 당신 내면의 자유와 감정의 자유를 위해 매우 중요하다. 마음속에 원한을 품고 사는 사람이 참 많다. 언젠가 누군가 혹은 무언가로부터 상처를 받아서 수년 동안이나 그때 느낀 분노를 가슴에 품고 그 분노가 먹여 살리는 냉소 혹은 이기성으로 계속 다른 사람들에게 상처를 준다. 상처받은 사람은 상처를 준다. 사랑받은 사람은 사랑을 준다. 물론 상처받은 사람이라도 자신의 인생에 대한 책임을 스스로 온전히 지고 살아가는 사람도 많다. 잘잘못을 따지는 것의 반대는 책임을 지는 것이다!

일어난 일을 있는 그대로 받아들일 때 우리는 과거만이 아니라 미래도 바꾼다. 몇 초밖에 안 걸리는 용서로 깊은 슬픔, 두려움, 분노로 수천 시간을 낭비하지 않아도 된다. 하지만 그 결정은 당신 스스로 내려야 한다. 아무도 당신 인생을 대신 살아 주진 못한다.

결코 받아본 적 없는 사과 받는 법.

용서할 때만이 진정으로 자유롭다. 현재 순간을 받아들이고 그 순간이 좋든 나쁘든 묵묵히 살아가는 사람이라면 경지에 이른 마스터임이 틀림없다. 마스터는 선고도 평가도 내리지 않는다. 무지한 사람은 화내고, 지혜로운 사람은 이해한다. 무언가 좋은 일이 일어나면 우리는 그 순간이 최대한 지속되기를 바란다. 반대로 어떤 불편한 일이 일어나면 가능한 한 빨리 지나가길 바라며 우리가 유일하게 가질 수 있는 그 순간을 평가절하한다.

계속 행복하고 싶다면 내면이 평화로워야 한다. 내면이 평화로우려면 당신이 어떻게 할 수 없는 외부의 영향을 받아들여야 한다. 나는 "우주가 그렇게 결정했어!"라는 말을 일상에서 신조처럼 자주 상기한다. 당신이 지금 어떤 힘든 상황에 있든 나중에 그 일을 돌아보면 웃게 될 것이다. 그렇다면 왜 지금 웃지 않고 그때까지 기다리는가?

감정적으로 자유로워지려면 일단 다른 사람이 당신을 어떻게 대하든 상관하지 않고 이 일 저 일에 특정 결과만을 바라지도 않으며 마음의 중심을 잡아야 한다. 온전히 지금 여기에 있을 때 당신은 깨어난 것이고 관찰한다. 영어로 '현재에 있다'는 뜻의 프레젠트present에는 선물이라는 뜻도 있다.

퇴근 후 소파에 지친 몸을 누일 때야 비로소 현재를 사는 사람이 있고 섹스를 할 때 현재에 존재함을 느끼는 사람도 있다. 그리고 번지점프, 안전장치 없이 암벽타기 혹은 시속 240킬로미터로 고속도로 질주하기 같은 극단적인 활동으로 현재에 존재하는 의식 상태를 자신에게 강요하는 사람도 있다. 아주 작은 실수만으로도 죽을 수 있는 활동 말이다. 그리고 연결에 대한 열망을 잠재우기 위해 약물에 손을 대는 사람도 많다. 그렇게 해서라도 일상의 일반적인 의식 상태로는 더이상 느낄 수 없는 상태를 느끼려 한다.

영원히 약동하는 매 순간의 가치는 지극하다.

밀려드는 생각의 흐름을 끊고 지금 속으로 온전히 빠지기 위해 의식적으로 할 수 있는 일이 많다. 무의식으로 가는 길은 언제나 의식, 다시 말해 당신의 오감을 거치게 되어 있다. 당신은, 물론 당신이 원한다면, 오감을 다양하게 혹은 차례대로 이용해 현재를 인식하는 연습을 해 볼 수 있다. 그러고 싶다면 먼저 눈을 감고 당신이 입고 있는 옷을 손가락 끝으로 느껴 보자. 최소 2분은 그렇게 한다. 그다음 또 눈을 감고 주변의 작은 물건들을 다양하게 가져다가 귀에다 대고 만지작대며 소리를 내본다. 그 소리에 진정으로 집중한다면 그 순간 당신은 진정 살아 있으며 각성 상태에서 삶 그 속에 능동적으로 존재한다.

감정이 자유로워지고 또 그 상태를 지속하고 싶다면 생각을 살피는 것도 당신이 할 수 있는 일 중의 하나이다. 우리는 늘 한 번에 한 가지 생각만 할 수 있다. 절대 두 가지 생각을 동시에 할 수는 없다. 그런데 일상에서 어차피 생각해야 한다면 왜 그냥 긍정적인 생각부터 하지 않는가? 부정적인 생각에서 긍정적인 인생이 나올 리 없다. 긍정적인 생각이란 부정적인 생각이 하나도 없는 생각이 아니라 부정적인 생각 속에 오래 머무르지 않는 생각이다. '현재에 머무르는 의식'이 당신의 하늘이라면 생각은 그 하늘에 생기는 구름이다. 구름은 시간이 지나면 지나가고 다시 햇살이 비친다.

밀려오는 생각을 멈추려면 생각을 넘어설 수 있는 의식이 필요하다. 술이나 약물로 다시 생각에 빠지지 않을 깨어 있는 의식 말이다.

고요는 당신의 에고-지성을 잠재우는 데 아주 좋다. 바깥이 고요하면 내면도 금방 고요해지고 확신도 생긴다.

당신의 생각이 허구일 뿐인 드라마를 또 만들기 시작하면 '지금 여기서 생각하는 자 누구인가?'라고 자문해 보기 바란다. 그럼 당신 에고-지성의 책략을 인식하게 될 것이다.

깨어 있는 고요한 순간에 다음의 문장을 반복하는 것도 깨어 있기 위한 좋은 방법이다. "이제 또 어떤 생각이 내 의식 속으로 들어올지 아주 흥미진진하다." 이렇게 말할 때 당신은 경계 태세에 들어갈 수 있고 에고-지성을 에고-지성의 무기로 물리치는 것이다.

타인과의 만남을 두려워하는 사람이 많다. 말을 잘못하거나 상대가 오해할 것에 겁을 낸다. 이것은 집중하지 못하는 상태이다. 100퍼센트 이 순간에 있지 않고 온전히 주의하며 상대를 바라보지 못하고 자신과 자신이 생각해 낸, 일어날지 모르는 상황을 생각하느라 바쁘다. 순간에 있다면 앞으로 일어날지 모르는 일에 대해 두려워하지 않아도 된다.

나에게 세상에서 가장 간단한 행복 지침은 이것이다. 덜 생각하라. 다르게 표현하면 "네가 생각하는 것을 다 믿지는 마라."이다. 현재에 있으면 불안감이나 스트레스는 느끼고 싶어도 느낄 수 없다. 아팠던 과거나 어쩌면 생길 수도 있는 나쁜 미래를 생각할 때 우리는 지금 아프다.

사람은 (거시 수준의) 행복한 인생을 바라면서 인생을 살아가는 내내 자신에게 주어진 것은 (미시 수준의) 순간뿐임을 잊어버린다. 인생은 순간의 집합일 뿐이다. 매 순간을 기쁘게 맞이하는 사람이 미래를 걱정할 필요는 없다.

게다가 미래에 일어날지도 모르는 사건에 대한 두려움은 그렇게 두려워하는 그 사건을 미리 정확하게 정의해보는 것만으로도 모두 떨쳐 버릴 수 있다. 이렇게 자문해 보자. "정확하게 그 상황의 무엇이 나는 가장 두려운가?" 그다음 그 가장 '나쁜' 시나리오를 잠시 끝까지 생각해 보고 그 마지막 상태를 받아들여 보라. 상황이 어떻게 될지 끝까지 생각해 보지 않아서 두려운 경우가 많다. 걱정은 미래에 생길 수 있는 문제를 해결해 주지 않고 단지 현재의 평화만 거둬간다. 스트레스 상황에 부닥쳤다면 그때그때 가능한 최악의 결과를 생각하고 그런 상황을 지금 미리 받아들여 보라.

힘든 상황에 부닥쳐 있고 그 상황을 당신이 어떻게든 바꿔야 한다면 당신 영혼의 인도에 의지하자. 우리 영혼이 이 인생을 미리 계획했다고 보면 그 계획에 따라 어려운 문제가 생겨나는 것은 당연하다. 그리고 그 문제가 이미 확정된 것이라면 그때 필요한 해결책도 우리는 평행 우주에서 이미 생각해 두었을 것이다. 하지만 그 해결책은 스트레스 호르몬이 극에 달한 상태가 아니라 일단 그 심각한 문제에서 한 걸음 물러서서 긴장을 어느 정도 풀어야 비로소 보인다. 머릿속으로 그 문제를 작고 투명한 전구 속에 넣고 그 밖에서 한번 보자. 문제에 부닥칠 때 나는 이렇게 말하곤 한다. "모든 문제는 내가 이미 배운 것을 보여 줄 좋은 기회이다."

이러지도 저러지도 못하는 상황에 부닥칠 때는 인생이 우연한 사건들의 연속처럼 혼란스럽기도 하다. 하지만 나중에 보면 우연은 없었음을 알게 된다. 덴마크 철학자 쇠렌 키에르케고르도 "앞을 보며 살지만, 뒤를 봐야 이해할 수 있는 것이 인생이다."라고 했다. 그러므로 지금 힘든 상황이라도 인생이라는 책은 한 챕터가 아니라 많은 챕터로 이루어져 있음을 잊지 말자.

당신은 지금 영화를 보고 있다. 첫 장면부터 세상이 참 아름답다. 그다음 장면도 그렇다. 중간에도 여전히 모두 최고이고 끝에도 그 유명한 해피엔딩이다. 주인공이 해결하거나 극복해야 할 문제가 하나도 없다. 당신은 이 영화가 어떤가? 아마도 아주 지루하다고 생각할 것이다. 인생도 마찬가지이다. 영혼은 지루함을 싫어한다. 영혼은 가능한 한 전폭적으로 경험하고 싶다. 그리고 당신 옆에서 당신이 매일 어떻게 행동하는지 지켜보며 늘 사랑 가득한 충고를 보낸다. 그 충고를 당신은 직감과 돌연한 깨달음으로 받는다. 문제 Problem라는 단어에는 '~을 위하여'라는 뜻의 접두어 Pro가 붙어 있다. 그러므로 당신에게 반한다는 뜻이 아니라 당신을 위해서란 뜻이다.

문제가 없는 사람은 한 종류뿐이다. 이들은 모두 무덤 속에 누워 있다. 그래서 나는 가끔 공동묘지를 산책하곤 한다. 진짜 본질이 무엇인지 금방 알아차리는 데 도움이 된다. 그리고 마음이 단단해진다. 묘비에는 대체로 출생연도와 사망연도만 적는다. 예를 들어 1939-2008 이렇게 말이다. 이 두 숫자 사이에 붙임표가 있다. 이 짧은 붙임표 안에 이 사람의 온 인생이 들어 있다. 이 사람의 그 모든 열망과 두려움과 이루고 이루지 못한 바람이 들어 있다. 이렇게 짧은 지구에서의 순간들을 좀 더 자주 알아차릴 수 있다면 수많은 갈등이 처음부터 생겨나지도 않을 것이다. 나는 기대 수명에 따라 나에게 남은 인생을 보여 주는 손목시계를 하나 갖고 있다. 현재에 살라고 하면서 모순처럼 들릴 수도 있지만, 그 시계를 찰 때면 나는 내가 하고 싶고, 더이상 하고 싶지 않은 일에 대해 급진적이 된다.

브로니 웨어Bronnie Ware는 호스피스 병동에서 간호사로 오랫동안 일한 경력이 있는 베스트셀러 작가이다. 웨어는 곧 죽을 것임이 분명한 사람들이 모여 있는 곳에서 그들이 마지막 몇 주를 최대한 편안하게 보낼 수 있도록 최선을 다했다. 죽음이 임박한 사람들과 대화를 나누면서 그들이 인생에서 어떤 실수를 했는지 들었고 그 실수를 되돌릴 시간이 없음을 한탄하는 모습도 보았다. 그리고 죽어가는 사람들이 가장 자주 말하는 인생의 실수들을 모아 『죽을 때 가장 후회하는 다섯 가지』(한국어 출간 제목 『내가 원하는 삶을 살았더라면』)라는 책을 썼다.[42] 그 첫 번째가 "용감하게 내 인생을 살았더라면 좋았을 것이다."였다. 당신은 살면서 항상 스스로 결정할 수 있다. 당신은 당신 가슴이 원하는 길을 용감하게 가고 있는가? 그러지 못하도록 방해하는 타인 또는 당신 에고-지성을 묵인하고 있지는 않은가?

우리 영혼은 언제나 현재 순간에 존재한다. 반면 에고-지성은 '소유, 행위, 생각'의 착각 속에 갇혀 산다.

당신이 가진 것은 다른 사람도 다 가질 수 있다.
하지만 당신이라는 존재는 당신만이 될 수 있다.

자신과 다른 사람을 비교하는 것은 의미 없는 짓이다. 다른 강력한 인물들로부터 영감은 꾸준히 받되 항상 당신만의 영혼의 길을 의식하자. 당신만의 길을 간다면 그 누구도 당신을 추월할 수 없다.

스포츠에는 규칙이 많고 최고의 결과를 내는 것이 중요하다. 더 많이 더 멀리 더 높이 가는 게 좋고 100분의 1초를 다툰다. 반면 행복은 결코 100미터 달리기처럼 우수한 기록 혹은 성공적인 마무리를 목표로 삼을 수 없다. 행복은 마지막 목표가 아니라 지속되는 과정이기 때문이다. 이것을 깨닫지 못하는 사람은 즉각적인 행복을 얻고자 매일 꿈의 직업을 즐기기보다 평생 복권을 산다. 보디빌더는 빨리 근육을 만들고 싶어서 근육 강장제를 먹는다. 파티광은 가짜 기분 좋음이라도 느껴보고자 파티에 가서 술을 마신다. 이들은 즉각적인 자극을 원할 뿐 내면의 평화를 위한 길은 아직 가고 싶지 않다. 그렇게 잠깐의 기쁨은 느끼겠지만 그 후에는 더 큰 자극이 필요하다. 하지만 행복은 탐닉이 아니라 절제에 있다.

우리 사회를 보면 유독 지루함을 못 참는 사람도 많다. 뭔가 새로운 걸 발견했을 때 첫 순간에는 흥분하지만 머지않아 그 흥분은 점차 사라진다. 그렇게 끊임없이 새로운 것을 찾는, 늘 느낌에 목마른 사람은 일종의 '경험 중독자'가 되어 스스로 파멸과 고통의 씨앗을 뿌린다.

인생을 스포츠 경기와 비교한다면 결코 이길 수 없는 경기임을 알 것이다. 단지 경기만 할 수 있다. 인생은 승자 없는 경기이다. 이것은 오랫동안 목표 하나만 보고 달려왔던 사람들이 그 목표를 달성했을 때 거의 모두 똑같이 느끼는 것이다. 행복감이 기대했던 것에 미치지 않거나 아주 짧게 그치고 만다. 미하엘 슈마허는 마지막 우승 후 포뮬러 원 자동차 경주 역사상 가장 성공한 선수임이 확정되자 기자 회견장에서 눈물을 터뜨렸다.[43]

'화내지 마 게임Mensch ärgere dich nicht'(주사위로 노는 윷놀이와 비슷한 규칙의 놀이-옮긴이)"을 해본 적이 있다면 말들을 제일 먼저 목적지에 가게 해 이긴 후 어떤 느낌이 드는지 당신도 잘 알 것이다. 이제 다른 사람이 즐겁게 노는 모습을 지켜보기만 하는데 그러다 보면 내가 정말 이긴 건가 헷갈리는 그 기분 말이다.

우리 에고는 모든 상황에서 이렇게 질문한다. 어떻게 하면 내가 필요한 것을 더 빨리 혹은 더 쉽게 얻을 수 있을까? 반면 높은 의식은 내면이 넓게 확장된 상태이고 항상 이 순간에 정박해 있다. 그리고 정말 현재에 있을 때 당신은 '어떻게 하면 이 상황의 요구에 제대로 부응할 수 있을까?'를 생각한다. 이 순간에 도달했다면 아무런 회의도 들지 않는다. 목표들이 모두 사라지거나 매우 부적당하게 느껴진다. 진정한 존재는 욕망으로부터 자유롭다. 존재하는 것들은 뭐든 모두 찾을 수 있음을 이미 잘 알기 때문이다. 이런 자세라면 당신은 내면에서부터 자유롭다. 아무런 결핍도 없고 해야 할 일도 없다.

감사 : 행복으로 가는 길

파란 색안경을 끼면 레몬은 어떤 색일까? 파란색? 초록색? 아니다. 레몬의 색은 여전히 노란색이다. 당신은 혓바닥과 목구멍에 불이 날 정도로 매운 음식을 먹어 본 적이 있는가? 그다음에 무엇을 먹고 마시든 혓바닥과 목구멍은 계속 얼얼하다. 스트레스를 받거나 불안하거나 화가 나거나 슬플 때 우리의 의식도 마찬가지이다. 온세상을 자기가 쓴 색안경을 통해 인식한다.

사람이 불행한 데는 수많은 이유가 있겠지만 사람이 지속해서 행복한 데는 한 가지 이유만 있다. 그 사람은 자신이 가진 것과 경험한 것에 감사한다. 감사할 때 행복하다. 반대일 때가 아니다.

앞에서 말했듯이 우리는 한 번에 한 가지 생각만 할 수 있다. 그리고 그 생각이 감정을 만들어 내고 그 감정이 우리 몸에 영향을 준다. 잠깐 불쾌감을 주는 일을 생각해 보라. 늦어도 1분 후에 벌써 위장에서 긴장감이 느껴질 것이다. 하지만 자신을 기분 나쁘게 할 수 있다면 그 반대로 기분 좋게 하겠다고 의식적으로 결심하고 긍정적인 결과에 집중할 수도 있다. 감정은 저절로 일어나는 것이 아니라 우리가 만들어 내는 것이다.

인생은 사건의 연속이 아니다. 인생은 사건의 연속 속에서 어떤 사람이 될 것인가에 대한 선택의 연속이다. 그리고 우리는 언제나 새로운 선택을 할 수 있다.

어떤 연구에서 네 그룹의 사람들에게 잠들기 전 짧게 그날 있었던 일 다섯 가지를 쓰게 했다. 무작위로 나눈 네 그룹 중 첫 그룹의 사람들은 그날 있었던 긍정적인 일만 썼다. 두 번째 그룹은 그날 있었던 유감스러운 일만 썼다. 세 번째 그룹은 그날 다른 사람들보다 자신이 더 잘했던 일을 썼다. 그리고 네 번째 그룹은 대조 그룹으로 아무거나 쓰고 싶은 걸 썼다. 6개월 후 네 그룹 사람들 모두 다시 심리 상태가 어떤지 조사받았다. 그 결과 감사할 게 많았던 첫 번째 그룹 사람들이 다른 세 그룹에 비해 모든 면에서 우수한 결과를 보였다. 이들은 예전에 비해 정서가 더 안정되었고, 더 긍정적이었으며, 더 건강한 일상을 살았고, 더 긍정적인 사회생활을 즐기고 있었다.

이 획기적인 연구는 무엇을 말하고 있는 걸까? 매일 2분이라는 최소한의 수고만 들여도 인간의 삶이 완전히 그리고 영원히 긍정적으로 바뀔 수 있음을 말하고 있다. 당신도 사랑하는 사람과 당장 해 보기를 바란다. 매일 하루를 마감할 때 그날 감사했던 일 다섯 가지를 서로 말해 보는 것이다! 부언하자면 잠들기 직전 의식했던 것은 자는 내내 당신 무의식에 안착한다.

선진국은 생활환경이 좋아서 먹을 것, 안전한 주거지, 집단 소속감 같은 인간에게 기본적으로 필요한 것들이 대체로 다 잘 갖춰져 있다. 그런데 과연 이 사람들이 지금 자신의 상황이 얼마나 좋은지도 잘 인식하고 있을까? 당신은 지금 개인적인 일에 마음껏 집중할 수 있다. 세상에는 그럴 기회를 좀처럼 갖지 못하며 살아가는 수십억 사람들이 있다. 당신은 지금 확실했던 직장을 잃고 실업수당을 받게 될까 봐 굉장히 두려워할 수도 있다. 하지만 당신의 그 악몽 같은 일이 예를 들어 실업수당 개념 자체가 없는 아프리카의 수많은 사람에게는 꿈에 그리는 상황이다. 그리고 지구상에는 매일 긴 시간 힘들게 일하고도 가족조차 제대로 부양할 수 없는 사람도 많다.

우리는 자신이 행복함을 늘 뒤늦게 깨닫는다.

잠시 상상해 보자. 당신이 신이라면 당신은 선물을 해 줘도 고마운 줄 모르는 사람에게 계속 새로운 선물을 하겠는가?

이 문장을 쓰는 지금 내 아들 레오는 14개월 아기이다. 요사이 레오는 밤에 오줌을 많이 싸서 기저귀가 넘칠 정도이다. 아들의 기저귀를 갈다가 문득 아이에게 입힐 옷이 없다는 사실이 떠올랐다. 방금 세탁한 아들의 옷들이 아직도 빨래 건조대에 널려 있다. 나는 아이에게 몇 달 후에나 맞을 것 같은 너무 큰 옷을 입혔다. 하지만 아들은 그 옷이 얼마나 큰지, 어떤 색이고 어떤 디자인인지 전혀 개의치 않았다. 자신이 무엇을 입고 있는지 신경 쓰지 않고 단지 지금 여기서 경험하는 것을 느낄 뿐이다. 한순간 스스로 아프게 해 놓고 서럽게 울다가도 다음 순간 아빠를 보고 천사처럼 웃는다. 원하는 것을 관철하지 못해서 토라지지도 꽁해 있지도 않는다. 아들은 단지 이곳에 존재할 뿐이다. 감정적으로 이보다 더 자유로울 수 없다! 아이가 어른의 선생이라는 말이 괜히 있는 게 아니다.

감정적인 '왜'와 실질적인 '어떻게', 이것은 성공적인 인생을 받드는 두 기둥이다. '왜'가 당신 영혼을 먹여 살린다면 '어떻게'는 당신 에고-지성을 위한 것이다. 영혼과 에고-지성 둘 다 인생에는 중요하다. 둘은 여성적이고 남성적인 원리, 즉 음양 같은 것이다. 영성을 생생하게 경험할 때 '왜'가 '어떻게'를 통해 '무엇' 안에서 실현된다.

지금까지 앞의 세 챕터로 우리는 당신이 '왜' 이 지구에 왔으며 살면서 '어떻게' 계속 행복할 수 있는지 살펴보았다. 이제부터 살펴볼 여섯 챕터에서는 실질적인 '무엇'을 살펴볼 것이다. 다름 아니라 당신 인생의 몇 가지 중요한 분야에서 당신이 이 땅에 온 이유를 성공적으로 실현하는 법을 살펴보고자 한다.

CHAPTER 4

몸

영혼의 장갑

당신 영혼에 좋은 집을 마련해 주라

건강에 관해서라면 정보가 끝도 없이 많다. 과학과 임상 분야의 많은 전문가가 이런저런 좋은 조언들을 내놓고 때로는 서로 모순되는 말을 하기도 한다. 따라서 나까지 여기서 당신에게 무언가를 설득하고 싶지는 않고, 다만 내가 생각하는 진실을 솔직하고 가차 없이 말하려 한다. 내가 말하는 것에서 무엇을 얼마나 실행할지는 당신 스스로 결정하기를 바란다.

나는 고령임에도 지구를 반 바퀴 돌며 말만이 아니라 실제로 건강을 유지하는 사람들을 많이 만나봤고, 건강에 관한 세계의 수많은 출처들을 직접 조사했다. 그리고 나는 이런 신조를 얻게 되었다. 건강하고 활기차게 사는 사람들이 하는 일을 나도 한다면 나도 건강하고 활기차게 살 수 있다. 건강한 사람들이 삼가는 것을 나도 삼간다면 실패할 일은 없다.

그런데 우리 영혼이 지구에서 원하는 것이 단지 경험하고 다시 떠나는 것이라면 왜 굳이 우리 몸을 보살펴야 할까? 내 대답은 이렇다. 영혼이 특별히 무언가를 배우기 위해 이 땅에 올 때 우리는 그것을 다시 돌아가야 하는 마지막 순간까지 배운다. 보살피지 않으면 몸은 금방 망가질 테지만 영혼의 계획이 어느 정도 완성될 때까지 여전히 어느 정도 기능하게 되어 있다. 그러므로 자기 영혼의 교훈을 천천히 배우거나 아예 배우지 않는다면 망가진 몸으로 필요 이상으로 오랫동안 자신을 괴롭히게 된다. 그리고 우리의 몸은 우리가 아니고 우리는 단지 그 몸을 받은 것뿐이다. 그러므로 몸에 관한 우리의 목적은 기본적으로 멋있게 보이는 것이 아니라 생명력 가득한 상태를 유지하는 것이다. 신비주의자 아빌라의 테레사(1515~1582)는 "영혼이 기꺼이 그 안에 살고 싶도록 우리 몸에 좋은 일을 해야 한다."고 했다. 가슴에 새길 만한 의미 있는 말이다.

이제 곧장 다이어트를 시작하겠다면 먼저 다음 질문에 매우 주관적으로 대답해 보기 바란다. 당신은 건강하고 날씬한 몸이 정확하게 왜 좋은가? 당신에게 의미 있고 중요하고 좋은 점을 두 가지 이상 써 보라.

나이가 지긋한 분이라면 예를 들어 손주들과 산을 오를 수 있어서 좋을 것이다. 오랫동안 싱글인 남자라면 다시 건강해지면서 남성미를 느껴볼 수도 있다. 중년의 커플이라면 건강해진 몸으로 관능과 에로티시즘을 한껏 즐길 수 있다. 그 외에도 잔병치레가 줄어들고, 기대 수명이 높아지고, 뇌 기능이 좋아지고, 면역력이 강해지고, 활력이 생기고, 피하지방 없이 날씬해지고, 일상에서 행복 호르몬이 분출되고, 머리카락, 피부, 손톱에 윤기가 흐르고 생명력이 넘쳐 보이는 등, 적극적으로 건강을 챙길 때 얻을 수 있는 장점은 수도 없이 많다.

하지만 나는 당신이 중요하게 생각하는, 건강으로 얻을 수 있는 장점들이 무엇이든 그것과 상관없이 당신 몸을 세상 무엇보다 잘 돌보기를 바란다! 예전과 비교하면 지금 인간의 기대 수명은 굉장히 길어졌고 앞으로 더 길어질 것이다. 하지만 말년에 20년을 병으로 괴롭게 보낸다면 93세까지 산들 무슨 소용이 있겠는가? 현대 의학은 기본적인 것들만 치료하고 무엇보다 증상들만 수동적으로 치료할 뿐이다. 하지만 당신은 적극적으로 건강을 돌볼 수 있고 또 그래야 한다. 젊음은 모두를 위한 것이지만 좋은 중년과 노년은 건강을 챙긴 사람만 누릴 수 있으니까 말이다. 그리고 건강은 질병이 없는 것 그 이상의 의미를 지니기 때문이다. 건강은 모든 에너지의 원천이다. 당신 인생의 목표 지점이 어디든, 배우자와 액티비티 여행을 가고 싶든, 직업적으로 박차를 가하고 싶든 에너지가 있어야 한다. 인간은 무슨 일을 하든 에너지를 소비해야 한다. 지구 차원에서의 인생이 원래 그렇다. 주머니에 손을 넣고 바닷가에 서서 물만 바라봐서는 바다를 건널 수 없다. 잠재력을 발휘하며 가능한 한 최고의 삶을 누리지 못하는 사람들은 실행력이 아니라 에너지에 문제가 있는 경우가 많다.

그러므로 당신 인생의 목표를 생각할 때는 항상 이모션emotion을 염두에 두자. 이모션(감정)은 E-motion으로 '움직임 속에 있는 에너지'란 뜻이다. 살면서 무엇을 하든 당신은 에너지를 소비한다. 에너지가 부족한 사람은 대개 힘이 없고 금방 지치므로 잠재성을 발휘하기 어렵다. 이런 사람은 간단히 말해 육체적으로 반만 깨어 있는 상태이다! 그렇다면 문제는 어떻게 하면 더 많은 에너지를 받을 수 있나이다. 나는 에너지를 이렇게 정의한다.

에너지=에너지 공급-에너지 손실

에너지를 빼앗는 것들

먼저 큼지막한 에너지 약탈자들부터 살펴보자.

소화 특히 **육류**의 소화가 에너지 약탈자 순위에서 1위를 차지한다. 인간은 5미터가 넘는 긴 장을 갖고 있다. 장에서의 영양소 분해 시간은 당신이 무엇을 먹느냐에 따라 달라진다. 바로 그래서 육식이 최고의 에너지 약탈자이다. 육류를 소화하는 데는 최고 72시간까지 걸린다. 초식동물인 오랑우탄은 하루에 여섯 시간만 자는데 육식동물인 사자는 스무 시간이나 자야 한다.

인간은 일찍이 왜 영양소 공급을 위해 고기를 먹게 되었을까? 좀 이상하지 않은가? 우리에게는 호랑이 같은 다른 육식동물이 갖는 날카로운 송곳니와 손발톱이 없다. 공원에서 토끼를 보면 어떤 생각이 드는가? '음 맛있겠군, 어디서 구워먹지?'라고 생각하는가 아니면 '아이고 귀여운 것 같으니라고!'라고 생각하는가? 알베르트 아인슈타인, 니콜라 테슬라, 토마스 에디슨, 레오나르도 다빈치 같은 천재들은 다 채식주의자였다.[46] 아인슈타인은 그 옛날에 이미 채식으로 가는 것이 지구에서의 생존율을 높이는 가장 좋은 길임을 알았다.[47] 동물을 살육하는 한 인간은 전쟁을 일으켜 자신들도 살육하게 될 것이다. 다빈치는 지금 식인을 혐오하듯 육식을 혐오하는 때가 올 것이라고 했다.[48]

인간이 먹기 위해 왜 다른 존재들이 죽임을 당해야 하는가? 동물을 괴롭히거나 죽이지 않고도 우리가 먹을 수 있는 것들은 많고도 다양하다. 동물도 인간과 똑같이 아픔을 느끼고 죽음의 공포도 느낀다. 죽어가는 동료 인간들을 도살장에 갇혀 지켜봐야 한다면 어떻겠는가? 도저히 탈출할 수 없고 나도 곧 죽게 된다면? 오늘이 아니라면 조만간 말이다. 우리는 이런 사태에 책임져야 한다. 도살장의 동물들은 죽음을 냄새 맡고 듣고 보고 결국 자신도 고통스럽게 죽어 간다. 그 모든 공포와 비극이 그 세포 속에 그대로 저장된다. 그다음 해체되어 양념에 파묻혀 불 속에서 요리된다. 이때 우리가 먹는 것은 생명력 없는 단백질이다. 도살장으로 이동하면서, 또 죽어 가면서 분비된 스트레스 호르몬과 살 속에 축적된 항생제는 덤이다. 자 그럼 맛있게 드시기를!

질문 하나. 당신은 육식을 스스로 결정했는가? 사람들이 그렇게 하니까 당신도 그렇게 하고 있지는 않은가?

인간이 자신을 우월한 종이라 믿으며 다른 존재들을 죽이는 한 이 세상은 비도덕적이다. 인간보다 우월한 우주의 어떤 종이 갑자기 지구를 침략해 맛있는 인간의 살을 마음껏 즐긴다면 그 얼마나 무자비하겠는가? 우리는 죽지 않기 위해 방어하고 싸울 것이다. 하지만 지금도 매일 생명체들이 죽어 나가고 있는데 수십억 인구가 접시 위에 올라오는 고기를 돈을 주고 기꺼이 먹는다. 현재 우리 세상이 아직도 얼마나 낮은 의식 속에 있는지 볼 때마다 나는 분노한다. 나는 2011년에 육식을 금하는 문제에 대한 영성서를 한 권 읽었다. 그리고 바로 그날 고기를 영원히 끊었고 지금까지 고기를 다시 먹고 싶다고 생각한 적이 한 번도 없다. 그것은 마음에서 우러나온 매우 의식적인 결정이었다.

고기를 끊은 지 두 달 만에 나는 살면서 처음으로 몸과 마음이 매우 차분해지는 것을 느꼈다. 그때 죽은 동물의 에너지와 호르몬이 내 몸에 얼마나 부정적인 영향력을 발휘했는지 처음 알았다.

육식으로 인한 환경 문제도 심각하다. 이것은 사람들이 육식을 그만두는 또 다른 중요한 이유이다. 온실가스의 가장 큰 원인이 바로 대단위 축산업이다. 남미에서는 가난한 사람들이 지구의 허파라고 불리는 열대 우림을 농지로 개간하고 있다. 서구 사람들이 사들이는 값싼 사료를 생산하기 위해서다.

매주 값싼 옥수수 사료를 가득 채운 컨테이너선 수백 대가 대서양을 건너 유럽으로 들어가고 그렇게 남미 사람들은 돈을 벌어 가족을 부양한다. 고기 1킬로그램을 '생산'하는 데 15,000리터의 물이 필요한데[49] 세상에는 깨끗한 물을 마시지 못해서 사망하는 사람이 매일 10,000명이나 된다.[50] 육식이 부르는 이런 세계적인 부작용이 자신과는 아무 상관이 없다는 듯 계속 고기를 먹어도 될까? 이른바 선진국에 사는 사람들이 말이다. 매일 식사 때마다 현실을 부정하면서? 우리는 순간의 맛을 위해 살 것인가 아니면 더 높은 의식과 이 땅의 정의를 위해 살 것인가를 매 끼니 결정해야 한다.

자신이 먹을 동물을 어렵게 사냥해 내장을 제거하고 여러 부분으로 해체해야 한다면 적어도 책임감은 생기게 될 것이다. 하지만 우리는 먼저 의식 없는 부모를 통해 그리고 나중에 자신도 똑같이 살면서 그렇지 못한 일반적인 과정에 익숙해진다. 편안한 마음으로 마트에 가서 완벽하게 정리된 선반들 사이를 걸어 진공 포장된 고기를 하나 집어 계산대에 가서 카드로 편리하게 계산한다. 이런 의식 없는 과정을 통해 우리는 동물이 샴푸, 치약 혹은 선반에서 찾을 수 있는 다른 것들과 전혀 다르지 않은, 교환 가능한 물건이라고 선언한다. 그럴 때마다 우리는 동물들을 모욕하고 창조자로 행세하며 이 땅의 다른 모든 생명체를 노예 취급한다. 이런 도덕적인 논의에 눈썹 하나 까딱하지 않는 사람이 많다. 그리고 육식으로 자신도 망가짐을 잘 모른다. 육체적 힘도 그렇지만 인간의 정신적 능력에는 특히 혈액 순환이 매우 중요하다. 그리고 우리 몸에는 나쁜 지방이 쌓일 수 있는 곳이 많고도 다양하다.

• 복부 : 우리 인간의 배는 거의 무제한으로 늘어날 수 있고 우리가 먹는 지방이 뱃살로 저장되기는 너무도 쉽다. 엉덩이 살도 마찬

가지이다.

- 혈관 : 지난 50년 동안 서양에서 가장 흔한 사망 원인이 심장마비와 뇌졸중이다.[51] 두 병 모두 대개 동맥경화증 때문이다. 혈관에 지방이 쌓일수록 몸의 능률이 떨어진다. 특히 동물성 지방이 우리 동맥 안에서 석회화한 칼슘과 만나면 머지않아 동맥이 딱딱해지고 그 결과 막힌 하수관처럼 되어 혈액이 통과할 수 없게 된다. 그럼 생명 유지에 중요한 심장과 뇌 같은 기관이 제때 혈액을 공급받지 못해 멈추게 된다.
- 뇌 : 나이가 들면서 사고가 느려진다. 뇌의 통로들에 지방이 쌓이면서 기억력이 나빠졌거나 정보들을 재빨리 조합할 수 없기 때문이다.

에너지 약탈자 그 두 번째는 **설탕**이다. 식품 산업이 생산하는 것 중 노화를 가장 가속화하는 것이 정제 설탕이다. 지난 100년 동안 정제 설탕 소비량이 막대하게 올라갔다.[52] 우리 몸을 가장 많이 산화시키는 물질이 설탕이다. 산성은 우리 몸의 면역체계를 약화한다. 게다가 설탕으로 생성된 젖산은 생명 유지에 중요한 기관들을 보호한다는 구실로 피하지방으로 쌓이면서 감량을 어렵게 한다. 설탕은 암세포도 키운다. 하버드 대학교의 최근 연구[53]에 따르면 종양 세포는 설탕을 좋아하고 암세포의 급격한 증식에는 설탕이 큰 역할을 한다. 그러니까 설탕은 정상 세포를 공격하는 암세포 번식의 초석 같은 것이다.

정제 설탕을 많이 섭취하면 자꾸 힘이 없다. 단 음식을 먹으면 혈당 수치가 급격하게 올라갔다가 금방 내려간다. 그래서 설탕을 먹고 난 다음 금방 다시 배고픔을 느끼고 그 즉시 피로감이 찾아온다. 이제부터 단 음식에 손이 가면 최소한 5분 그 방을 나가 보라. 무의식적인 자동 반응 패턴을 깨고 의식적인 행동으로 돌아가는 것이다. 그리고 몸에 나쁜 단 음식으로 '내' 몸을 정말로 혹사하고 싶은지 의식적으로 잘 판단해 보자. 당신의 에고-지성과 말해 보라. 그리고 자신에게 물어 보라. "내가 지금 진짜로 갈망하는 것은 무엇인가? 나는 지금 무엇을 대신해 설탕을 먹으려 하는가?" 당신 자신에게 이렇게 말할 수도 있다. "나는 이 나쁜 음식을 주기에는 너를 너무 사랑해! 너는 이것보다 더 좋은 걸 먹을 자격이 있어. 그러니 멈춰!"

'그렇다면 이 사람 막심은 **유제품**에 관해서는 어떻게 생각할까?' 당신은 궁금할지도 모르겠다. 이 질문에는 나도 질문으로 대답해 보겠다. "소는 우유를 먹는가?" 당연히 먹지 않는다. 송아지만 먹는다. 그것도 자기 어미의 것만 먹는다. 자연 세상의 다른 동물도 다 마찬가지이다. 기린 새끼는 코뿔소나 코끼리 같은 다른 동물의 모유를 먹겠다는 생각을 절대 하지 않는다. 그러니 우리가 우리 아이들에게 버터, 치즈 같은 유제품과 우유를 먹이고 그 아이들이 나이가 들어 어른이 되어도 여전히 그런 것들을 먹는다는 게 참 이상하지 않은가?

어디 먼 나라로 여행을 가서 그곳 사람의 초대를 받아 가 보니 쥐나 개 요리를 내어놓았다면 당신은 어떤 반응을 보이겠는가? 아마도 그 즉시 혐오감과 거부감을 느낄 것이다. 성인이 우유를 마시는 것도 그 정도로 부자연스러운 것이다. 하지만 많은 사람이 여전히 우유를 마신다. 아마도 부모로부터 물려받은 습관 때문일 것이다. 그리고 한 번도 이렇게 자문하지 않아서일 것이다. '우유는 정말 마셔야 하는 걸까? 이게 정말 나에게 좋을까?'

우유를 마시는 송아지는 짧은 시간에 금방 큰다. 갓 태어난 송아지는 약 40킬로그램 정도인데 2년 안에 우유로 800킬로그램 이상으로 성장한다. 20배가 넘게 자라는 것이다. 반면 갓 태어난 건강한 인간 아기는 약 3킬로그램 정도이고 20년 후 50~70킬로그램이 된다. 여기서도 20배 정도 자라지만 훨씬 천천히 자란다. 우유는 인간의 모유보다 카제인(치즈로 재가공되는 우유 단백질)이 평균 300배 많이 들어 있다. 그렇다면 인간 몸속에서 유제품으로 인위적으로 자란 세포가 암을 키운다는 것이 과연 놀랄 일인가? 많은 연구에서 우유의 80퍼센트 이상을 차지하는 카제인이 암을 유발함이 입증되었다. 중국에서의 전 세계적 차원의 연구가[54] 이 사실을 밝혀냈다. 우유는 알레르기를 유발하고 유방암과 전립선암 발병과 연관이 있다. 매일 두 잔 이상의 우유를 마시는 남성은 우유를 전혀 마시지 않는 남성에 비해 전립선암 발병 비율이 두 배 더 높다.

당신은 아프지도 않은데 매일 자진해서 항생제를 삼키겠는가? 유기농이 아닌 유제품, 달걀, 고기를 매일 먹는 사람이 그렇다. 이것은 자신만이 아니라 다른 사람에게도 해롭다. 기존의 항생제에 적응하고 저항력을 키운 병원체들이 많아질 테니까 말이다. 지난 10년 동안 젖소는 그 기능을 최대한 다하도록 품종 개량되었다. 현재 젖소는 매일 50리터의 우유를 생산해내야 한다. 그래야 돈이 된다. 늙어 그 정도로 생산하지 못하면 도살된다. 누가 이런 삶을 살고 싶겠는가?

고기, 설탕, 유제품에 관한 이런 끔찍한 사실들만 봐도 인간의 의식이 얼마나 낮은지, 그리고 변화가 얼마나 시급한지 알 수 있다. 다음은 관련해서 몇몇 독립 기관과 저명한 전문가들의 과학적인 진술들이다.

'미국의 책임 있는 의사 협회PCRM : The Physicians Committee for Responsible Medicine'는 수년 동안 동물성 제품을 전혀 섭취하지 않는 완전 채식이 심지어 고기를 제외한 유제품, 달걀 같은 동물성 제품을 섭취하는 채식보다도 더 건강하다고 말한다. 전자가 콜레스테롤에서 자유롭고 지방, 포화지방, 칼로리도 낮다. 우리 식탁에서 동물성 식품을 줄일수록 건강에 더 좋고 가장 좋은 것은 완전 채식이다.[55]

미국의 생화학자이자 영양학자인 토마스 콜린 캠벨 교수가 공동 저자와 함께 쓴 『무엇을 먹을 것인가The China Study』에서는 이렇게 확언한다. "채식만으로 모든 종류의 암, 심장질환 그리고 노화로 인한 다른 질병들을 거의 다 방지할 수 있다."[56]

독일의 저명한 영양학자 클라우스 라이츠만Claus leitzmann은 이렇게 진술한다. "독일 및 세계적으로 채식주의를 적극적으로 따르는 사람들에 관한 연구들을 보면 채식자들이 일반식을 하는 사람들보다 평균적으로 분명 더 건강하다. 채식자들은 몸무게, 혈압, 혈중지방과 콜레스테롤 치수, 신장 기능을 비롯한 다른 건강 지수에서 대체로 더 자주 정상 범위 안에 든다."[57]

술과 담배도 강력한 에너지 약탈자지만 이 문제에 대해서는 이미 정보가 넘치므로 여기서는 몇 가지만 간단히 짚고 넘어가려 한다. 우리 몸의 **세포**는 알코올을 독으로 인식한다. 그래서 알코올부터 제일 먼저 분해해 내보낸다. 그다음 탄수화물과 지방을 소화한다. 따라서 술을 마시며 살을 빼거나 자연적인 날씬한 몸매를 유지하기란 장기적으로 볼 때 쉽지 않다. 게다가 알코올과 담배는 우리 세포를 지나치게 산성화한다. 담배는 입맛도 바꾼다. 소금과 설탕을 과다 섭취하게 하는데 이것도 좋을 리 없다. 흡연은 이미 남녀노소 다 알 듯이 암을 유발한다.

당신이 산책하고 있는데 열두 살쯤 되어 보이는 여자아이가 나이 많은 남자에게 맞고 있다면 당신은 남자를 뜯어말릴 것이다. 그런데 할아버지가 공원 벤치에 앉아 옆에 어린 손녀가 있는데도 담배를 피우며 신문을 읽고 있다면 그러지 말라고 할 수 있을까? 간접

흡연이 비흡연자에게 매우 나쁨은 이제는 모르는 사람이 없는 사실이지만 흡연이 자신에게 해롭다는 사실만큼이나 흡연자들이 자주 외면하는 사실이기도 하다. 알코올과 니코틴을 소비하는 사람이 어떻게 아직도 이렇게 많을 수 있을까? 자신에게 해롭기만 하다는 걸 알면서도 매일 그것을 집어 드는 사람은 얼마나 자기 자신을 거부하는 사람일까? 지금 시간을 투자해 규칙적으로 자신의 건강을 돌보지 않는 사람은 언젠가는 질병 치료에 아주 많은 시간을 투자해야 할 것이다.

식습관을 바꾸는 일에 겁을 먹는 사람이 많다. 그리고 이렇게 말한다. "아! 이것들을 다 피해야 한다고요?" 하지만 그렇게 피할 때 실제로 얻는 것이 더 많다! 이제 당신 스스로 결정을 내려야 한다면 무엇보다 음식이 당신에게 무슨 의미인지 생각해 보기를 바란다. 먹는 양식을 뜻하는 독일어 레벤스미틀Lebensmittel(직역하면 생존 수단-옮긴이)은 생명 에너지와 자연스럽고 건강한 외양과 건강하고 긴 인생을 선물해 준다. 그래서 우리는 먹거리를 레벤스미틀이라고 하지 토더스미틀Todesmittel(직역하면 죽음 수단-옮긴이)이라고 하지 않는다. 음식은 당신을 피곤하게 하지 않고 질병에 취약하게 하지도 않아야 한다. 그리고 노화를 촉진하지도 않아야 한다. 이제 식습관을 조금 바꿔보고 싶다면 작은 것부터 시작해 보자. 예를 들어 몸에 좋은 음식을 주메뉴(전체 음식의 70퍼센트)로 하고 몸에 나쁜 음식은 사이드 메뉴(전체 음식의 30퍼센트)로 바꿔 보자. 거꾸로 아니다. 그리고 장을 볼 때는 셜록 홈스가 되자. 요즘 마트에 가보면 늘 먹어 왔던 건강에 해로운 음식들이 그래도 점점 더 건강한 음식들로 대체되고 있다.

중요한 질문은 이것이다. 당신은 습관대로, 또 혀가 원하는 대로 살겠는가? 아니면 건강과 지구를 생각하는 높은 의식으로 살겠는가? 당신은 엄존하는 문제들에도 불구하고 정말 여전히 편안하게 앉은 채 계속 반쯤 수면 상태에서 모든 것을 외면하겠는가?

에너지를 주는 것들

에너지를 주는 것들에 대해서도 모든 방향으로 전문가와 실천가들이 있고 따라서 관련 지식 및 실천 방법들도 다양하다. 티베트에서는 건강한 삶을 위한 이런 유용한 충고도 전해 내려온다. "반만 먹고 두 배로 움직이고 세 배로 많이 웃고 무한히 사랑하라!" 이 충고를 따르는 사람도 분명 잘하고 있는 것이다. 여기서 나는 내가 생각하는 진실과 나의 경험을 나누려 한다. 내 이야기를 듣고 당신도 당신만의 의식적인 결정을 내리기를 바란다.

사실 간단하다. 우리 몸은 그 수가 조에 달하는 세포들로 구성되어 있다. 그 세포 하나하나가 건강할 때 우리도 건강하다. 당신은 333 원칙을 들어 보았는가? 사람은 산소 없이 3분을, 물 없이 삼 일을, 음식 없이 삼 주를 살 수 있다는 말이다. 이것은 반대로 이것들이 우리에게 에너지를 주는 것들임을 말해 준다.

우리에게 에너지를 주는 것, 그 첫 번째가 산소이다. 다시 말해 산소는 우리 몸속 모든 에너지의 주요 원천이다. 생화학자, 의사, 생리학자였던 오토 하인리히 바르부르크Otto Heinrich Warburg는 자연과 호흡 효소의 기능에 관한 연구로 공로를 인정받아 1931년 노벨 생리학상을 받았다. 그의 연구는 산소 신진대사 시 산소 함량과 육체적 건강 사이에 직접적인 연관이 있음을 증명했다. 다름 아니라 산소를 60퍼센트 덜 공급받은 쥐가 정상적으로 공급받은 쥐들보다 금방 약해졌고 돌연변이를 생산하거나 말라죽음을 보여 주었다.[58] 당신은 실험실의 쥐가 아니므로 그런 일이 당신에게는 벌어지지 않는다고 생각할지도 모르겠다. 하지만 그것은 얕고 잘못된 호흡을 하는 사람이 얼마나 많은지 모르고 하는 생각이다. 얕고 잘못된 호흡으로 우리 세포들은 우리도 모르는 사이에 약해진다.

세포를 건강하게 하며 삶의 활력을 주는 요소 그 두 번째가 물이다. 이런 말이 있다. "진정한 아름다움은 내면에서 나온다." 참 맞는 말이다. 그런데도 활기 있고 건강해 보이기 위해 비싼 화장품을 바르며 외모만 가꾸는 사람이 많다. 하지만 그 사람이 무엇을 먹었는지는 얼굴에 그대로 나타나게 되어 있다. 초콜릿 혹은 감자칩을 잔뜩 먹고 나면 다음날 얼굴에 뾰루지가 나기 쉽다. 그것을 화장 혹은 크림으로 숨길 수는 있겠지만 그 화장품이 우리 몸이 필요한 것을 대신해 줄 수는 없다.

우리 몸에는 무엇보다 우리 몸을 구성하는 것을 주어야 한다. 바로 물인데 우리 몸은 나이에 따라 50~80퍼센트의 물로 구성되어 있다. 우리는 85퍼센트가 물인 몸으로 태어난다. 나이가 들면 물 저장 능력이 50퍼센트까지 떨어진다. 이 말은 나이가 들수록 자신도 모르는 사이에 몸이 말라간다는 뜻이다. 게다가 노인들은 목마름을 덜 느끼므로 더욱더 신경 써서 물을 마셔야 한다. 우리 몸에 물이 2퍼센트만 부족해도 피가 탁해지기 시작하고 그러면 심장이 펌프질하는데 에너지를 더 많이 소비해야 한다. 물이 4퍼센트 부족하면 운동 능력이 현저히 줄어든다. 그리고 8~10퍼센트만 부족해도 죽는다.[59]

그러므로 늘 당신의 소변 색깔을 점검하고 자신의 몸무게에 약 0.03을 곱한 양의 물을 마시라. 60킬로그램 여성이라면 매일 1.8리터 물이 적당하다. 낮에 운동한다면 더 많이 마셔 주어야 한다. 몇 시간에 한 번 500밀리리터씩 들이켜는 것보다 15~30분에 한 번씩 한 모금씩 마시는 게 건강에는 더 좋다.

물이 중요한 만큼 물의 질도 잘 살펴야 한다. 마트에서 생수를 사다 마시는 것보다는 필터를 달고 수돗물을 마시는 편이 낫다. 나는 직접 햇볕을 충전한 에너지 돌을 정수된 물에 추가로 넣어서 마신다. 물만으로는 신진대사에 꼭 필요한 효소들이 많이 부족하므로 당연히 물만 마셔서는 살 수 없다. 굳이 고기, 빵, 생선, 달걀, 우유

같이 우리 몸을 산성화하는 음식을 먹지 않더라도 베리 종류와 다른 과일들, 새싹들, 다양한 채소들처럼 비타민 미네랄 효소가 풍부하고 알카리성이라서 수분이 많은 식품도 많다. 씨앗과 견과류도 우리 몸 안에서 좋게 작용하니 꼭 먹어야 할 것들이다. 과일과 채소는 인간의 몸과 비슷하게 70~90퍼센트까지 물로 이루어져 있어서 우리 몸의 연료로 가장 이상적이다. 당신은 기름으로 달리는 자동차에 진흙을 채우지는 않을 것이다. 그런데도 그 비슷한 일을 우리는 우리 몸에 계속한다. 수분이 거의 없는 식품을 먹고 왜 살이 찌는지, 왜 아무 의욕이 없는지, 혹은 왜 아픈지 모르겠다고 한다. 그 전에 먼저 당신이 어떻게 마시고 먹는지 점검해 보고 지난 일주일 동안 먹고 마신 것을 모두 적어 보기를 바란다. 80퍼센트 이상으로 농축된 음식을 먹었다면 세포들이 굉장히 약해졌거나 심지어 죽어 가고 있을 것이다. 반면 수분 함량이 높은 과일과 채소에는 기분을 북돋우는 항우울제 기능까지 있다!

당신이 먹는 음식의 온도에도 꼭 주의하자. 프라이팬이나 오븐에 넣고 강하게 열을 가해 만든 음식은 수분과 생명 유지에 꼭 필요한 효소들이 사라진 음식이다. 꼭 무언가를 구워야 한다면 프라이팬을 이용하고 뜨거울 때 독이 되는 버터나 다른 기름 대신 코코넛 오일을 이용하자. 팬이나 냄비보다 더 좋은 것이 찜기에 넣고 찌는 것이다. 그렇게 하면 비타민 같은 활성 물질까지 섭취할 수 있다. 과일은 냉동하면 영양소가 약 30퍼센트 소실되므로 가능하다면 늘 신선한 과일과 채소를 먹자.

70~85도로 저온 살균 포장되어 나오는 스무디는 대부분 비타민이 파괴되므로 나는 그다지 좋게 보지 않는다. 착즙기로 방금 뽑아 먹는 신선한 주스가 좋다.

아침에 공복에 마시는 물은 40~60도 정도를 유지하자. 아침에도 맑은 정신을 유지하고 싶다면 말이다. 20도 실온에 있던 물이라도 37도 체온까지 올라가려면 우리 몸의 에너지가 소실된다.

잘 익은 과일과 야채보다 건강에 더 좋은 것은 없다. 그래도 나는 매일 영양제를 챙겨 먹는다. 우리 몸은 필수 영양소 47개 중에 하나만 부족해도 전체 시스템이 흔들린다. 영양제는 독립 유기농 제조사 제품으로 구매 복용한다.

운동도 우리 몸에 에너지를 불러일으킨다. 점점 더 많은 사람이 점점 더 자주 허리 통증을 호소한다. 왜 그럴까? 우리는 너무 조금 움직인다. 사무실에서 앉아만 있고, 이동할 때는 엘리베이터와 에스컬레이터가 널려 있다. 또 동네 구멍가게에 갈 때조차 차를 타고 간다.

정기적으로 운동하는 사람도 가끔은 운동을 하지 못할 때가 있다. 운동이 부족한 상태가 몇 주 동안 계속될 때 어떤가? 몸이 점점 무거워진다. 그런데 왜 그럴까? 우리 몸은 원시시대부터 지금까지 멋진 생존 메커니즘을 장착하고 있다. 다름 아니라 에너지가 필요할 때면 그 즉시 에너지를 만들어 냈다. 그렇지 않았다면 우리 조상들은 검치호랑이에 다 잡아먹혀 멸종했을 것이다. 우리 몸은 도망가도록, 즉 운동하도록 만들어졌다. 그런데 움직이지 않으니 계속 피곤하고, 피곤하니 또 덜 움직이고, 그럼 또 더 피곤해지는 것이다.

옛날 사람들은 늙으면 근육이 점점 사라지는 게 당연하다고 생각했다. 하지만 이제 우리는 그것이 대체로 나이가 들수록 몸을 점점 덜 써서 그렇다는 것을 잘 알고 있다. 무엇이든 쓰지 않으면 언젠가는 사라지게 되어 있다.

이제 묻는다. 당신은 당신을 위해 무언가를 할 준비가 되었는가? 당신은 운동하겠는가? 운동하면서 체중 유지만이 아니라 감량도 하고 싶다면 유산소 운동을 해야 한다. 즉 유산소 대사로 근육 생성을 위한 에너지를 얻을 정도로 움직여야 한다. 탄수화물과 지방 연소에는 산소가 필요하다. 하지만 맥박을 기준으로 삼고 과한 운동은 피하자. 일반적으로 유산소 운동에 적절한 맥박은 180에서 나이를 뺀 정도면 좋다. 지구력 운동 시 이 수치를 넘어서면 잉여 지방이 아니라 당을 연소하므로 좋지 않다. 덧붙여 나는 매일 꼭 트램펄린 위를 뛰려고 한다. **온몸의** 림프 조직에 자극을 주므로 독소 제거에 좋다.

만보기 앱을 사용해 보자. 더 움직여야 할 때를 알려 주는 피트니스 트래커를 차고 다니면 더 좋다. 최소 하루에 4,400걸음은 움직여 줘야 하고 제대로 하려면 7,500걸음 정도면 좋다.[60] 연구들을 보면 이보다 더 걸어도 특별히 더 좋다는 증거는 없다. 일상에서 가능하면 어떤 방식으로든 더 움직여 보자. 가까운 곳이면 걷거나 자전거를 타자. 차를 타고 가는 곳이라면 목적지에서 좀 떨어진 곳에 주차하거나 한 정거장 전에 내려 보자. 돌아올 때 한 정거장 더 가서 내릴 수도 있다. 엘리베이터나 에스컬레이터 대신 계단을 이용하고 높이를 조절할 수 있는 책상을 이용해 서 있을 때만 쓸 수 있는 근육을 단련하는 것도 좋다.

기분 좋은 휴식도 에너지 가득한 삶을 위한 중요한 요소이다. 그런데 매년 2~5차례 휴가를 떠나는 것도 좋지만 일상에서 긴장을 푸는 방식들을 많이 마련해 놓고 의식적으로 마음의 고요를 유지하는 게 더 좋다. 10분 정도 산책할 수도 있고 실내에서 조용한 공간을 찾아 쉴 수도 있다. 긴장을 느끼면 그 즉시 의식적으로 스무 번 깊게 호흡하면서 육체적 긴장부터 떨쳐 낸다. 그러는 동안 입꼬리를 최소 60초 동안 끌어올린다. 그럼 행복 호르몬이 분출되고 긍정적인 에너지를 내보내며 긍정적인 미래를 끌어들인다.

공항 관제사들은 최소한 두 시간마다 30분씩 쉬어 줘야 한다. 그래야만 책임이 막중한 관제 일을 집중해서 수행해 낼 수 있기 때문이다. 그런데 우리는 대체로 어떤가? 아침부터 밤까지 단지 점심시간 정도만 쉬면서 혹은 점심시간도 없이 일만 하는 것을 매우 당연하게 생각하지 않는가? 집중력이 떨어지고, 그래서 생산력도 계속 떨어질 위험을 감수하면서 말이다. 나는 모래시계를 좋아해서 일할 때면 늘 옆에 둔다. 그리고 모래가 다 떨어져 한 시간이 지날 때마다 잠깐씩 쉰다. 일주일에 최소 하루는 일을 전혀 하지 않도록 하자! 일 관련 문제로 머리를 피곤하게 하지 말고 새로운 목표를 세우지도 않는다. 성경에도 이미 일곱째 되는 날은 쉬라고 했다! 유대인의 안식일 규율에 따르면 최소 36시간 동안 일을 비롯한 모든 활동을 정지해야 한다. 그러니까 토요일 저녁 6시부터 월요일 아침 6시까지는 의식적으로 아무 일도 하지 않아도 된다.

수면도 기본적으로 우리에게 꼭 필요한 에너지 조달자이다. 개운하게 하루를 시작하고 활기차게 완수하는 데 수면은 매우 중요하다. 잠을 잘 자기 위해 할 수 있는 일은 많다. 방 안에 산소가 충분한지 보고 좋은 매트리스를 장만하자. 침실에서는 일하지 않고 싸우지도 않는다. 그럼 우리 뇌는 침실을 스트레스가 아닌 긴장을 푸는 곳으로 인식한다. 잠들기 전 최소한 네 시간은 (여섯 시간이면 더 좋다) 먹지 않는다. 그래야 소화 활동 없이 편안히 잘 수 있다. 잠자러 가기 전에는 아드레날린 수치를 높이는 공포 영화, 갈등을 유발하는 대화나 스트레스를 주는 정보는 피한다.

기대 수명과 수면 사이의 관계를 보는 연구들에 따르면 일곱 시간 반 정도의 수면이 가장 좋다고 한다.[61] 수면은 약 90분 단위로 이어진다. 그러므로 알람을 90분X5로 해서 일곱 시간 뒤로 맞춰 놓으면 깊은 수면 상태에서 갑자기 깨지 않아도 되고 하루를 한결 산뜻하게 시작할 수 있다. 아침에 일어나도 늘 피곤하다면 며칠 단위로 알람을 15분씩 조절해 보며 가장 이상적인 고정 수면 시간을 찾아보자. 참고로 이미 깼는데도 침대에서 한 시간씩 반쯤 잔 상태로 보내는 것은 전체적인 수면의 질을 떨어뜨리므로 좋지 않다. 그 시간을 차라리 밤에 잠들기 전으로 옮기는 게 더 낫다. 그러니까 한 시간 일찍 잠자리에 들고 알람이 울리면 그 즉시 일어나자.

기상에 관해서라면 나는 정말 모든 실험을 다 해 보았다. 그중에 조명 알람을 이용해 본 것이 나와 내 고객들에게 특히 좋았다. 조명 알람은 30분 동안 조금씩 조명이 밝아지도록 해 놓는 것인데 해가 뜨면서 방이 점점 밝아오는 상태를 시뮬레이션 한 것이다. 그렇게 했는데도 일어나지 못한다면 숲에서 나는 소리나 폭포 소리 같은 것을 마지막에 추가할 수 있다. 이것은 정말 좋은 방법이다!

에너지를 얻는데 단식도 꼭 고려해 볼 요소이다. 단식도 앞의 조달자들 못지않게 강력한 에너지 조달자이다. 단식 기간에 약하고 병든 세포들이 마침내 다 죽어 우리 몸이 전반적으로 강해지기 때문이다. 게다가 우리는 가진 에너지 대부분을 소화에 쓴다. 3일에서 10일 정도 단식해 본 적이 있는 사람이라면 그 결과 나타나는 에너지 폭발에 대해 잘 알 것이다. 몇 시간 자지 않고 알람이 없어도 거뜬히 일어난다. 체중이 줄어드는 것은 물론이고 얼굴의 주름도 자연스럽게 펴진다. 우리는 최소한 이틀에 한 번은 샤워를 하지만 몸속 청소는 완전히 잊고 사는 것 같다. 아니면 당신은 정기적으로 단식하는 사람들을 많이 알고 있는가? 단식으로 장을 청소하는 것이

원기를 회복하는 데 주는 효과는 굉장하다. 일 년에 두 번에서 네 번 정도 단식해 보자. 날을 잡아 종일 굶는 것이 아니라 매일 하는 간헐적 단식도 에너지 보호에 좋다. 나는 오후 한 시에서 일곱 시 사이, 여섯 시간 안에만 음식을 섭취하고 나머지 열여덟 시간은 몸이 독소를 배출하며 재생하게 둔다.

음식을 먹을 때는 먹는 행위에 집중하자. 텔레비전이나 인터넷을 켜 놓고 의식을 분산하면 생각보다 훨씬 더 많이 먹게 된다.

100세 섬이라고 불리는 일본 오키나와 사람들은 "8할만 먹어라." 고 말한다. 오키나와는 10만 명당 약 50명이 100세에 이르는, 세계적으로 100세에 이르는 사람이 가장 많은 곳이다.[62] 그러니까 위장을 80퍼센트만 채우자.

위장에는 치아가 없으니 최소한 서른세 번 이상 씹어서 소화의 부담을 덜어 주자. 배부름을 느끼려면 최소 20분은 걸리므로 많이 먹지 않으려면 천천히 여유롭게 먹자. 빨리 먹는 사람은 보통 많이 먹는다. 나는 대개 작은 접시에 음식을 담아 놓고 잘 쓰지 않는 손으로 천천히 먹는다. 그리고 일반적인 큰 숟가락과 포크 대신 찻숟가락으로 먹는다. 더 천천히 더 의식적으로 먹기 위해서다.

당신 몸이 당신 영혼에 항상 편안한 집이 될 수 있게 하자. 에너지 약탈자들을 피하고 가능한 에너지 조달자들을 최대한 이용해 건강하고 단련된 몸을 유지하자. 당신의 영혼이 굳이 없어도 될 육체적 방해 없이 지구에서의 숙제를 하나하나 완수하게 하자. 그럼 이제부터 우리 영혼의 숙제에 대해 하나씩 살펴보자.

CHAPTER 5

직업

내면의 콤파스

영혼의 숙제 알아처리기

당신의 영혼은 자신의 진정한 크기를 경험하고 자신의 재능으로 다른 영혼에 가닿기 위해 이곳 지구에 왔다. 나는 크게 볼 때 인간관계와 직업이 인생에서 가장 큰 두 주제이고, 우리가 완수해야 할 영혼의 숙제도 결국 이 두 주제와 가장 많이 관계한다고 생각한다. 직업적 숙제는 그러므로 영혼의 숙제를 따라야 한다. 그 반대가 되어서는 안 된다. 하지만 현실은 매우 다르다. 우리는 쳇바퀴 속에 갇혀 사는 것 같다. 청년들은 아예 그 쳇바퀴 속으로 들어가려고도 하지 않는다.

갤럽 몰입도 지수[63]는 자신의 직업에 대한 직업인들의 애착 정도를 집계한 것이다. 그 결과는 이 연구가 시작된 25년 전부터 지금까지 매년 거의 똑같다. 설문에 응답한 사람의 15퍼센트는 자신의 직업에 대해 아무런 감정이 없거나 부정적인 감정을 갖는다. 이들을 우리는 C그룹이라고 부른다. 그리고 이들은 대체로 연봉에 대해서는 만족한다. 70퍼센트에 해당하는 B그룹 사람들은 자신의 직업에 적당한 애착도를 보여 주고 일에 있어서 발전을 보인다. 이 C와 B그룹의 사람들을 9~17시 인간형이라 부르기도 한다. 나머지 15퍼센트를 이루는 A그룹 직장인들은 처음 앞의 두 그룹 사람들과 굉장히 다른 면모를 보여 준다. 이들은 자신이 매일 하는 일을 사랑하고 고용주에 대한 충성도도 매우 높다. 야근도 기쁘게 하는데, 다른 두 그룹과 달리 이들에게 야근은 끔찍한 일이 아니라 즐거우면서 돈까지 더 벌 수 있는 좋은 기회이다. 회사를 자동차라고 한다면 C그룹은 차를 타고 있는 사람들이고, B그룹은 차 옆에서 같이 달리는 사람들이고, A그룹은 차를 앞뒤에서 끌고 미는 사람들이다.

그럼 이제 현재 당신의 직업을 놓고 생각해 보자. 당신이 고용주라면 당신은 어떤 그룹의 사람들을 왜 고용하겠는가?

당신이 하는 일을 사랑하라

지금 당신에게 가장 중요한 질문은 이것이다. '나는 지금 살기 위해서 일하는가? 아니면 일하기 위해서 사는가?' 당신은 퇴근 시간만 기다리는가 아니면 내면의 나침판에 따라 일하는가? 나는 행복하고 자유롭고 돈도 많이 버는 사람 중에 자기 일을 사랑하지 않는 사람은 한 명도 보지 못했다.

지금 자신이 앞의 그룹 B나 C에 속하는 것 같으면 다음 질문에 대답해 보기 바란다.

- 지금 내가 가장 원하는 것은 무엇인가?
- 내가 소중하게 생각하는 것 중에 지금 무엇에 소홀한가?
- 나는 무엇을 책임지기를 두려워하는가?

이 질문들을 잘 생각해 보고 대답을 찾을 때까지 속마음을 가만 가만 느껴 보라. 우리는 16~70세 사이에서 40년은 일하면서 보낸다. 그러므로 단기간의 금전적인 안정만 보고 성급하게 직업을 결정해서는 안 된다. 그리고 자신에게 맞지 않는 일을 고수하지 말자. 직업이란 장기적으로 성미에 맞아야 하고 당신만의 최고의 경지에 오르는 데 도움이 되어야 한다. 두려워서 꿈을 포기하고 안정을 위해 자유를 포기하고 만든 세상은 언젠가는 무너지기 마련이다.

영혼은 울 때 눈물을 보이지 않는다.
하지만 영혼이 울 때 입은 비겁하게 침묵해도, 몸은 말한다.

왜 번아웃 환자의 수가 매년 오르고 있을까? 나는 그 주요 원인이 사람들이 돈 때문에 일을 하고 그 일이 자신에게 맞는지 묻지 않고 물어도 그 답에 따라 변화를 주지 않음에 있는 것 같다. 대신에 일이 인생의 전부는 아니라고 자신을 설득하며 주말 이틀로 주중 5일의 좌절을 상쇄하려 애쓴다. 하지만 시간을 돈과 바꾸기에는 인생이 너무 소중하므로 그런 노력이 잘될 리 없다. 당신의 영혼은 돈을 벌기 위해서가 아니라 하나의 숙제를 통해 대가다움에 도달하기 위해 여기에 있다.

놀랍게도 인생을 낭비하는 사람이 너무 많다. 앞에서 살펴보았듯이 100명 중 85명의 직장인이 자신이 하는 일에 전혀 애착이 없거나 아주 작은 애착만을 갖는다. 게다가 독일에만도 현재 실업자 수가 약 250만에 달하고[64] 스위스는 12만 명[65], 오스트리아는 27만 명[66]에 달한다. 그런데 이들 중 대다수가 원하는 것은 자신에게 맞는 일이 아니라 돈이다. 매일 4시간, 8시간 혹은 심지어 10시간이나 보람이라곤 없는 일을 하는 것이 인생을 얼마나 불행하게 하는지 잘 알면서도 모른 척한다. 하루 내내 '밖에 한 번 나가지 못하고' 힘들게 일한 사람이 퇴근했다고 갑자기 활기차고 행복해질 수 있을까? 그러기는커녕 하루의 불만과 긴장과 활력이라곤 없는 에너지를 그대로 갖고 사랑하는 가족이 있는 집으로 가거나 친구들을 만날 것이다. 심근 경색은 월요일에 많이 일어난다고 한다.[67]

요즘 오락 산업이 이렇게 호황을 누리는 것이 과연 놀랄 일인가? 경고등이 계속 번쩍임에도 제대로 인지하고 적절한 행동을 취하는 대신 중독자처럼 또 다른 오락거리에 빠지면서 고통을 잊으려 한다! 전 세계가 쏘아 올리는 수많은 텔레비전 프로그램, 스트리밍 서비스, 온라인 쇼핑, 온라인 데이트로 세상 속에서 헤매느라 자기 가슴이 진정 원하는 것은 점점 더 까맣게 잊어버린다. 그러다 우울증에 빠지는 일도 드물지 않다. 이제 저 밖에서 너무 오랫동안 연기했던 역할에서 벗어나 마침내 치유되기를 갈망하는 것이다. 하지만 당신 영혼은 당신이 그렇게 오랫동안 고통받게 두고 싶은 마음이라곤 애초에 추호도 없었다. 영혼은 새로운 경험으로 재빨리 알아차리고 깨어나기만을 바란다.

새로운 경험은 당신이 누구이고 누구는 아닌지 알아차리게 한다.

○

마침내 내 영혼의 숙제를 찾기까지

경영학 석사MBA 과정을 끝내고 나에게 일어난 일도 그랬다. 나도 몇 번 길을 잃고 나서야 나의 길을 찾을 수 있었다. 대학 입학 자격시험을 통과한 후 나는 어머니의 발자취를 따라 꼭 배우가 되고 싶었다. 하지만 독일에서 가장 저명한 연기 학교 1차 면접 통과 후 2차 면접에서 "자네, 내년에 한 번 더 시도해 보게나."라는 말과 함께 떨어졌을 때 다른 길을 찾아야 함을 깨달았다. 하지만 지하철 한 정거장 거리를 울면서 걸었고 막막한 심정이었다. 나에게는 새로운 계획이 필요했다. 나는 곧장 독일 전역의 다양한 대학에 입학 신청서를 보냈고 몇 군데서 합격 통지를 받았다. 기센 대학교에서 답장이 왔을 때 나는 봉투를 열어 보기도 전에 직감적으로 합격이고 그곳에 가야 함을 알았다. 그리고 그렇게 했다. 기센에서 나는 6년 반을 공부했다. 경영학 석사 과정이 진심으로 내가 원했던 공부는 아니었지만, 영적으로도 많은 것을 경험한 시기였다. 정말 사랑했던 첫 여자친구를 만났고 그녀를 통해 영성을 공부하게 됐으며 교환학생으로 스페인에서 2년간 살면서도 잊지 못할 추억들을 많이 만들었다. 그 시절에 극기력도 키웠고 학사 때 좋지 않았던 평점을 석사 때 꽤 좋게 올릴 수도 있었다.

대학 졸업 약 9개월 전, 한 여성 점술가로부터 "너는 기센을 떠나 쾰른 쪽으로 간다."는 말을 들었다. 그 약 7개월 뒤 정말로 어느 사업 정보 교환 사이트를 통해 컨설팅 회사를 운영하는 여성 기업인한 명이 놀랍게도 나에게 메일을 보내 면접을 보러 오지 않겠느냐고 물었다. 그 회사는 직원이 30명 정도의 소규모 회사였다. 나는 큰 회사에서 작은 나사 하나로 오랫동안 소모되느니 빨리 성취감을 느끼고 싶었다. 첫 연봉도 그만하면 괜찮았고, 회사 SUV를 탈 수 있었고, 집을 구할 때까지 첫 두 달 동안 호텔비도 내준다고 했다. 하지만 그 모든 혜택에도 불구하고 나는 컨설팅 분야의 일이 내 영혼이 뜻했던 일이 아님을 머지않아 깨닫게 되었다. 그래도 조건이 좋았으므로 우주가 조금 거들지 않았더라면 나는 지금까지 그 회사를 다니고 있었을지도 모른다. 나는 그 회사에서 이미 20년을 일해온 나이 지긋한 여성 직원 한 명과 도저히 잘 지낼 수 없었고 당시나의 상사는 우리 중 한 명을 선택해야 했으므로 자연스럽게 내가나가야 하는 상황이 되었다. 그 회사의 일이 나에게 그렇게 맞지 않았음에도 퇴사를 당한다는 것은 매우 뼈아픈 일이었다. 그 회사에다니기 위해 나는 거의 모든 것을 포기했고 완전히 새로운 도시에정착해야 했다. 기존의 모든 사회적 끈들은 물론이고 가까운 친구들과 여자친구까지 모두 기센에 두고 온 터였다. 그리고 쾰른에게살 집을 구하고 저축한 돈을 다 털어 가구들을 사 넣은 상태에 갑자기 직장이 사라진 것이었다. 학업을 잘 마쳤으니 이제 좋은 직장에서 날개를 펼칠 일만 남았다고 생각했는데 보기 좋게 나자빠진 꼴이었다.

난관에 부닥친 당신을 우주는 절대 혼자 두지 않는다.

○

우주는 언제나 우리를 도와준다. 이건 믿어도 좋다. 당시 내게 일어난 일도 그랬다. 나는 이미 몇 달을 쾰른에서 살았지만 그때까지도 당시 내 여자친구는 시간이 나지 않아서 한 번도 쾰른에 와 본 적이 없었다. 그런데 첫 직장에서 인생 처음으로 해고를 당한 터라 매우 슬프고 괴로웠던 그날 저녁, 우연히도 여자친구가 나를 보러 왔다. 내가 그날 오전 11시에 퇴근했다는 말을 듣고 그녀가 얼마나 놀랐는지 모른다.

지금도 그때를 생각하면 놀라 제정신이 아니었던 그때의 상태를 다시 생생하게 느낄 수 있다. 제 뜻을 펼쳐보기는커녕 실업자가 되어 정부에 실업수당을 신청해야 했다. 비참했다. 하지만 내 영혼은 그런 상황에서도 내가 배워야 할 것이 무엇인지 잘 알았다. 나는 단념하는 법을 배울 수 있었고 아무리 황금알을 낳아 주는 일이라도 새장 속에 갇혀 날 수 없다면 아무런 가치가 없음을 이해했다. 사랑하는 일이 아니라면 얼마나 많이 벌든 다 소용없다! 그런데 사랑하는 일을 하고 있다면 물질로 과시하고 싶은 마음이 애초에 들지도

172

않는다!

그 후 나는 뭘 해야 할지 몇 달 동안이나 갈피를 잡지 못했다. 그러다 그 첫 직장에서 어떤 세미나 기획에 참여한 적이 있었는데 그때 그룹으로 일하는 일에 보람이 크다고 느꼈음을 기억해 냈다. 그래서 나는 세미나를 제안하고 제공하는 회사가 나타나기를 기다렸는데 그러자 또 금방 그런 회사에서 직원을 구한다는 공고가 보였다. 이번에는 자동차 분야였다. 이번에도 작은 회사로 직원이 다섯 명밖에 안 되었는데 회사 로고에서부터 "트레이닝, 상담"이라고 쓰여 있었다. 하지만 세미나를 기획하고 이끄는 일 대신 나는 아침부터 저녁까지 엑셀 파일을 채우며 통계하고 분석하는 일만 했다. 밀라노와 마드리드로 출장을 가는 즐거움도 있었지만, 그것은 내가 가슴으로 하고 싶었던 일을 잠깐 잊게 하는 작은 포상 같은 것이었다. 나는 상사에게 그가 강의하는 세미나 중 하나에 최소한 청중으로라도 참여하게 해 달라고 간청하기까지 했다. 상사는 매번 그러겠다고 했지만 나는 그 후에도 여전히 두 달이나 컴퓨터 앞에서 엑셀 파일만 채웠다.

그러던 어느 날 다시 팀 회의가 있었다. 상사가 기분 좋게 회의실로 들어오더니 "60분짜리 워크숍이 하나 있는데 주제는 경영관리입니다. 누구 해 볼 사람 있나요?"라고 선언하듯 말했다. 그 순간 내 맥박이 한껏 고동쳤다. "지금이야! 드디어 내 능력을 보여 줄 기회야!"라고 생각했다. 내 석사 학위 논문 주제가 "경영 관리와 리더십" 아닌가? 나는 이 주제에 대해서 2백 권이 넘는 책과 수많은 잡지와 학위 논문을 읽었다. 그런데 그렇게 질문을 던져 놓은 상사의 눈은 천천히 내 왼쪽의 나보다 나이 많은 여자 동료에게로 갔다가 다시 내 오른쪽의, 나보다 겨우 한 달 일찍 입사한 더 어린 남자 동료에게로 옮겨갔다. 우리 셋 모두 상사를 마주보고 앉아 있고 나는 심지어 상사의 정면에 앉아 있는데도 상사의 눈은 0.1초도 나에게 머무르지 않았다. 그의 눈이 내 양옆 동료 사이를 왔다 갔다 하는 동안 나는 보이지 않는 공기가 된 것 같았고 그제야 나는 상사가 그 일에 나를 전혀 염두에 두고 있지 않음을 깨달았다. 그 침묵의 순간이 나에게는 영원 같았다. 나는 수치심에 고개를 떨구었고 속으로 처절하게 울었다.

그로부터 약 4주 후 금요일 오후, 상사가 나를 불렀다. 상사는 다소 억지 미소로 나를 맞이하더니 이렇게 말하기 시작했다. "막심, 지난 며칠 동안 한숨도 못 자며 고민했는데 다른 방법이 없군요. 큰 계약 건 하나가 취소되어서 회사에 돈이 하나도 없습니다. 당신이 마지막에 입사했으니 안타깝지만 당신을 제일 먼저 내보낼 수밖에 없지 않겠습니까? 추천서는 내가 아주 좋게 써 주겠습니다!"

권투에서 K.O.를 부르는 것은 강펀치가 아니라 최소한 오는 것이 보이는 펀치라는 말이 있다. 그때 내 상황이 꼭 그랬다. 나는 또 내 물건을 챙겨 회사를 나와야 했다. 나는 완전히 무너진 채 흐느끼며 차를 몰고 집으로 갔다. 대중교통을 이용하다가 매일 출퇴근 시간이 두 시간이나 걸려서 최근에 얼마 안 되는 월급을 몽땅 쏟아부어 구입한 차였다. 은행 계좌는 다시 바닥이었다. 또다시 실업수당 신청을 해야 했다. 그리고 또다시 나는 정신적으로 바닥이었다. 게다가 이번에는 나를 위로해 줄 여자친구도 없었다.

그때 내면의 속삭임이 들렸다. "카드를 뽑아봐!" 해고당하기 일주일 전 나는 재미로 인생의 길을 보여 준다는 44장으로 된 카드를 한 벌 샀다. 그 괴로움의 의미를 알 수 없었던 나는 카드를 한 장 뽑았다. 그리고 눈물을 흘리며 그 카드에 쓰인 글을 읽었다. "오직 사랑만을 보라. 흔들리지 말고 사랑에만 집중할 때 뜻밖의 방식으로 치유될 것이다." 믿을 수는 없었지만 나는 그 문장을 읽고 또 읽었다. 그리고 더 울었다. 그 출구 없고 괴롭기만 한 순간에 마침내 신의 손길이 느껴졌기 때문이다. 주변에 아무도 없었지만 돌연 신성의 인도를 느꼈고 그러자 알 수 없이 마음이 편안해졌고 강한 희망이 솟았다.

그날 나는 이제는 전직 동료가 된 모두에게 그동안 많이 배웠고 감사했다는 취지의 이메일을 보냈다.

두 번째 해고당한 날 나는 다음의 것들을 깨달았다.

1. 나는 수동적으로 내 인생에 대한 책임을 내가 아닌 상사에게 떠넘겼고, 그가 트레이너로서의 나의 진짜 크기를 알아봐 주기만

을 바랐고 모든 것이 저절로 잘 될 것이라고만 생각했다.

2. 나는 초등학교부터 20년 동안 중고등학교, 대학, 외국 대학, 대학원을 다니며 배웠지만 실제로 아는 게 거의 없고 의존적이었다. 학교와 대학에서 내가 배운 것은 무엇보다 선량하고 튀지 않는 시민이 되는 법이었다. 학교는 안전하게 사는 법을 가르친다. 모든 면에서 진정 자유롭게 사는 법은 사실 나중에 세미나, 비디오 강좌, 책, 팟캐스트, 코칭 등에 참여하고 읽으면서 배운다.

3. 그런데 그 무엇보다 가장 크게 깨달은 것은 모든 직장에서 언제든 해고당할 수 있으며 그것은 싫어하는 일을 꾹 참고 열심히 할 때도 마찬가지라는 사실이었다. 그래서 나는 그때부터 100퍼센트 확신이 있는 일만 하기로 결심했다. 그리고 '막심, 너에게 이런 일은 이제 다시는 일어나지 않을 거야!'라고 확신했다! 어떻게 그럴 수 있었는지는 전혀 몰랐지만.

나는 두 번 추락했지만, 결의에 차 다시 일어섰고 그런 나를 다시 주저앉힐 것은 이제 아무것도 없었다. 두 번의 좌절을 맛본 그 몇 년 동안 트레이너가 되고 싶다는 나의 열망은 커져만 갔다. 하지만 모아 두었던 돈을 중고 자동차 등등을 사는 데 다 쓴 탓에 그 시기 나는 내 인생 처음으로 마이너스 통장을 경험했다. 트레이너 수업을 들을 돈이 전혀 없었으므로 나는 실업수당으로 중고책을 사는 것으로 나에게 투자했다. 그때부터 몇 주 동안 나의 일상은 한결같았다.

아침 일찍 일어나 책을 읽다가 밥을 먹은 후 다시 밤늦게까지 세미나를 구상했다. 나는 새로운 주제 하나당 일주일씩 기간을 정해 공부했다. 일주일 안에 최대한 많이 배웠다. 당시 계획표에는 빨리 배우는 방법, 기억력 훈련, 시간 관리, 건강한 음식 섭취, 의사소통, 몸짓 언어 등의 주제들이 적혀 있었다. 카테고리에 따라 정리해 놓은 책들로 온 집 안이 가득했다. 식료품을 사러 나가는 것 외에는 일절 외출하지 않았다.

물론 연이어 두 번이나 해고를 당했다는 쓰라린 기억이 문득문득 떠오르기는 했다. 살면서 그동안 울었던 횟수보다 이 시기에 더 많이 울었다. 그리고 눈물이 얼굴을 타고 내리는 동안 두 손을 모아 기도했다. 신에게 도와 달라고 기도했고 언젠가 직업적으로 상황이 좋아지면 그때 내가 책에서 배운 것들을 당시의 나처럼 힘든 상황에 있는 사람들을 위해 쓰겠다고 맹세했다.

한번은 그 두 직장에서 일한 기간이 정확하게 얼마나 되는지 세어 보았다. 두 직장 각각에서 일한 날이 정확하게 두 달 하고 20일이었다. 깜짝 놀라서 나는 몇 번이고 다시 세어 봤는데 정확히 그랬다! 나는 우주가 나에게 한 가지 과제를 두 번 주었음을 깨달았다. 그것은 외양은 달랐지만 사실 같은 시험이었다.

**우주는 당신이 풀 때까지 아무리 오래 걸려도
똑같은 문제를 거듭 내준다. 인생의 문제는**

자신이 진짜로 원하는 것을 알게 한다.

O

　그렇게 세상과 단절한 채 독학하며 냉온탕을 왔다갔다하듯 '실패자, 아무도 너를 원하지 않아!'와 '길을 찾을 거야. 어떻게든!' 사이를 왔다갔다하며 10주를 꽉 채우고 나자 독일 상공회의소IHK에 가 봐야겠다는 생각이 들었다. 내가 구상한 세미나들을 전문가들이 어떻게 평가하는지 알고 싶었다. 상담 날짜가 되자 나는 자전거를 타고 그곳에 갔다. 가는 길에 어떤 건물 밖에 "세미나 & 트레이닝"이라고 쓰인 간판이 눈에 들어왔다. 상공회의소 약속에 촉박했기에 나는 일단 가던 길을 계속 갔다. 상공회의소에서는 나이 지긋하고 아주 뚱뚱하며 세미나 분야에 경험이 많은 어떤 남자가 나를 맞이해 주었다. 그는 내가 갖고 간 일곱 가지 주제에 대해 대충 읽어 보더니 성공할 수 있다는 내 모든 희망을 단 몇 문장으로 몰살해 버렸다. 그리고 트레이너 일로 생계를 꾸려갈 수 있는 사람은 몇 안 되므로 다른 일을 찾아보라고 했다. 그의 말이 당시의 나에게는 신의 말처럼 들렸다. 그는 30년 넘게 세미나 분야에서 잔뼈가 굵은 사람이었고 나에게 있는 것은 그저 아이디어 몇 개가 적혀 있는 종이 쪼가리뿐이었다.

　하지만 그 남자가 아무리 야멸찼다고 해도 우주가 보내는 힘도 만만치 않게 강력했다. 말도 할 수 없을 정도로 의기소침했지만 나는 직감적으로 아까 보았던 세미나&트레이닝 회사를 찾아갔다. 그리고 그 건물 3층에서 서류를 작성하던 두 명의 트레이너를 만났다. 그중에 한 명이 매우 친절하게도 거의 40분이 넘게 트레이너 일에 대한 내 모든 질문에 대답해 주었다. 그리고 마지막으로 내가 혹시 트레이너 필요하지 않냐고 물었을 때 그는 그렇지는 않다고 했다. 하지만 내가 외국어를 많이 알고 있음을 알고 한 층 아래에 있는 국제기관에 가서 세미나 주제들을 소개해 보라고 했다. 나는 곧장 그렇게 했고 그곳에서도 짧게 면접을 보았다.

그러고 나서 두 주 남짓 후, 나처럼 행운이 좀 필요해 보이는 다른 사람들과 함께 노동청 대기실에 앉아 있을 때 내 휴대전화가 울렸다. 그 국제기관의 담당자였는데 자신의 동료를 대신해 나흘 후에 있을 세미나에서 대신 강연해 줄 수 있느냐고 했다. 그 사람이 요구한 하루짜리 세미나는 해 본 적도 없었지만 두 시간 후 나는 해보겠다고 했다.

내가 8시간짜리 세미나를 이끌 능력이 과연 될지 도저히 확신이 서지 않아서 나는 다음날부터 한숨도 자지 않고 낮이고 밤이고 책을 파고들었다. 그렇게 나는 준비를 마쳤다! 세미나 당일 아침 집을 나서기 전에 나는 큰 백지 한 장을 꺼내 대문자로 "트레이너로서 내 대단한 경력이 시작되는 날!"이라고 썼다. 그 아홉 시간 후 내 최초의 세미나가 끝났고 참가자들은 물론 무엇보다 나 자신이 더할 수 없이 행복했다.

그 후 2년 반 동안 나는 열다섯 개가 넘는 세미나 형식을 계발해 냈고 40명 강사 중에 참가자들이 뽑은 최고의 강사가 되었다. 처음에는 보수가 변변찮았고 대개 한 달에 세 번에서 일곱 번 정도 트레이닝을 나갔지만 나는 그 일을 사랑했다. 들어오는 돈은 무조건 더 배우는 데 투자했다.

그 후 게당큰탕큰GEDANKENtanken (현재는 Greator)에 입사 신청서를 냈을 때 면접 당일 즉시 고용을 제안받을 정도로 나름 그 분야를 제대로 섭렵하고 있었다. 나는 그들이 제시한 조건을 받아들였고 그곳의 다섯 명 동료들 사이에서도 두각을 나타냈다. 그곳에서 독일, 오스트리아, 스위스에서 온 일류 전문가들에게서 배울 수 있었으므로 자신감이 한층 더 높아졌다. 베스트셀러 작가이자 최고의 강연자들인 그들은 당시 나에게는 진짜 신과 같은 존재들이었다. 그들은 모두 정보와 오락을 연결할 줄 알았고 그래서 전통적인 강좌 형식과 비교할 때 배움 과정을 훨씬 더 가속할 수 있었다. 나는 그레이토Greator 역사상 최연소 트레이너가 되었고 서른여섯 개의 다양한 세미나 형식을 계발해냈다. 해고를 당하고 집에서 나만의 학습을 완수해 나갈 때 나는 인생의 다양한 분야 각각에 대한 성공 과학에 열정적으로 몰두했다. 그리고 그때의 열정은 지금까지도 점점 더 커져만 가고 있다.

강력한 질문 하나

나는 왜 이런 이야기를 하는가? 이것은 나의 이야기지만 모두가 경험할 수 있는 이야기이기 때문이기도 하다. 내면의 목소리가 들리고 그 목소리에 확신이 든다면 그 길을 어떻게 가야 하는지 몰라도 우주가 그 길을 보여 줄 것이다. 확실히 그렇다.

이것은 안개 자욱한 밤, 쾰른에서 베를린으로 운전해 갈 때와 비슷하다. 두 도시 사이에는 600킬로미터가 놓여 있지만, 안개 속 운전자는 100미터 앞만 볼 수 있다. 하지만 7~8시간 후에는 어쨌든 목적지에 도착해 있을 것이다. 그러므로 다음에 그 어떤 무자비한 상황에 놓이게 된다면 이렇게 자문해 보기 바란다.

'그렇다면 내가 지금 바로 할 수 있는 일은 뭘까?'

이것은 강력한 질문이며 우주의 굉장한 힘을 움직이는 질문이다. 이 질문 후 며칠 안에 의식 속에 떠오르는 첫 번째 의외의 생각 혹은 그림이 그 답이다. 그것을 따라가라. 그럼 뜻밖의 좋은 일이 많이 생기며 점점 우주의 자연스러운 흐름을 타게 될 것이며 '근본신뢰Urvertrauen'를 되찾을 것이다. 영혼이 우주의 인도를 받는 순간이 원래 그렇다.

우주의 힘을 여는 법

1. 한 가지 질문을 구체적으로 하라. 그 질문에 대한 답을 언제까지

듣고 싶은지 데드라인을 정하라.

2. **마음을 내려놓는다.**

3. 긍정적인 감정, 사람, 자연 혹은 건강한 음식 등으로 **에너지를 높인다.**

4. 일상에서 신호를 보고 **받아들인다.**

기회는 당신 스스로 의식적으로 결심부터 해야 찾아온다. 기회는 준비가 된 사람에게 온다. 덧붙이자면 당시 별난 '우연'의 연속으로 얻게 된 쾰른에서의 내 첫 아파트는, 내가 첫 세미나를 치렀던 그 국제기구와, 마찬가지로 자전거를 타고 가다가 지하 사무실 문에 쓰여 있는 간판을 보고 들어갔던, 그레이토 회사 사이 딱 중간에서 단지 2킬로미터 떨어진 곳에 있었다. 당시 그레이토는 신생 회사로 거의 아무도 모르는 회사였다. 당신도 나의 직업적 여정이 영혼의 수준에서 이미 오래전에 다 계획되어 있었음이 보이는가?

무엇이 우리를 움직이나?

지속해서 만족감을 주는 일을 하고 싶다면 우리를 움직이는 것이 정말 무엇인지 알아야 한다. 길게 볼 때 우리를 움직이는 것, 다시 말해 우리에게 동기를 부여하는 것은 대개 다음 세 가지이다.

동기 요인 1 : 자결권

언제, 어떻게, 어떤 방식으로 일을 완수해야 하는지 스스로 결정할 수 있다면 이것은 굉장한 동기부여가 된다. 엘렌 랑어[68]는 한 실험에서 사람들을 두 그룹으로 나누고 두 그룹 사람들 모두의 집에 식물을 하나씩 배달시켰다. 첫 번째 그룹 사람들에게는 한동안 그 식물을 거기다 둬도 괜찮겠느냐고만 물었고 사람들은 좋다고 했다. 두 번째 그룹 사람들에게는 식물이 마르기 시작할 몇 주 후까지 돌보지 말라고 일러두었다. 3주 후 심리학자들은 (부분적으로 다 죽어 간) 식물들을 다시 거둬들였다. 결과는 식물을 돌보지 말라는 말을 들은 두 번째 그룹 사람들의 상태가 스스로 결정하며 적당히 식물을 돌볼 수 있었던 첫 번째 그룹 사람들의 상태보다 모든 면에서 눈에 띄게 나빴다.

비즈니스 세계에서는 이런 말이 있다. 회사를 보고 입사했다가 상사를 보고 떠난다. 상사가 해야 할 일을 일일이 말해 주고 하나하나 규정해 준다면 혹은 모든 직원이 숨 막히는 서열 관계 속에서 생각과 행동을 지배당하고 통제당해야 한다면 결코 자유롭게 자신의 창조성을 키울 수도, 발휘할 수도 없다. 세계에서 가장 혁신적인 기업이라는 구글은 이 점을 잘 알고 이른바 '혁신을 위한 타임오프' 규칙을 도입했다. 매주 근무 시간의 20퍼센트를 일없이 보내야 한다는 규정이다. 구체적으로 달성해야 하는 일이 없는 여유 시간을 통해 창조성을 키우려는 것이다. 그 결과 구글 뉴스, 에드센스,

Gmail[69] 같은 결실을 얻었다. 우리 회사 직원들도 언제 어디서 얼마나 오래 일할지 스스로 결정한다. 나의 팀은 보너스나 징계 같은 제도 없이도 몇 년째 최고의 능력을 발휘하고 있다. 이것은 동기부여가 확실히 된 사람, 그리고 자기 일을 정말 사랑하는 사람만이 할 수 있는 일이다. 직원들이 다 책임감을 느끼고 제 실력을 최대한 발휘하고 있으므로 내가 계속 무언가를 결정할 필요도, 그러느라 일이 늦어질 일도 없다. 직원들이 원하고 또 참을 수 있는 상사는 모든 걸 일일이 결재하지 않는 영리한 리더이다. 직원들의 아이디어와 능력을 신뢰하기 때문이다. 이런 리더는 가장 중요한 것, 즉 직원들이 입사하면서 갖고 온 동기를 강화해 준다.

동기 요인 2 : 배움

나무와 돌의 차이는 무엇일까? 나무는 자란다. 땅에 떨어진 씨앗에게 주어진 숙제는 오직 성장이다. 우리 인간에게도 자라고 성장하고 더 나아져야 한다는 숙제가 있다.

매일 똑같은 옷을 입고 똑같은 친구를 만나고 똑같은 휴가를 보내야 한다면 어떻겠는가? 열다섯 살 이후 변한 게 하나도 없다면? 늘 똑같은 취미 생활을 하고 똑같은 책을 읽고 똑같은 길을 가야 한다면 말이다!

연구에 따르면 직업적으로 늘 똑같은 일만 하는 사람은 5년 후 업무 능력이 눈에 띄게 떨어지고 '돈 때문에 마지못해 일하는' 상태가 된다.[70] 이런 정신적 멈춤 상태에 빠지지 않으려면 끝없이 도전해야 한다. 나도 이 사실을 제대로 깨닫는 데 2년이 걸렸다. 내가 첫 번째 라이브 세미나를 열었을 때 나는 세미나를 끝내면서 참가자들에게 뒤이은 관련 세미나 세 개를 소개했다. 뒤이은 세미나들 예약률도 좋았고 나는 돈을 많이 벌었다. 하지만 그런 방식으로 2년을 일한 후 나는 뭔가 계속 답답하고 공허한 느낌이 들었다. 그래서 어느 코치의 상담을 받았는데 그때 내가 배움의 가능성이 크지 않은, 편하고 확실한 시스템을 하나 구축했음을 알게 되었다. 말하자면 스스로 자신을 가둬 놓은 꼴이었다. 나는 개인적으로는 새로운 것을 많이 배웠지만 그것을 직업적으로 사용하지는 못하고 있었다! 해결책은 하나뿐이었다. 나는 그 잘 돌아가던 사업 모델을 파기하고 그때부터 뒤이은 세미나는 한 번만 라이브로 해 보기로 했다. 그 라이브 세미나는 비싼 카메라 장비 여러 대로 아주 전문적으로 찍었고 우리 천재-아카데미 웹사이트에 매우 싼 가격에 올렸다. 그 후로 지금까지 많은 사람이 비디오 세미나에 참가하며 굳이 여러 번 내가 있는 곳까지 오고 숙박비까지 지불할 필요 없이 전 세계 어디서든 언제나 나를 볼 수 있음에 감사했다. 게다가 각자 한 번에 자신의 역량만큼 시간을 나눠서 배울 수도 있다. 그리고 나도 그런 방식으로 나만의 정신적 감옥에서 벗어날 수 있었다. 나는 인생의 40개가 넘는 분야에 대한 성공 과학을 마침내 세상에 내놓으면서 나 자신도 계속 배우고 성장할 수 있었다. 이 성공 과학은 내가 수년 동안 세계를 다니며 비싼 대가를 주고 배운 후 치밀하게 엮어 완성한 것이었다.

돈만이 아니라 배움도 복리 이자가 가능하다.
많이 알면 알수록 인생이 더 가벼워지고 더 좋아진다!

동기 요인 3 : 의미

평생 패스트푸드점에서 아르바이트만 하며 살고 싶은 사람은 아마도 없을 것이다. 늘 반복되는 일상이라 스스로 결정하고 배울 여지가 거의 없음은 차치하더라도 밀가루, 치즈, 고기, 감자튀김, 설탕 음료 모두 장기적으로 볼 때 건강에 매우 해롭다. 그러므로 의식 있는 사람이라면 패스트푸드점 아르바이트가 매우 의미 있는 일은 아니며 긍정적으로 성장할 수 있는 일도 아님을 잘 알 것이다.

당신 인생의 의미를 찾고 싶은가? 그렇다면 일단 이성적인 "~을 위해"를 감정적인 "~ 때문에"로 바꿔 보기 바란다. "~을 위해"는 대체로 외부적인 목적을 말하고 "~ 때문에"는 내면에서 나온다. 여기 몇 가지 예를 들어 보겠다.

사람들은 왜 일을 하는가? 돈을 벌기 "위해서"라고 대답할 수 있지만 자신의 일을 사랑하기 "때문에"가 더 나은 대답이다.

사랑하는 사람들은 왜 서로 선물을 하는가? 더 가까워지기 위해 혹은 고맙다는 말을 듣기 위해서라고 대답할 수 있다. 하지만 상대를 사랑하기 때문에가 더 낫다. 휴가 때면 사람들은 왜 그렇게 몇 시간이고 해변에 누워 있는가? 살을 태워 아름답고 매력적으로 보이기 위해서라고 할 수 있다. 하지만 자신의 몸을 보살피고 사랑하기 때문에가 더 낫다. 햇빛이 건강에 꼭 필요한 비타민 D를 제공하기도 하고 말이다.

그럼 이제 다음 질문에 대답해 보는 것으로 당신 일의 의미를 찾아보자.

내가 이 일을 추구할 때 장기적으로 지구의 다른 영혼들에게 무엇이 좋을까?

에고가 느끼는 기쁨은 아무리 커도 금방 사라지고 만다. 다른 영혼들과 사랑으로 조화를 이루는 일만이 장기적으로 의미 있는 일이다.

진정으로 행복할 때 우리는 고취되었다, 감동했다, 뿌듯하다, 감격했다 같은 말을 쓰는데 괜히 그런 것이 아니다. 독일어에서 고취되었다inspiriert는 영Spirit에서 나왔고, 감동했다begeistert는 정신Geist에서 나왔고, 뿌듯하다beseelt는 혼Seele에서 나왔고, 감격했다enthusias-tisch는 그리스어로 신 안에en theós 있다, 라는 뜻이다.

강점 알아차리기

당신 안에 어떤 재능과 소질과 능력이 잠자고 있는지 알고 싶은가? 몇 가지 방법이 있다. 그 첫째로 나는 당신 영혼이 특별히 선택한 몇 가지 점들을 자세히 들여다볼 것을 권한다.

당신 이름의 온전한 의미를 제대로 생각해 보자. 당신 이름은 영혼의 수준에서 당신이 스스로 확정한 것이지 당신 부모가 정해 준것이 아니다! 여기서부터 자신의 이름을 짧게 줄인다거나 더 귀엽게 만들거나 더 멋지게 바꾸는 실수를 하는 사람이 많다. 예를 들어 미하엘이라고 하면 금방 '미햐', '미히' 혹은 '미카'라고 부른다. 그럼 전체 이름 그 부분 부분에 숨어 있던 잠재력도 함께 잘려 나간다. 우리 이름 부분들은 각각 다른 잠재성을 갖고 있다. 이름을 줄이는 실수는 대부분 자신에게 주어진 성장을 온전히 다 경험할 자신이 없어서 혹은 자신의 원래 크기대로 살아갈 자격이 없을지도 모른다는 무의식적인 불안감 때문에 일어난다.

열두 살 때 크림반도에서 독일로 이주했을 때 나는 외국인임이 분명해 보이는 내 이름이 부끄러웠다. 처음 접한 다른 문화와 언어를 익히는 것이 힘겨웠던 와중에 그 문화에 속하고 싶은 마음이 무엇보다 강렬했으므로 내 이름을 막심에서 막스로 줄였다. 후에 대학을 다닐 때 나는 모든 시험에서 언제나konstant 똑같이 좋은 점수를 받는 콘스탄틴이라는 친구를 알게 되었다. 나는 때로 최상의maximal 점수를 받았지만 분명 언제나 그렇지는 못했다.

당신의 생년월일 같은 숫자에도 큰 의미가 있으니 자세히 살펴보기를 바란다. 다방면에서 뛰어난 천재였던 피타고라스도 "모든 것이 숫자이다."[71]라고 했다. 당신의 본명, 생년월일로 당신 영혼이 계획한 인생의 숙제가 무엇인지 꽤 정확하게 유추해 낼 수 있다.

얼굴 또한 우리의 내면 세상과 재능에 대해 많은 것을 말해 준다. 스스로 배워서 분석해 볼 수도 있고 경험 많은 관상가에게 물어볼 수도 있다.

당신의 천궁도도 당신만의 진짜 천성을 아는 데 결정적인 열쇠가 될 수 있다. 당신 영혼은 다 이유가 있어서 당신을 위해 별들이 모두 완벽한 위치를 찾아들어 가는 바로 그 시간을 기다린 것이다. 열두 별자리 각각은 그것만의 특성을 갖고 당신은 당신 별자리의 특성을 다른 점성학적 요소들(상승점, 달, 중천점, 집들)과 잘 연계해 따져 봐야 한다.

다음은, 단순화한 감이 없진 않지만, 일종의 **성격 모델**인데 점성학이 당신의 인생에 미치는 영향을 이해하는 데 도움이 될 것이다. 여기서는 기본적인 네 가지 성향만 살펴볼 텐데 당신이 공식적으로 쓰고 있는 직업적 마스크가 아니라 당신의 진짜 성격에 대비해 보기 바란다(두 군데 속하는 별자리도 있다).

1. 사회적인 성격 : '누가 또 오나?'

사회적인 성격의 당신은 말 그대로 사교성이 좋고 명랑하다. 다른 사람과 시간을 많이 보내고 싶다. 혁신적인 생각에 대해 말하기를 좋아하고 새로운 것이라면 즉각적인 흥미를 보인다. 즉흥성이 강하고 오래 계획하는 일은 피곤해한다.

물병자리(1.20~2.18), 천칭자리(9.24~10.22), 쌍둥이자리 (5.21~6.21), 사수자리(11.23~12.24) 사람이 대개 이렇다.

2. 감성적인 성격 : '내 사랑하는 사람들은 잘 지내고 있나?'

감성적인 당신은 섬세하고 주변의 누가 슬퍼하거나 우울해하면 금방 알아차린다. 당사자가 그런 사실을 숨기고 부정해도 그렇다. 당신은 사랑하는 사람들이 늘 잘 살기를 바라고 그래서 자신은 늘 나중에 생각하고 사람들에게 맞추는 편이다. 당신은 이타적인 행동을 많이 하고 감정 변화가 잦을 수 있다.

게자리(6.22~7.22), 물고기자리(2.19~3.20), 전갈자리(10.23~11.22) 사람이 대개 이렇다.

3. 실용적인 성격 : '어떤 전략이 최선인가?'

실용적인 당신은 쉬지 않고 열심히 일하고 혼자 일하기를 좋아한다. 어떤 일을 완벽해질 때까지 분석하고 계획할 때 큰 기쁨을 느낀다. 책임감이 강하고 자신이 했던 말은 꼭 지킨다. 일을 체계적으로 하고 대체로 객관적이다. 수집을 좋아한다.

처녀자리(8.23~9.23), 황소자리(4.20~5.20), 염소자리(12.25~1.19) 사람이 대개 이렇다.

4. 행동 지향적인 성격 : '나에게 무엇이 가장 좋은가?'

당신에게 중요한 모든 것에서 당신은 가능한 최고의 결과를 끌어내려 노력한다. 평균에 머무르는 것으로는 결코 만족할 수 없다. 고삐를 늦추지 않는다. 최고에 오르기 위해서라면 대가를 치를 준비도 되어 있다. 조급해 할 수도 있지만 관철해내는 힘도 뛰어나다. 좋은 지도자가 될 수 있다. 무슨 일에서든 개인적인 소용에 대해 자주 묻는다.

사자자리(7.22~8.22), 양자리(3.21~4.19), 사수자리(11.23~12.24), 전갈자리(10.23~11.22) 사람이 대개 이렇다.

당신의 직감(당신 영혼이 주는 영감)은
당신의 의도(우주에게 보내는 질문)를 따른다.

기본적인 질문들을 해 보는 것으로도 당신의 소명을 알아차릴 수 있다. 다음 아홉 질문이 그런 의미에서 힌트를 얻는 데 도움이 될 것이다.

1. 사람들이 당신에게 어떤 말을 자주 하는가? → 사람들이 당신을 말할 때 주로 어떤 사람이라고 말하는가? 다른 사람들이 당신의 재능을 더 잘 볼 수 있다. 당신은 당신의 재능이 너무 당연해서 그것이 재능임을 제일 늦게 볼지도 모른다.

2. 당신의 입장을 유독 강하게 피력하고 방어하게 되는 논쟁이 있는가? → 왜 그런가? 그 안에 당신을 제약하는 믿음 문장 혹은 당

신 영혼이 말하는 절대적인 사실이 숨어 있지는 않는가?

3. 누가 당신의 우상이었고 우상인가? → 그 사람 안에서 당신이 보는 것이 당신에게도 있다. 지금 완전히 발휘되고 있지 않더라도 씨앗으로 당신 안에 있을 것이다.

4. 당신은 사람들이 그다지 많이 하지 않는, 그 어떤 경험을 했거나 사람들이 잘 모르는 것을 깨닫지는 않았는가? → 아픈 과거를 가졌다면 비슷한 상황에 있는 다른 사람들에게 길을 제시하라는 사명을 갖고 태어났을지도 모른다.

5. 어떤 책이 출간되면 당신은 무조건 사서 읽겠는가? → 내가 이 책을 쓴 이유도 비슷한 책을 찾을 수 없었기 때문이다. 그런 의미에서 당신은 어떤 책을 원하는가?

6. 유명한 사람 중에 당신과 쌍둥이처럼 닮은 사람이 있는가? → 그 사람은 어떤 가치를 소중하게 생각하고 어떤 생각과 관점을 드러내는가? 당신도 (비슷한 외모만이 아니라) 그 가치를 소중하게 생각하고 그 생각과 관점을 갖고 있지는 않나?

7. 오늘 100억 원이 생겨서 원하는 프로젝트에 투자할 수 있다면 어떤 프로젝트에 투자하겠는가? → 우리는 돈이 없으니까 어차피 아무 소용없다고 생각해 계획조차 하지 않는다. 하지만 뭐든 할 수 있다면 무엇을 하겠는가?

8. 세계 최고의 대학에서 장학금을 받게 된다면 무엇을 전공하겠는가? 제일 처음 떠오르는 생각을 잘 살피자.

9. 현재까지 살아오면서 가장 깊이 깨달은 것을 '격언'으로 말해본 다면? → 바로 그 문장이 현생에서 당신에게 영적으로 가장 큰 진실이다!

이 장을 읽으면서 처음으로 당신만의 직업적인 경향을 감지했다면 그것을 꼭 붙잡기를 바란다. 평생 제대로 안착했다는 느낌을 받아 본 적이 없다고 말하는 사람을 나는 많이 보았다. 왜 그럴까? 너무 빨리 편한 타협을 하고 인생의 소중한 시간을 돈을 위해 낭비하고 있기 때문은 아닐까? 우리 인생은 그러기에는 너무 소중하다!

당신 영혼의 숙제를 처음으로 일견한 날, 당신 인생이 영원히 바뀔 것이다.

나는 처음으로 세미나 의뢰인의 간섭 없이 나만의 기획과 능력으로 이루어 냈던 세미나를 기억한다. 그날 정말 처음으로 내가 선택한 내용을 내 방식대로 강연했으므로 그날의 주인은 온전히 나 자신이었다. 내가 시나리오 작가이자 감독이자 배우였다. 차이점이라면 영화는 대체로 오락용이지만 강력한 세미나는 인간의 인생을 통째로 바꿀 수도 있다는 것이다. 그날 나는 인생에게 가장 큰 보람을 느꼈다. 얼굴에 함박웃음을 담고 잠들었으며 이제 되었다고 생각했

다. 그러니까 내 길을 찾은 것이다! 그 직후 42명의 참가자가 보내
준 하나같이 따뜻한 피드백이 내가 가야 할 영혼의 여정을 또 한번
확인해 주었다. 몇 년이 지난 오늘, 그 42명의 참가자가 소셜미디어
와 매우 사랑받는 팟캐스트 '천재들의 머리'를 중심으로 하는 58만
명이 넘는 거대한 공동체가 되었다. 하지만 이 여정도 그 시작은 실
업 보조금을 받던 한 남자가 내디딘 아주 작은 발걸음 하나였다.

강점 이용하기

지금 당신이 서 있는 곳에서 자전거를 타고 시속 0킬로미터에서
20킬로미터로 속도를 낸다고 치자. 속력의 차이는 정확하게 시속
20킬로미터이다. 상황B : 당신은 자전거로 시속 10킬로미터로 달리
고 있는 중인데 시속 30킬로미터로 올리려고 한다. 여기서도 속력
의 차이는 시속 20킬로미터이다. 어느 쪽이 속력을 내기가 더 수월
한가? 당연히 상황B이다. 이미 달리고 있었으니까 말이다. 당신의
소명도 마찬가지이다. 당신 영혼이 어떤 직업적 여정을 가고 있든
당신 시간의 최소 70퍼센트는 당신이 정말 사랑하는 일을 하는 데
써야 한다. 나도 그다지 충족감을 주지 않는 일도 해야 한다. 하지
만 나는 그런 일을 내 시간의 30퍼센트를 넘기지는 않는다. 요즘 세
상에서는 아무리 좋아하는 일을 해도 그 안에 하기 싫은 일도 어느
정도 포함되어 있으므로 처음부터 당신의 절대적인 천재 지대Zone

에서 당신 시간의 대부분을 소비하는 게 중요하다. 시간이 우리에게는 가장 중요한 자원이기 때문이다. 그리고 그렇게 하다 보면 지금 보통 정도인 그 일이 몇 년 뒤에는 당신이 제일 잘하는 일이 될 것이기 때문이다. 지금 이미 잘하는 일을 하고 있고 성공도 했다면 몇 년 후에는 더 성공할 것이다.

당신이 무슨 일을 하든 당신 영혼의 창조적이고
온전한 발전이 언제나 가장 중요하다.

CHAPTER 6

돈

세상 속 자유를 위한
열쇠

돈을 친구로 만들어라

우리는 어디서든 돈이 교환의 수단으로 받아들여지는 세상에서 살고 있다. 돈이 있으면 자신과 사랑하는 사람의 인생을 더 좋게 할 수 있다. 유기농 식재료의 구입이든, 비싼 어드벤처 여행이든, 어릴 적 꿈의 실현이든, 돈이 있으면 당신을 충족시키는 일을 할 수 있다. 물론 돈 자체가 우리를 행복하게 하는 것은 아니다. 하지만 돈은 어떤 일, 상황, 혹은 사람에게 좋다 싫다 말할 수 있는 자유를 준다. 그리고 자유는 우리를 행복하게 한다. 하지만 영적인 존재Sein가 먼저고 물질적인 소유Haben는 그다음이다. 이것을 염두에 두고 이제부터 살면서 어떻게 하면 재정적으로 좀 더 풍족한 삶을 살 수 있는지 알아보자.

돈을 이해하라 - 최고 부자들의 사고방식

부자가 되고 싶다면 돈을 좇지 말고 돈이 오게 해야 한다. 많은 억만장자들과 개인적으로 만나 이야기해 본 결과 나는 이들이 계속 성공할 수 있는 것은 자신이 하는 일을 정말 사랑하기 때문임을 알게 되었다(6장 참조). 처음에 사랑하지 않았던 두 번의 컨설팅 일을 할 때 나는 무조건 옷장에 양복, 넥타이, 벨트, 신발을 가득 채워 넣고 싶었다. 하지만 내가 하는 일도, 그 모든 것들을 사기에도 충분했던 돈도 사랑하지는 않았다. 나중에야 나는 힘이 있어 보여야 하는 것이 아니라 정말 힘이 있어야 한다는 걸 깨달았다.

매일 하는 일을 사랑할 때 찾아오는 만족하는 내면의 정신 상태가 외적인 풍요를 부른다.

○

지금도 아름다운 것들을 좋아하긴 하지만 그런 것들 없이도 내면이 풍성하니 돈이 있어도 그것들을 꼭 살 필요는 없다. 게다가 가족, 웃음, 산소, 태양, 물, 해변 같은 정말 소중한 것들은 돈으로 살수 없다. 비싼 양복 혹은 명품 가방으로만 자신을 과시하고자 하는 사람은 인생을 돌아볼 필요가 있다.

돈에 대한 긍정적인 자세 찾기

최고 부자들은 돈과 관련해 오직 긍정적인 연상만을 한다. 반면 일반 사람들은 부모가 진실이라고 심어 준 생각들을 반성 없이 되풀이한다. "돈이 인성을 망친다." 혹은 "부자들은 모두 구린 데가 있다." 혹은 "돈이 있으면 진정한 친구를 사귈 수 없다." 같은 문장들이 우리를 가난하게 한다. 안에서 거부하면서 바깥에서 돈을 원할 수 있는가? 당신 인생의 보스는 당신의 무의식이다. 당신 머리는 이렇게 말할지도 모른다. "돈을 더 많이 벌고 싶어." 하지만 무의식이 "돈이 있으면 결국 미움을 받겠지." 같은 완전히 다른 감정을 저장하고 있으면 경제적으로 부유해질 수 없다.

돈을 친구로 만들어라. 돈에 대해 긍정적인 자세를 갖고 싶다면 돈을 친구로 만드는 데 할 수 있는 일을 다하라. 자세는 무의식의 언어를 배우고 말할 때만이 진정으로 바뀔 수 있다. 당신 무의식의 언어는 당신이 그리는 그림, 당신의 색깔, 움직임, 감정, 그리고 일상의 습관 같은 것들이다. 당신은 볼 수 있고 심지어 냄새도 맡을 수 있다. 오래된 영수증이 가득하고 지폐들을 아무렇게나 구겨 넣은, 뚱뚱하고 더럽고 귀퉁이가 접히고 낡은 지갑이라면 서로 애정하는 관계라 할 수도, 서로에게 생산적인 관계라 할 수도 없음을 말이다. 나는 100유로와 50유로짜리 깨끗한 지폐를 깨끗한 지갑에 순서대로 잘 넣어서 다닌다.

오랫동안 품어왔던 무의식적 확신을 재프로그래밍하려면 새 프로그램을 받아들일 수 있는 특정 뇌파가 필요하다.

우리 뇌는 상황에 따라 서로 다른 뇌파를 보여 준다.

- **감마파** : 30~100헤르츠 - 몰입 상태, 영감에 열린 상태
- **베타파** : 13~29헤르츠 - 깨어 있는 의식 상태
- **알파파** : 8~12헤르츠 - 깊은 이완 상태
- **세타파** : 4~7헤르츠 - 얕은 수면 상태, 꿈꾸는 상태

- **델타파** : 1~3헤르츠 - 깊은 수면 상태

베타파 상태일 때 하는 확언은 논리적이고 합리적인 이성에 호소하기 때문에 효과가 크지 않다. 새로운 긍정적인 통지가 무의식에까지 가닿으려면 몸과 정신을 이완시킬 필요가 있다. 이것은 고요, 은은한 조명, 편안하게 앉거나 기댄 자세, 긴장을 풀어 주는 음악, 그리고 무엇보다 적절한 뇌파로 안내하는 웰빙 명상Wohlstands-meditation을 통해 충분히 가능하다. 눈을 감고 가볍게 이마 쪽을 볼 때 알파파 상태로의 전환이 쉬워진다. 이때 논리적인 단기 기억을 건너뛰며 모든 믿음 문장과 정보들이 저장되어 있는 거대한 내면의 기록 보관소로 접속해 들어간다.

그런데 우리는 긍정적인 통지를 무의식에 보낼 수도 있지만, 무의식으로부터 수년 동안 혹은 전생부터 저장되어 온 유용한 지식을 불러올 수도 있다. 최면 상태에서는 어린 시절 혹은 심지어 전생의 기억들도 상세하게 기억할 수 있다. 알파파의 깊은 이완 상태라면 지식으로 향한 아주 다른 문이 열리기 때문이다. 이 문은 의식 상태의 합리적인 이성에게는 대개 닫혀 있다.

얼음낚시와 비교해 보자. 낚시꾼은 표면의 얼음 위에 서 있는데 깊은 물속에 있는 물고기를 끌어내고 싶다. 그래서 얼음에 작은 구멍을 뚫고 낚싯바늘을 아래 물속으로 넣는다. 여기서 얼어붙은 물, 즉 얼음은 통제 의식을 뜻한다. 낚싯바늘은 질문이 될 수 있다. 물고기는 모든 것을 알고 있는 당신 내면의 기록 저장소, 그 믿을 수 없이 깊은 곳에서 올라오는 대답이다.

당신도 누군가 아는 사람이 분명한데 이름도, 어디서 알게 된 사람인지도 금방 생각나지 않았던 경험이 있을 것이다. 베타 의식 상태에서 수동적으로 기억하려 할 뿐 무의식 속 지식에 적극적으로 가닿지는 못할 때 그럴 수 있다. 그러므로 명상 상태에서 잘 선택해 던지는 질문이라면 당신 영혼의 힘을 활성화하고 우주가 당신을 위해 일하게 하는 더할 수 없이 좋은 수단이 된다. 질문을 해야 답도 얻을 수 있다.

생각이 현실을 창조한다. 그런데 우리는 늘 생각을 방해하는 질문을 한다.

○

사람들은 대부분 매일 무의식적인 질문들을 하는데 이 질문들이 생각에 영향을 주고 이 생각이 다시 인생에 영향을 준다. 인생에서 중요한 것은 정확한 답을 얻는 것이 아니라 정확한 질문을 하는 것이다. 어떤 대답이 오느냐는 항상 어떤 질문을 했느냐에 달려 있기 때문이다. 어리석은 질문을 하는 사람은 어리석은 대답을 얻는다. 영리한 질문을 하는 사람은 영리한 대답을 얻는다. 어리석은 질문은 낚싯바늘에 꿰어져 있는 '독이 묻은 미끼'와 비슷하다. 물고기가 그런 미끼를 좋아할 리 없으니 물고기를 못 잡는 건 당연하고 자신이 사는 곳의 물, 나아가 전 세계의 물까지 오염시킨다. 하지만 수천년 동안 지구상의 수많은 영혼이 무의식적으로 그렇게 살아왔다. 그리고 어떤 사건이 일어나면 자신을 희생자로 '단정하고' "왜 하필이면 나입니까?" 혹은 "왜 하필이면 지금입니까?" 같은 한탄을 하며 내면의 천재를 가둬 버렸다.

내면의 그 거대한 기록 보관소에서 창조적인 해결책을 찾아내고 싶다면 열린 질문을 해야 한다. 그래야 기록 보관소가 무의식 전체를 들여다보고 당신 영혼에게 새로운 길을 보여 줄 수 있다.

해결하지 못한 숙제를 해결한 숙제보다 더 잘 기억하는 현상은 이 현상을 발견한 러시아 심리학자인 블루마 자이가르닉의 이름을 따서 자이가르닉Zeigarnik 효과라고 한다.[72] 이 멋진 효과를 당신을 위해 이용해 보자. 큰 백지 한 장을 가로로 놓고 금전 관련 당신의 목표를 질문 형태로 적어 보자. 그럼 그 질문이 당신을 위해 일할 것이다. 예를 들어 "어떻게 하면 올해 작년보다 두 배 더 많이 벌 수 있을까?"라고 질문했다면 당신은 이미 그 문제를 더이상 생각하고 있지 않아도 당신 머리 깊숙한 곳에서 그 질문 스스로 몇 시간 더 혼자 일하게 될 것이다. 이것은 내일 아침 일찍 비행기를 잡아타야 하는 상황과 비슷하다. 평소보다 아주 일찍 일어나야 하니까 당신은 미리 3시 30분에 알람을 맞춰 놓는다. 그럼 주로 어떤 일이 일어나는가? 당신은 알람이 울리기도 전에 일어난다. 비행기 시간이라는 중요한 정보가 당신이 잠자는 사이에도 계속 쉬지 않고 일했기 때문이다.

금전적인 주제 외의 다른 개인적인 목표들도 질문의 형태로 만들어 각각 쪽지에 적어 집 여기저기에 붙여 놓자. 컴퓨터나 휴대전화기 뒷면에 붙여 놓고 무엇이 원하는 상태를 이뤄 줄지 감정을 실어 상상해 보자. 지갑에도 원하는 목표를 질문 형태로 적어 넣어 놓자. 그럼 무언가를 기다릴 때마다 질문-목표-쪽지를 재빨리 꺼내 볼 수 있다. 그렇게 한 번씩 꺼내 읽어 볼 때마다 당신 뇌는 그다음 2~3일 동안 그 문제를 적극적으로 생각하며 당신을 위한 창의적인 해결책을 찾는다. 꼭 해 보기 바란다!

임신한 여자의 눈에는 임신한 여자만 보인다. 초점이 바뀌었기 때문이다. 외부 세상은 그대로라도 이제는 예전에 의식하지 못했던 것을 보게 된다.

실험을 하나 해 보자. 10초 정도 주변을 보고 네모난 것들을 찾을 수 있는 데까지 찾아보라. 이제 눈을 감고 방금 그 방에서 둥근 형태의 물건을 몇 개 보았는지 생각해 보라. 눈을 감고 말이다! 이제 다시 눈을 뜨고 의식적으로 둥근 형태의 물건들을 찾아보라. 눈 감고 생각했을 때보다 더 많이 보이는가? 그럴 것이다. 돈에 대한 조건화에서 가장 빨리 벗어나는 방법이 있다. 바로 그냥 행동하는 것이다. 크림반도에서 매우 가난하게 자란 탓에 나는 결핍을 당연한 것으로 여기는 매우 구속적인 생각을 내 시스템 안에 저장해 두고 있었다. 그리고 내 세미나 이벤트로 돈을 벌기 시작하고 좀 되었을 때 내가 만나고 싶은 최고의 전문가들이 여는 세미나를 예약하는 것이 가격 면에서 특정 선을 넘으면 마음이 매우 힘들어짐을 알아차렸다. 돈은 충분히 있었지만 999유로가 나의 한계선이었다. 이보다 올라가면 나에게는 너무 비쌌다. 그래도 나는 2,500유로짜리 세미나를 과감하게 신청했고 그렇게 그 구속적인 상황에서 벗어날 수 있었다. 그런데 얼마 안 가 곧 사람들이 그 똑같은 금액으로 내 세미나를 예약했다. 이 일로 나는 돈의 에너지적 특성을 파악할 수 있었다. 돈은 흘러야 한다. 더 많이 벌고 싶다면 더 많이 투자하라.

예전에 나의 멘토가 했던 말이고 후에 나도 경험으로 확인한 경제적 '자석 규칙Bergmagnet-Regel'이라는 것이 있다. 다름 아니라 벌면 벌수록 더 많이 벌게 된다는 규칙이다. 그 이유는 첫째, 그동안 돈을 벌면서 쌓아온 실질적인 경험이 내면의 프로그램을 바꾸었기 때문이고 둘째, 쌓아 두지 않고 재투자한 돈이 정말 강한 자석처럼 모든 방향에서 다른 수익을 추가로 끌어들이기 때문이다.

경제적으로 지금보다 더 잘 살고 싶다면 가까운 은행에 가서 가능한 한 새 돈으로 지폐를 100장 인출하자. 계좌에 돈이 그다지 많지 않다면 천 원이나 오천 원짜리 지폐로 시작하자. 나중에 금액을 점점 올리면 된다. 지폐 다발을 봉투에 넣고 집에 보관해 두자. 그리고 매일 밤 자기 전에 돈다발을 꺼내 손가락으로 세면서 느껴 보

자. 그럼 당신 무의식이 좀 더 빨리 돈을 가진 느낌에 익숙해질 수 있고 당신이 자는 내내 당신을 위해 일을 할 것이다.

부자가 되고 싶다는 열망에 빠진 사람이 많다. 하지만 그렇게 빠지기 전에 항상 자문해 보자. '나는 왜 돈을 벌고 싶은가?' 돈이 꼭 내면을 풍성하게 해 주지는 않고 돈 때문에 더 바쁜 인생을 살게 될 수도 있는데도 말이다. 나는 억만장자들을 많이 만났다. 그중에 내 눈을 사로잡은 사람은 얼마 되지 않는다. 게다가 상대 수입과 절대 수입 사이에는 굉장한 차이가 있다. 예를 들어 팀이라는 사람은 연봉이 6만 유로인데 주 60시간을 일한다. 시간당 20.83유로이다. 반면 산드라는 연봉이 3만 유로로 절반밖에 안 되지만 주 25시간만 일한다. 시급이 25유로로 팀보다 높다.

얼마를 버느냐가 아니라 어떻게 버느냐가 더 중요하다! 시급을 떠나 자신에게 물어보라. '나'는 원해서 일하는가? 아니면 해야 하니까 일하는가? 시계를 보며 일하는가? 내면의 나침판을 따라 일하는가? 영혼의 숙제를 따라갈수록 돈이 당신으로 향하는 길을 더 쉽게 찾아낸다. 영혼의 숙제를 따라간다는 것은 지갑에 돈을 채우기 위해서가 아니라 가슴이 시키는 일을 한다는 뜻이고 이때 당신의 에너지 서명을 통해 당신이 필요로 하는 사람, 상황, 프로젝트들을 끌어당기기 때문이다. 우주는 항상 현재 당신 에너지 진동에 맞는 것을 가져다주기 위해 노력한다. 자신이 하는 일을 사랑할 때 우리는 퇴근 시간만 기다리지 않는다. 그렇다면 단지 돈을 좀 더 벌기 위해 다른 직장을 잡는 대신 경제적으로 온전히 자립하는 미래를 제대로 상상해 봄이 훨씬 더 그럴듯하다. 경제적 자유를 추구하는 사람들이 많이 하는 가장 큰 실수가 구체적이지 않다는 것이다! 수십 년 동안 돈을 갈망하며 "나는 돈이 더 필요해." 혹은 "더 많이 벌고 싶어." 같은 문장만 반복한다. 우주는 이들이 보내는 "더 많이 원하는" 갈망만 받고 그것을 되받아칠 뿐이다. 주변에서 이미 이룬 것들을 찾아내 "나는 경제적으로 좋다." 혹은 "나는 돈이 많다."처럼 표현하는 것이 낫다.

그리고 원하는 금액을 구체적으로 생각해서 손에 잡힐 수 있게 하는 것이 더 똑똑한 방법이다. 살면서 계속 돈을 좇기만 하는 사람들은 대체로 구체적인 금액을 계산하는 노력조차 하지 않는다. 현재 생활 상태, 비용, 정기적인 지출을 짧게 계산만 해 보면 되는 일인데 말이다. 당신이 오늘부터 죽을 때까지 필요한 비용, 그러니까 **경제적으로 독립하는 데 꼭 필요한 돈**을 계산해 보라. 그리고 현재 당신의 삶을 생각해 볼 때 경제적으로 완전한 자유를 찾는 데 드는 돈도 구체적으로 계산해 보라.

이 테스트를 해 본 사람들은 죽을 때까지 (돈을 위해) 일하지 않아도 되는데 꼭 수십억씩 필요하지는 않음을 알고 놀라곤 한다. 위의 두 금액을 정확하게 알고 나면 안심하는 마음과 자기 효능감Selbstwirksamkeit (자신의 능력에 대한 믿음 혹은 자신감-옮긴이)이 대폭 커진다. 따라서 늘 꿈으로만 남아 있던 일이 갈 수 있는 길이 되고 추동력이 무한히 좋아진다.

가장 빨리 부자 되는 법

경제적으로 여유 있는 삶으로 가는 가장 빠른 길은 어떤 길일까? 한마디로 대답할 수 있다. 배워라! 하지만 경직된 교육 체계에 지칠 대로 지쳐서 학업을 마치고 나면 정신적으로 더이상의 배움은 없다, 라고 선을 긋는 청년들이 많다. "드디어 끝났다! 나는 해냈고 충분히 고통스러웠으니 더이상은 없다!" 하지만 많은 사람이 배우기를 멈추는 바로 그 지점이 개인적으로 학업을 연장해야 하는 출발점이다. 왜냐하면 바로 그 지점에서부터는 자유롭게, 게다가 모든 분야의 공부를 할 수 있기 때문이다. 부자와 가난한 자의 차이는 사실 경제적인 지식이 있느냐 없느냐인 경우가 많다. 전 세계에서 갑자기 복권에 당첨된 사람들을 봐도 그렇다. 이들 대부분이 다시 파산하거나 심지어 빚까지 지는 데에는 2년이면 충분하다. 반대로 자수성가해 큰돈을 번 사람이라면 한 번의 잘못된 판단으로 그 돈을 전부 잃어도 다시 새로운 사업을 시작해 심지어 더 큰 돈을 버는 경우도 많다.

당신을 부자로 만드는 것은 돈이 아니라 돈에 대한 지식이다.

돈을 다 빼앗아도 부자는 여전히 부자다. 지식, 도구, 실질적인 경험 부자 말이다. 당신이 오늘 나에게서 내 소득의 모든 출처를 막고 내가 가진 것을 다 가져간 후 발가벗겨 숲에 버린다고 해도 나는 몇 달 안에 지금의 라이프 스타일을 되찾을 것이라고 확신한다. 왜냐하면 한 번 갔던 길이므로 언제든 다시 갈 수 있기 때문이다. 부자들은 이렇게 말한다. 두 번째로 어려운 일이 첫 1억을 버는 것이고 첫 번째로 어려운 일이 첫 10억을 버는 것이다. 하지만 세상에서 가장 쉬운 일이 두 번째로 10억을 버는 것이다. 처음 10억을 번 사람은 그 돈을 기부하거나 선물해도 된다. 그 길을 스스로 걸어 봤고 게임이 실제로 어떻게 진행되는지 배웠기 때문이다.

나는 천재 거인들에 대해 많이 연구했다. 이들은 모두 열렬히 배우고 창작을 좋아하는 공통점을 갖고 있다. 니콜라 테슬라는 세 살 때 자신의 고양이, 마캇을 쓰다듬다가 마캇의 털에 갑자기 섬광이 비치는 걸 보고 굉장한 흥미를 느꼈다. 마찰이 생성한 전하가 방전되면서 일어난 현상이었다. 그리고 그 70년 후 그는 역사상 가장 위대한 발명가가 되었다.[73]

대학 입시 혹은 졸업에 실패했으니 모든 것이 힘들어졌다고 한탄하는 사람이 많다. 정말 그럴까? 레오나르도 다빈치는 정규 교육을 전혀 받지 않았지만 스스로 모든 것을 배웠다. 그에게는 호기심과 끈기라는 두 가지 매우 유용한 도구가 있었다. 일론 머스크는 성공한 사업가이고 현재 세계에서 제일가는 부자라고 한다. 페이팔이

나 테슬라 같은 거대 기업의 소유자이면서 동시에 사람들이 우주를 여행하는 세상을 꿈꾸며 일을 추진하고 있다. 그런 머스크에 따르면 대학은 "기본적으로 즐기기 위한 곳이고 과제를 수행할 수 있음을 증명하기 위한 곳일 뿐 무언가를 배우기 위한 곳은 아니다."[74]

나이가 지긋한 사람 중에는 무언가를 배우기에는 너무 늦었고 배워 봤자 아무 소용이 없을 거라고 생각하는 사람이 많다. 정말로 그럴까? 거인 마스터들은 노령에도 일했다. 괴테는 「파우스트」 2부를 82세에 끝냈다. 이탈리아의 위대한 화가 티치아노는 걸작 〈피에타〉를 80대 후반 죽기 직전까지 작업했다. 불굴의 미켈란젤로는 88세로 죽을 때까지 바티칸 피터스돔의 지붕 그림에 매진했으며 마지막 순간까지 아이디어가 넘쳐났다.

배울 때, 낡고 부정적인 믿음 문장이
새롭고 긍정적인 지식 네트워크로 거듭난다.

위의 문장을 읽는 당신은 지금 이 세상을 사는 당신에게 얼마나 무궁무진한 가능성이 숨어 있는지 아는가? 요즘 세상은 지식이 넘쳐나고 누구나 배울 수 있으므로 이루지 못할 것이 없다! 당신은 배움으로 인생을 바꾸고 가장 원하는 인생을 살겠다고 결심만 하면 된다. 그리고 배우고자 한다면 처음부터 그 분야의 최고로부터 배우기를 권한다. 최고를 찾아내라! 중간 정도 하는 사람에게 배우기 시작하면 몇 년 후 물론 지금보다는 나아져 있을 것이다. 하지만 무조건 최고로부터 배운다면 똑같이 몇 년 후에라도 지금은 상상도 할 수 없이 많이 발전해 있을 것이다. 축구로 치면 같은 기간을 배우고 난 뒤에 2부 리그가 아닌 1부 리그에서 뛰게 된다는 뜻이다.

가장 큰 실수는 배움의 통로를 줄이는 것이다.

사람들은 휴가, 소비재, 옷 등에 많은 돈을 쓴다. 그런데 무언가를 배우는 데에는 인색하다. 하지만 지식 습득이야말로 장기적으로 볼 때 자신의 시장 가치, 계좌 상태, 내외부적인 자유를 올려 주는 유일한 길이다. 학교 졸업 후 스스로 하는 연장 교육은 사람들이 지출을 꺼리는 부분이지만 자유롭고 만족한 삶을 원한다면 꼭 해야 할 일이다. 항공기 승무원보다 기장이 더 많이 버는 것은 기장이 더 많이 배워야 하기 때문이고, 그래서 대체가 쉽지 않기 때문이다. 기장은 큰 노력 없이도 승무원의 일을 대신할 수 있지만 승무원은 그럴 수 없다.

살면서 돈을 더 많이 벌고 싶은가? 그렇다면 계속 배워라. 나는 27세에 경영대학원을 졸업했지만, 중고등학교와 대학에서 배운 모든 이론이 경제적으로 자유롭고 정신적으로 만족하고 육체적으로 건강한 삶을 사는 데 절대 충분하지 않음을 깨달았다. 당신도 배우고 싶다면 다음 일곱 가지 방식을 따라가 보기 바란다.

1. 책을 읽는다 → 장점 : 한 가지 주제에 당신만의 속도로 차분히 전념할 수 있다. 한 권의 책 속 한 문장이 당신 인생을 영원히 바꿔 놓을 수도 있다. 책을 여는 사람은 당신이지만 그다음에는 책이 당신을 열어 보여 줄 것이다.

2. 오디오북을 듣는다 → 장점 : 운전이나 운동을 하면서 소중한 지식을 습득할 수 있다. 듣기 속도도 마음껏 높이고 낮출 수 있다.

3. 영상 수업을 듣고 실천한다 → 장점 : 굳이 어딘가로 찾아가서 호텔에 묵으면서까지 듣지 않아도 집약된 전문지식을 받아볼 수 있다. 원하는 시간과 장소에서 배울 수 있다. 오디오북이나 팟캐스트처럼 속도도 스스로 선택할 수 있다. 그리고 반복해서 볼 수도 있다.

4. 세미나와 워크숍에 참석한다 → 장점 : 현장에서 생생하게 배울 때 강력한 감정이 동반되고 강력한 감정으로 배운 것은 절대 잊어버리지 않는다. 덧붙여 동지들도 만날 수 있고 질문도 가능하다.

5. 온라인 마스터마인드Mastermind 그룹을 경험하라 → 장점 : 소수의 특별한 집단 안에서 당신의 지식을 넓힐 수 있다. 성공에 대해 같은 열망을 가진 사람들을 만나 궁금한 것에 답을 얻을 수 있고 그들 각각의 경험에서 단기간에 큰 혜택을 볼 수 있다. 마스터마

인드 그룹은 비싼 참가비를 기꺼이 지급하는 전문가들만 참석한다. 따라서 전문가들로 구성된 강력한 네트워크 안에 들어갈 수 있다.

6. 1대 1 코칭으로 변형을 꾀하라 → 장점 : 최고 전문가에게서 개인적으로 배울 수 있다. 현재 당신이 갖는 모든 질문에 곧장 답을 들을 수 있으므로 당신만을 위한 맞춤 교육 같은 것이다. 이것은 당신 분야에서 대가가 되는 가장 빠른 길이다!

배우기 위해서는 늘 돈과 시간 중 하나는 투자해야 한다. 유튜브를 보는 것은 공짜지만 구체적인 답을 얻으려면 시간이 많이 든다. 위 배움의 방식들은 순서대로 갈수록 더 비싸질 테지만 비싼 방식일수록 시간을 아낄 수 있다. 시간은 우리가 가진 가장 중요한 자원이다.

부자는 시간을 벌기 위해 돈을 투자한다.
가난한 자는 돈을 벌기 위해 혹은 아끼기 위해 시간을 투자한다.

나는 살면서 1대 1 코칭에서 가장 비싸게 그리고 가장 빨리 배웠다. 최고의 전문가가 내 개인적인 문제들을 분석한 후 곧장 요점으로 나아갔으며 내 가장 큰 약점을 지적하며 그때그때 가장 빠르면서 단계적인 성장을 가능하게 했다. 지금도 나는 자신의 분야에서 놀라운 업적을 이룬 사람들에게 다가가기 위해 정기적으로 돈을 쓴다. 마스터마인드 그룹 혹은 1대 1 코칭으로 짧은 시간 안에 그동안 놓치고 있던 퍼즐 조각을 알아내고 수십 년 실전에서 얻은 전문가의 노하우를 받는다. 자발적으로 교육을 연장하는 사람들은 자주 "지식은 기본적으로 무료지만 경험은 비싸다!"고 말한다. 경험 많은 진짜 스승에게 배우기를 바란다.

아직도 공부가 당신 인생에 당연한 것으로 여겨지지 않고 위에서 말한 그 모든 장점에도 불구하고 '나에게는 너무 어려운 일이야' 혹은 '나는 뭔가를 또 더 배울 시간이 없어!'라고 생각한다면 바로 거기서 잠깐 멈춰라. 이 책을 옆으로 치워 두고 잠깐 밖에 나가 보자. 그리고 우주에 열린 질문을 하나 던져 보자. "내가 다시 심혈을 다해 배운다면 장단기적으로 어떤 점이 좋을까?" 혹은 "나는 어느 분야에 가장 먼저 전념하며 배우고 싶은가?" 그리고 당신 인생에 결정적인 변화를 줘 보자.

관점이 관점이라 불리는 것은 언제나 바뀔 수 있기 때문이다.

그런데 틀린 방향으로 가고 있는데 속도를 높여봐야 아무 소용이 없다. 자신에게 관대한 사람의 삶은 무겁고 자신에게 엄격한 사람의 삶은 가볍다. 우리는 뿌리면 거두는 세상에서 매일 결정하며 살아간다. 오늘 뿌린 것은 머지않아 거두게 된다. 성공 과학 공부에 투자한다면 갈수록 더 강해지고 부자가 될 것이다. 스마트폰, 자동차 같은 물질에 투자한다면 갈수록 자신의 가치를 잃게 될 것이다.

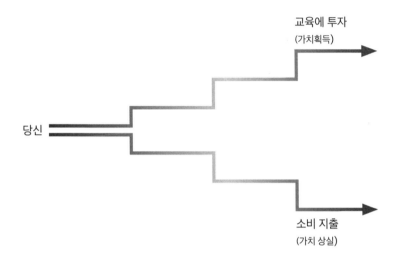

경제 상황에 긍정적인 영향을 주기 위해 당장 시작할 수 있는 일이 있는데 바로 저축이다. 그리고 경제적 자유로 향한 길 위에 서 있는 당신에게 가장 위험한 것은 빚을 들여 물건을 사는 일이다. 물건과 빚은 물과 기름 같다고 보면 된다. 서로 섞기에 절대 좋은 조합이 아니다. 요즘은 거의 모든 가정이 대출을 끼고 살아간다. 집, 자동차, 옷, 전자제품, 심지어 휴가를 가기 위해서도 대출을 받는다. 그렇게 결핍의 에너지 진동 속으로 들어가며 우주에 자신이 빚진 자임을 알린다. 빚을 진 사람은 경제적 자유를 포기한, 고개 숙인 사람으로 그것과 함께 정신적 자유도 포기한 사람이다. 대출이 부르는 쳇바퀴에서 벗어나기를 바란다. 당신에게는 선택권이 있다!

그리고 다음 세 개념 사이의 뚜렷한 차이를 알아차리자.

- 소비 : 소비재를 살 때는 늘 돈을 잃는다.
- 도박 : 축구나 복권 같은 것에 돈을 거는 것은 돈을 잃을 위험이 존재하지만 가끔은 돈을 벌기도 한다.
- 투자 : 대체로 돈을 번다.

사람들이 경제적으로 자유롭게 되는 데 매번 실패하는 이유는 끈기가 없고 원하는 것이 있을 때마다 즉각 사들이기 때문이다. 더 많이 벌수록 더 많이 지출한다는 파킨슨 법칙[75]에서 벗어나자. 1년에 4천만 원을 번다면 3천만 원을 버는 것처럼 살아라. 차액은 후에 불로소득을 위한 종잣돈으로 저축하라. 덧붙여 저축은 월말이 아니라 월초에 미리 하라. 나는 두 계좌 시스템을 채택했다. 모든 방향에서 들어오는 다양한 수입은 전부 사업 계좌로 들어간다. 그리고 개인 계좌로 식비, 취미활동비, 휴가비 같은 매달 꼭 필요한 돈만 이체한다. 나는 개인 계좌에는 일부러 돈을 적게 유지한다.

경제적 자유를 획득하는 데 유용한 실질적이고 실행하기도 쉬운 팁 하나 더. 비싼 물건을 사고 싶다면 일단 구매를 몇 달 미룬 다음 그동안 계속 그 물건을 사면 정말 좋을지, 혹은 그 물건을 사면 경제적 자유에 더 가깝게 될지, 아니면 더 멀어지게 될지 물어보라.

수입 올리는 방법들

직업적으로 당신이 지금 어떤 자리에 있든 수입을 올릴 방법은 얼마든지 있다.

직장인이라면 당신은 일단 안정된 수입이 중요한 사람일 것이다. 법적으로 보호받고 있고 팀 안에서 일하며 매달 꼬박꼬박 돈이 들어온다. 직접 고객을 찾아 나설 일이 없으므로 주어진 일을 잘하면서 안정된(그렇게 보이는) 생활을 즐기기만 하면 된다. 하지만 현재 고용주가 실질적으로 당신의 고객이라서 위험 요소가 없지는 않다. 현재의 고용주가 당신의 일 혹은 능력에 만족하지 못한다면 언제든 해고당할 수도 있으니까 말이다. 그리고 대부분의 직장인들이 그렇듯 수입을 크게 늘릴 수 없고 기껏해야 야근 수당 정도만 더 받을 수 있다. 직장인의 세금 감면 혜택을 크게 받을 일도 거의 없다. 요약하면 직장인은 경제적 상태는 다음과 같다.

$$총수익 - 세금 = 순수익 - 비용$$

다음은 직장인이 돈을 더 많이 벌 수 있는 세 가지 아이디어이다.

- 경영진과 면담할 기회를 잡아 당신이 매일 회사를 위해 할 수 있는 중요한 일들로 어떤 것이 있는지 물어라. 그 일들을 다 정리한 다음 그들이 보는 우선순위도 알아 둔다.
- 연봉 인상을 요구하는 대신 회사에서 더 책임 있는 직위를 요구하라. 그리고 어쩔 수 없는 경우라면 자비를 들여서라도 계속 자기 계발에 투자하라. 그러면 어쨌든 당신의 시장 가치가 올라갈 것이다.
- 주어진 일은 동료들보다 빨리해내라. 하지만 일의 속도를 높이기 전에 능력부터 높여라. 불안정한 기찻길이라면 아무리 빠른 기차라도 문제만 더 생긴다.

당신이 **프리랜서**라면 당신에게는 무엇보다 자유가 중요할 것이다. 당신이 곧 상사이니 원하는 시간과 장소에서 일한다. 그리고 고객 유치, 장부 정리, 성과 올리기, 교육, 마케팅 등 모든 일을 온전히 혼자 계획하고 실행해야 한다. 프리랜서에게 가장 큰 문제는 자연스러운 하루 리듬에 따라 살기가 어렵다는 것이다. 자신이 일하는 시간에 대한 시급을 스스로 정할 수 있다는 장점도 있지만, 하루는 단지 스물네 시간뿐이고 그 시간에 먹고 잠도 자야 한다. 일할 시간이 부족하므로 돈으로 시간을 사기도 한다. 프리랜서는 일과 관련된 비용은 모두 세금 감면 혜택을 받을 수 있다는 장점이 있다. 요약하면 프리랜서의 경제적 상태는 다음과 같다.

총수익 - 비용- 세금 = 순수익

다음은 프리랜서가 수익을 올릴 세 가지 아이디어이다.

- 시간은 가장 중요한 자원이지만 절대적으로 부족한 자원이기도 하므로 프리랜서에게는 생산성을 높이는 것이 매우 중요하다. 당신이 시간을 이용하는 방식을 잘 보라. 타이머를 20분 간격으로 맞춰 놓고 20분마다 지금 하는 일을 메모한다. 그다음 중요하지 않은 일에는 창조성을 낭비하지 말고 기계적으로 하던 대로 하라.
- 무한정 높일 수 있는 것은 유일하게 당신의 시간당 보수이다. 자신의 값을 싸게 부르기를 그만두고 대신 능력과 작업의 질을 올려라. 능력이 뛰어나면 보수도 그만큼 높은 게 시장 원리이다.
- 몸으로 하는 일은 그 보수가 시간당 최대 20~100유로가 한계이다. 머리로 하는 일은 한계가 없다. 이 규칙을 잘 알자. 그러므로 끝임없이 배울 때 장기적으로 수입도 올라가게 되어 있다. 게다가 서비스업은 자재와 물류에 드는 비용도 없다.

일에 있어 안정 혹은 자유, 이렇게 서로 중요하게 생각하는 부분이 다르더라도 직장인과 프리랜서는 둘 다 자신의 시간을 돈으로 바꾼다. 그런데 프리랜서의 고객들은 기본적으로 프리랜서의 시간이 아니라 자신이 갖는 문제에 대한 해결책을 원한다. 시간을 주는 것으로 돈을 버는 일을 그만두고 싶다면 고객의 문제가 당신이 없어도 해결되는 시스템을 만들어야 한다.

당신이 만약에 **기업가**라면 당신에게는 진정한 자유와 특정 임무가 중요할 것이다. 당신이 이미 2년 이상 하나의 사업체를 성공적으로 운영해 왔다면 축하한다. 왜냐하면 그렇게 오랫동안 재정적으로 살아남는 50퍼센트의 회사에 속하게 되었으니 말이다.[76] 처음에 성공하고 기반을 다지기가 이토록 어려움에도 기업가는 대개 모든 위험을 무릅쓴다. 억만장자들은 대부분 자신만의 사업으로 부자가 된다. 원하는 만큼의 수익이 계속 들어오게 하려면 당신의 부재에도 돈이 들어오는 확장형(저절로 커지는) 시스템이 필요하다. 당신 사업 모델이 잘 기능하고 확장성도 좋다면 점점 더 많은 사람이 당신의 회사에서 일하게 될 것이다. 사람이 많을수록 서로 부딪히는 일도 많아지고 그만큼 기업가는 해결해야 할 일도 많아진다. 그러므로 불로소득을 얻기 위해 기업을 하나 일구려 한다면 그전에 당신의 전문가다운 노하우는 물론이고 인격도 적극적으로 키우고 다듬어야 한다.

다음은 기업가가 사업을 성공으로 이끌 세 가지 아이디어이다.

- 사람은 어떻게 억만장자가 되는가? 최소 백만 명은 갖는 문제를 해결하는 회사를 차려라. 어떤 문제가 그런 문제일까? 지금까지

누구도 알아차리지 못했거나 해결하지 못한 문제가 그런 문제이고 그런 문제에서 비즈니스 아이디어가 나온다. 매일 현실에서 관찰한 문제들을 열 가지 적어 보라.

- 자신이 경쟁자들과 무엇이 다른지 알아내고 그 차별점을 당신이 가진 모든 마케팅 채널을 이용해 광고하라. 당신은 문제를 최초로 해결한 사람인가? 아니면 문제를 더 잘 혹은 다르게 혹은 더 빨리 해결하는 사람인가? 다른 낚시꾼이 없는 곳이 가장 많이 낚이는 곳이기 쉽다. 기업에서 유일하게 돈을 벌어다 주는 활동이 홍보, 마케팅, 그리고 판매이다. 다른 활동들은 일단은 돈을 쓰는 활동들이다.

- 고객에게 가장 괴로운 점을 묻고 배워라. 주의해 듣고 틈새를 공략하는 것이 가장 좋다. 고객의 문제를 더 구체적으로 더 정확하게 더 잘 해결할 때 돈도 더 많이 받는다. 고객의 바람을 사랑으로 더 적극적으로 들어줄 때 실패를 걱정할 일도 그만큼 줄어들 것이다.

당신이 만약 **투자자**라면 당신은 혁신과 안전한 투자처를 중요하게 생각할 것이다.

투자자는 이미 충분한 돈이 있으므로 형세를 역전시키는 사람들이다. 다시 말해 돈을 위해 일하기보다 영리한 투자로 돈이 자신을 위해 일하게 한다. 돈이 돈을 벌게 한다. 그런데 이런 불로소득이라도 한 번의 행운에 그치지 않으려면 몇 년에 걸친 지속적인 공부와 경험이 필요하다. 돈을 가진 사람이 경험을 가진 사람과 만날 때 돈을 가진 사람은 경험을 얻고 경험을 가진 사람은 돈을 얻는다. 투자라고 하면 사람들은 일단 은행부터 떠올리고 어떤 상품을 선택할까 생각한다. 하지만 은행들은 무지한 고객들에게 자신의 배를 채우는 상품부터 소개한다. 그리고 뒤에서 주식, 부동산, 원자재에 투자한다. 이 세 분야만 해도 제때 들어가고 빠지는 기술을 터득하려면 몇 년은 공부해야 한다.

다음은 투자자로 성공하는 데 도움이 될 세 가지 아이디어이다.

- 아직 투자자가 아니라면 오늘 당장 무료 가상 투자 포트폴리오를 만들어 가상의 돈으로 투자를 시작해 보라. 그런 다음 최소한 반년에서 1년 동안 계절마다 어떤 다양한 기준과 뉴스들이 각각의 분야에 영향을 주는지 조사하라.
- 은행으로부터 투자받아 언젠가 그 투자금을 다 갚을 수 있는 다른 곳에 투자하는 것도 영리한 방법이다.
- 가장 중요한 점 : 배우는 데 돈을 투자할 때, 특히 재테크 관련 교육이라면 그 투자로 손해 볼 일은 절대 없다. 그 어떤 인플레이션, 세금, 관세도 당신이 습득한 지식은 빼앗아 갈 수 없다. 그러므로 여윳돈이 있다면 가장 먼저 성공 과학 공부에 투자하라. 우리는 매우 빠르게 흘러가는 시대를 살고 있다. 각각의 분야에서 가장

최신의 지식과 노하우를 늘 습득하라. 배우면 배울수록 더 많이 벌 것이다. 하지만 읽지 않는 책 혹은 틀어보지 않는 영상 수업은 도움이 되지 않는다. 워렌 버핏은 세상에서 가장 큰 부자 중 한 명이고 투자자이다. 그리고 노령에도 매일 여덟 시간 넘게 책을 읽으며 보냈다고 한다.

먼저 배워라. 그럼 돈이 따라올 것이다.
지식은 힘이기도 하지만 무엇보다 돈이기 때문이다.

○

돈을 즐겨라

당신의 재정적 독립과 재정적 자유를 위해 각각 얼마나 필요한지 계산해 보았는가? 만약에 그랬다면 다시는 돈을 위해 일하지 않으려면 얼마가 필요한지 구체적인 숫자가 머릿속에 들어왔을 것이다. 만약에 계산해 보지 않았다면 구체적인 목표도 없는 노력이 좀처럼 끝나지 않을 테고 그런데도 돈은 언제나 부족할 것이다. 일을 해야 해서 하는 것과 일하고 싶어서 하는 것 사이에는 큰 차이가 있다.

평생 넉넉히 쓰고도 남을 돈을 갖게 되는 순간 우리는 돈에 대한 그 끝없던 열망을 끊고 대가다움을 얻기 위해 노력할 것이다. 부자가 되는 것을 무의식적으로 두려워하는 사람도 있다. 에고는 더이상 할 일이 없음을 두려워한다. 하지만 그런 생각은 예를 들어 아프리카나 동남아시아 같은 가난한 나라의 아이들이 어떤 환경에서 살아가고 있는지 보고 재빨리 버리기를 바란다. 돈이 있다면 좋은 일을 아주 많이 할 수 있다.

"돈이 사람을 망친다."라는 옛말을 믿는 사람도 많다. 이것은 틀린 말이다. 내 생각에 돈은 자신의 성격을 확대경처럼 강화한다. 원래 인색했던 사람은 큰돈이 생기면 정말로 인색해진다. 원래 인심이 좋은 사람은 큰돈이 생기면 더 인심이 좋아진다.

지출이 유독 힘든 사람이라면 예를 들어 다음에 휴가를 갈 때 정확한 액수의 휴가비를 넉넉히 책정해 놓고 휴가지에서 그 액수를 꼭 넘기고 오는 것도 한 가지 방법이다. 그러면 극단적으로 절약하는 습관을 깰 수 있다. 다른 사람에게 큰 기쁨을 주는 것도 돈을 멋지게 쓰는 좋은 방법이다. 아이들은 선물 받는 것을 좋아한다. 반면 우리 어른들은 대개 선물을 줄 때 더 기쁘다.

덧붙여 매일 해야 하는 성가신 집안일을 줄이는 데 돈을 쓰자. 나는 시간을 절약하기 위해 의식적으로 집의 전자기기들을 큰 걸로 들인다. 세탁기, 건조대, 냉장고 모두 크다. 심지어 냉동고도 있다. 신선한 재료나 미리 해 둔 음식을 대거 저장해 놓기 위해서다. 주방 옆에는 따로 식품 저장실도 있어서 오래 보관해도 되는, 몸에 좋은 식품들을 저장해 놓고 있다. 그러면 자주 시장을 보지 않아도 된다.

그리고 로봇 청소기와 로봇 잔디 깎기도 나를 위해 일해 주고 있다.

그리고 돈을 투자해 식사 준비, 청소, 운전, 배달 같은 매일 해야 하는 일에서 완전히 벗어나는 것도 생각해 봄 직하다.

시간이 곧 돈이므로 저축보다 지출이 더 경제적인 경우가 많다.

CHAPTER 7

사랑

당신의 가장 큰
치유소

우리는 왜 관계를 원하는가?

앞에서 말했듯이 당신의 영혼은 영혼의 숙제를 완수하고 당신의 재능으로 다른 영혼에 가닿기 위해 이 지구로 왔다. 그러므로 당신 인생에서 영혼의 숙제 다음으로 큰 주제가 바로 사랑 혹은 관계이다.

사람들은 왜 사랑에 빠지는가? 내 생각에 의식 수준의 정도에 따라 다음 다섯 가지 이유가 있을 것 같다.

1. 상대의 **외모**를 보고 사랑에 빠지는 사람이 많다. '그녀의 치아가 어찌나 하얗고 예쁜지!' '딱 맞는 셔츠를 입은 그의 상체가 어찌나 젊고 팔팔한지!' 하지만 장기적으로 볼 때 건강한 파트너십에는 매력적인 얼굴, 동그란 엉덩이, 잘 다듬은 손만으로는 부족하다. 이런 격언도 있지 않은가. "나무에 핀 꽃만 보고 그 뿌리를 보지 않는 사람은 늦어도 가을이면 난감하게 될 것이다."
내면으로 들어가 자신의 영혼과 소통하는 법을 배우지 못하고 껍데기만 화려하게 치장하는 사람이 많아 참으로 유감이다. 하지만 이것은 눈에 보이는 것만 갈망하는 우리 정신 때문이다. 표면적인 사람은 즉각적이고 의미 없는 칭찬을 자신이 그렇게나 열망하는, 변하지 않는 진짜 사랑으로 착각한다.
2. 상대의 뛰어난 **지성**에 반해 관계에 빠져드는 사람도 많다. '그는

재치와 위트가 넘친다' '그가 하는 이야기는 하나같이 다 재미있다' '그녀는 정말 지적이다!' 좋은 점들이지만 이런 점들이 진정으로 사랑하는 관계를 부르지는 않는다.

3. **위상**은 옛날부터 사람들이 연결되는 중요한 이유 중 하나였다. 그는 중요한 군주고 그녀는 힘 있는 여왕이다. 그는 성공한 사업가고 그녀는 창의적인 갤러리 소유자이다. 그는 잘생긴 배우이고 그녀는 지적인 교수이다. 그는 고액 연봉의 축구 선수이고 그녀는 유명한 작가이다. 하지만 외부적인 직함과 성공이 꼭 내면의 성숙함을 의미하지는 않는다.

이 세 가지는 분명 사람들을 엮어 주는 가장 흔한 이유들이다. 하지만 이 이유들만으로 만들어진 파트너십이 깊어지는 경우는 거의 없다. 오히려 서로의 성장을 막거나 금방 헤어지기 쉽다. 다음은 사람들이 관계를 갖는 또 다른 두 가지 이유이다.

4. 진정한 사랑을 부르는 것은 사실 깊은 **감정**이다. 깊은 감정을 느낀다는 것은 서로 닮은 점을 알아차렸다는 것이고 이때 진짜 자신도 알게 된다. 자신과 닮은 영혼을 알아보고 마음을 열고 사랑할 용기를 낼 때 진실한 관계가 가능해진다. 사랑은 머리가 아니라 마음이 움직이는 것이다. 그래서 괴롭기도 한 것이 사랑이다.

5. 두 영혼이 감정적으로 결합한 후 곧 영적으로도 단순한 커플 이상의 관계임을 알아차릴 때 진실하고 **영적인 파트너십**이 생긴다. 둘은 신성한 숙제를 받아들이고 사랑의 대사가 된다. 불안에

떠는 정신들을 고취하고 상처받은 마음의 치유를 돕고 사랑이 선물임을 상기시킨다. 이런 두 사람이 만나면 두 사람의 결합 이상으로 모두를 위해 좋다. 1 더하기 1이 3이 되고 8이 되고 17이 되고 100이 된다. 진정한 사랑이 할 수 있는 일에 한계는 없다.

우리 가슴은 알고 있다. 사람은 누구나 사랑의 의무를 지닌 신성한 영혼임을. 다만 머리도 그 사실을 기억해야 한다.

불안, 혹은 사랑이라는 착각

우리 영혼의 관점에서 보면 우리가 지구에 온 이유는 딱 하나, 바로 사랑이다. 그런데 우리는 왜 사랑하지 않는가? 오히려 사랑이라는 이름으로 역사 내내 잔악 행위들을 일삼았다. 과거에도 현재에도 사랑만큼 수천수만 번 오용되고 상처받은 개념도 없을 것이다. 사람들은 과거에도 현재에도 늘 거짓 사랑으로 속고 속이고 전쟁까지 불사한다. 남녀 간의 작은 장미 전쟁이든 큰 종교 전쟁이든 다 마찬가지이다.

사랑의 반대는 미움이 아니라 불안이다. 사랑받지 못하고 있다고 느끼는 순간 우리는 늘 불안이라는 무기를 붙잡는다. 그리고 거짓말하고 비판하고 배반하고 상처를 입힌다. 내면의 구멍을 채우고 싶어서 상대의 칭찬을 갈망한다.

존재감 없이 지구에서 사라질 것을 두려워하는 사람이 많다. 살면서 최고로 좋은 날을 맞았는데 기쁨을 나눌 사람이 없다. 의미 없는 사람이 될까 두려워 거리로, 밖으로, 세상으로 나간다. 혼자이고 사랑받지 못할 것이 두려워 매력 발산에 몰두하다가 결국에는 모든 것을 잃고 자기 자신도 잃는다. 내면이 공허하다면 파트너십은 끝나지 않는 물물교환일 뿐이다. 서로 끊임없이 "달라고"한다. 그리고 그런 물질적인 관계에 서로 지쳐만 간다. 음악 산업은 이런 상황을 정당화하는 노래들을 만든다. "당신의 사랑이 필요해."라는 말의 수없이 많은 변종과 버전들을 만들어 내면서 말이다. 그렇게 수백만 사람들을 더 괴롭게 만든다. 이런 구속을 부르는 언명은 아름다운 멜로디와 함께 우리 무의식에 곧장 박히고 그렇게 우리는 사랑이 아니라 불안의 노예가 된다! 상황이 이런데 부모의 사랑 없이 자란 청년이 이성과 아주 잠깐 희롱했을 뿐인데 그 즉시 육체적, 정신적으로 정신을 못 차리고 자신을 완전히 포기하기까지 하는 것이 과연 놀랄 일인가? 찰리 채플린은 딸에게 보내는 편지에 이런 통렬한 말을 남겼다. "너의 벌거벗은 몸은 너의 벌거벗은 영혼과 사랑에 빠진 사람의 것이어야 한다."[77]

사람들은 "당신 없이 나는 아무것도 아닙니다." 증후군에 시달리며 표면적인 결합을 위해 자존감을 던져 버린다. 그렇게 성급한 섹

스를 치르고 나면 각성이 일어나고 그러면 마음의 벽이 더 두꺼워
진다.

영혼은 하룻밤의 숙소가 아니라 집을 찾고 있다.

○

당신 몸은 누구나 만질 수 있을지 몰라도 당신 마음은 아무나 만
질 수 없다. 불행한 연애를 했다면 이제 무관심으로 일관하는 삶과
의존하는 괴로운 삶이라는 두 세계 사이를 왔다갔다하는 사람이 많
다. 그렇게 절박한 좀비가 되어 간다. 이들은 걸인 같다. 오랫동안
아무것도 먹지 못해 배가 너무 고프다. 상대의 가방 속으로 손을 뻗
어 애타게 먹을 것을 찾지만 아무 소용이 없다.

관계 운전 학원

이런 괴로움 가득한 경험을 하게 되는 것은 예를 들어 괴로움 중
독이어서가 아니라 어떻게 하면 좋은 관계를 유지할지 잘 모르기 때
문이다. 그리고 덧붙여 영화, 책, 잡지 같은 미디어에 남녀 관계가
어떠해야 하는가에 관한 잘못된 제시들이 넘쳐나기 때문이다. 학교
에서 우리는 수학은 배우지만 돈을 어떻게 다뤄야 하는지는 배우지

않는다. 생물학은 배우지만 몸을 장기적으로 건강하게 유지하는 법은 배우지 않는다. 독일어와 영어는 배우지만 다른 사람들과 잘 소통하는 법은 배우지 않는다. 그러니 스스로 아프게 배우지 않고서 어떻게 자신에게 진짜로 필요한 지식을 얻고 능력을 키울 수 있겠는가? 그런데 문제는 아픔이 대개는 또 다른 아픔을 부른다는 것이다.

아픈 사람은 그 아픔 안에 변화를 부르는 선물이 있음을 좀처럼 알아차리지 못한다.

운전하고 싶다면 운전 면허증을 따야 한다. 정해진 시간 동안 연습하고 시험을 봐야 한다. 시험에 통과하면 운전을 공식적으로 허락하는 면허증을 받는다. 그다음 도로에서 조금씩 감각을 익히며 안전하게 움직이는 법을 배운다. 그런데 사랑은 어떤가? 청소년 때나 청년이 되었을 때나 게임의 규칙을 말해 주는 사람이 없다. 용감하게 사랑에 빠지지만 대부분 부모를 보면서 배운 것들을 되풀이할 뿐이다. 그리고 그 첫 경험을 마음속에 저장한다. 그 토대 위에 그 다음의 사랑이 지어진다. 나는 감히 말한다. 사랑에 타고난 사람은 없다고. 우리는 자기 성찰의 기회를 주는 오랜 관계를 통해야지만 제대로 사랑할 수 있다. 수백 시간 운전해 봐야 비로소 잘 운전할 수 있다. 다른 운전자가 운전하는 것을 관찰만 해서는 부족하다. 관찰만 하는 것으로는 잘 사랑할 수 없다. 현실에서 직접 경험하지 못한 감정을 모방할 수 있는 사람은 없다. 사랑을 잘하려면 한편으로는 실질적인 경험을 해 보아야 하고 또 다른 한편으로는 잘 소통하고 자기를 성찰할 줄 알아야 한다.

사랑의 네 단계

여러 번 상처받은 경험이 있음에도 다시 마음을 열게 하는 사람이라면 세상 누구보다 친밀함이 느껴지는 사람일 테다. 하지만 감정이 많이 연루될수록 맹목적이기 쉽고 또 상처 입기도 쉽다. 그리고 감정이 많이 연루될수록 더 빨리 배우고 더 빨리 성장하기도 쉽다. 우리는 갑옷을 벗고 큐피드의 화살을 맞는다.

나는 사랑을 다음의 네 단계로 나눈다.

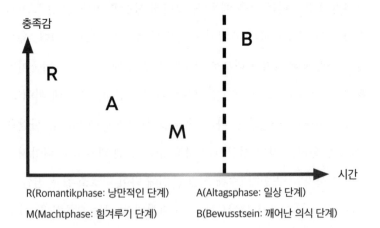

충족감

R

A

M

B

시간

R(Romantikphase: 낭만적인 단계) A(Altagsphase: 일상 단계)

M(Machtphase: 힘겨루기 단계) B(Bewusstsein: 깨어난 의식 단계)

처음의 **낭만적인 단계**에 있을 때 우리는 구름 위를 걷는 것 같다. 상대가 어떤 행동을 하든지 행복하다. 이것은 사랑에 빠지는 단계로 진정한 사랑이라고 볼 수 없으며 이 단계의 우리 뇌는 옳고 완벽한 모습만 본다. 막 사랑에 빠진 커플은 도시를 걷는 것이 아니라 행복에 취해 도로 위를 비틀거린다. 할 말이 절대 끊어지지 않고 상대의 실수가 절대 실수로 보이지 않는다. 의식 상태에 따라 이 단계는 두 주에서 여섯 달까지 이어진다.

뇌 속 감정의 향연이 어느 정도 잦아들면 처음으로 상대의 결점을 알아차리고, 이때 최초의 작은 각성이 찾아온다. 상대가 내가 찾던 왕자님 혹은 여왕님은 아님을 알아차린다. 이제 **일상 단계**가 찾아온 것이고 이 단계에서는 갑자기 모든 것이 명확하게 보인다. 상대가 가진 문제와 특정 경향들이 자꾸 보이기 시작한다. 이제 우리는 현실의 바닥으로 내려왔고 늘 붙어 있으면서 느꼈던 기쁨도 그만큼 줄어든다.

세 번째 **힘겨루기 단계**는 관계에서 역할을 분담하는 단계이며 자신의 의지를 관철하는 쪽과 그렇지 못한 쪽, 독립적인 쪽과 집착하는 쪽이 드러나는 단계이다. 각자 자신의 방식을 관철하려 드는 일종의 영역 싸움이 그 시작이다. 변기 뚜껑을 내려야 하는지 올려야 하는지, 왜 그녀는 치약을 중간부터 짜는지, 왜 그는 면도 후에 세면대에 수염 찌꺼기를 남기는지 같은 문제가 생긴다. 시간을 둘러싼 싸움도 시작된다. 아침마다 화장실을 독점해서 한쪽이 늘 화장실 문 앞에서 기다려야 한다든지, 저녁에 레스토랑에서 만나기로 해 놓고 기다리게 한다든지 하는 문제가 생긴다. 그러다 힘겨루기 단계가 심각한 국면에 접어들기도 한다. 둘이 함께 즐거운 저녁을 보낸다. 이제 슬슬 침대로 들어가 한동안 소원했던 섹스를 시도해 볼 만도 한데 한쪽이 너무 늦었다거나 편두통이 심하다는 등의 이유로 둘만의 친밀한 시간을 거부한다. 이쯤 되면 예전에는 이해하며 넘어갔던 일이 비난거리가 된다. 예전에는 대화가 끊이지 않았는데 이제는 답답한 침묵이 이어진다. 전선이 경색되고 장벽이 올라간다. 사랑은 사라지고 힘겨루기만 남는다. 이제 서로 맞지 않는 점만 보이고 둘이 같이 살 수 없는 이유만 보인다.

이 힘겨루기 단계에서는 다음 네 가지 선택지가 있다.

1. 감정을 죽이고 이성적으로 불가침조약을 체결한다. 조용한 가운데 "나를 건드리지 마. 그럼 나도 너를 건드리지 않을 거야!" 규칙이 지배한다. 꼭 필요한 사안만 함께 해결하고 감정적으로 깊이 들어가는 일은 양쪽 모두 피한다. 각자 자신의 세상에서 살고 서로의 생일 정도만 공동의 환경에서 같이 보낸다. 그 정도로 충분하다.

2. 대리만족할 것을 찾는다. 남자는 갑자기 몇 시간이고 컴퓨터 앞에 앉아 있다. 여자는 세미나, 강좌 혹은 책들에 굉장히 열중한다. 주말도 각자 할 일을 하면서 보낸다. 참고로 여자들은 대체로 남

자들이 바뀌기를 바라는데 남자들은 대체로 바뀌지 않는다. 그리고 남자들은 대체로 여자들이 항상 그대로 있기를 바라는데 여자들은 대체로 조만간 변한다. 커플 사이의 싸움은 남자는 유지를 원하는 반면 여자는 발전하려 애쓰고 남자도 발전하기를 기대하기 때문에 일어나는 경우가 많다. 이때 한쪽이 이탈해 다른 사람을 몰래 만나기도 한다. 자신의 파트너와는 이제 가능하지 않은 일을 새로운 사람과 하고 스릴도 느낀다. 한쪽이 전혀 모르는 가운데 다른 한쪽은 점점 멀어지고 자신만의 세상을 만든다.

3. 세 번째로 관계를 끝내면서 힘겨루기 과정도 끝낼 수 있다. 상대가 알고 보니 내가 바랐던 따뜻한 사람이 아니다. 이제 화를 누르고 혹은 무관심을 가장한 채 상처들을 대충 봉합하고 이별을 예고한다. 에고-지성은 "마침내"하고 외치며 이제 금방 자유를 되찾을 거라 느낀다. 머릿속의 목소리가 '절대 다시는 아무도 나를 그렇게 대하게 두지는 않을 거야'라고 말한다. 그리고 행복하기 위해 필요한 것이 무엇인지 정확하게 알고 있다고 생각한다. 다소 성급하게 결정이 내려지고 이제부터는 지금의 파트너와 완전히 다른 사람만 만나리라 결심한다. 머릿속으로는 이미 다른 로맨스에 설렌다. 그리고 다른 매력적인 새 얼굴을 찾아 나선다. 감정의 대양 속으로 깊이 잠수해 들어가는 대신 표면에서 첨벙대기를 선호한다. 현재의 관계는 이미 끝났다. "노력은 했지만 노력한다고 될 일이 아니었어."라고 말한다.

4. 그런데 슬픈 마음을 다잡고 자신이 매번 어떤 행동을 반복하는 지 보고 상대를 존중하며 소통한다면 힘겨루기 단계에서 둘이 함께 깊은 충족감을 얻는 다음 단계로 넘어갈 수도 있다.

사랑의 네 번째 단계인 **깨어난 의식의 단계**에 오면 관계는 그 전의 어떤 단계보다 생기가 넘친다. 서로 다시 이해하고, 나아가 더 잘 이해하므로 처음의 낭만적인 단계보다 감정적인 충족감이 더 크다. 나의 문제를 상대에게 투사했으므로 모든 게 상대 탓만 같더니 이제 의식적으로 나를 되돌아본다. '이 모든 게 나에게 어떤 의미인지 알아보자'고 생각할 때 어두웠던 상황이 점점 밝아지고 화해의 분위기가 만들어진다. 갑자기 자신만의 오래된 결핍들이 보인다. 상처는 일단 보여야 치유될 수 있다. 새로운 상대를 만날 때마다 두 가지가 함께 온다. 그 상대가 오고 당신이 해결하지 못한 아픈 과거도 온다. 그러므로 갈등이 일어날 때마다 성급하게 상대에게 자신의 문제를 투사하지 말고 한걸음 물러서서 자신을 살펴보는 것이 중요하다. 자신에 대해 정직하게 의문을 제기하는 용기와 지혜를 가진 커플은 어느 쪽도 악의를 갖고 그렇게 행동하는 것은 아님을 조금씩 이해한다. 그리고 현재 이 관계가 아무리 엉망인 것처럼 보여도 지금 표면으로 올라온 아픔이 대개는 현재의 갈등 상황이 아니라 해묵은 문제 때문임을 알아차린다. 네 번째 단계에 있는 커플은 대개 이상적인 커플은 없음을 경험을 통해 안다. 사람은 누구나 언젠가는 어두운 부분과 결점들을 보이게 되어 있고 실수도 하게 되어 있다. 하지만 좋은 관계란 이미 완성된 사람을 옆에 두는 관계가 아니라 자신의 부족함을 보여 줄 수 있는 사람을 옆에 두고 치유에 도움을 받을 수 있는 관계이다. 이때 관계는 넉넉한 치유소가 된다.

앞의 2장에서 살펴보았던 영혼의 계획을 다시 기억해 보자. 지금까지 당신이 경험했던 모든 관계는 당신이 탄생 전에 분명히 동의했던 것들이다. 그리고 우리는 배우기 위해 여기에 왔다. 그렇다. 우리는 상대를 논리적으로 비난하기 위해서가 아니라 사랑에 대한 내 영혼의 숙제를 완수하기 위해 여기에 있다.

관계가 어떤 동기로 시작되었든 그리고 지금 상태가 어떻든 우리는 언제나 마음을 들여다볼 수 있다. 긴장을 풀고 심호흡을 세 번 하자. 그다음 현재 사랑하는 사람과의 관계를 생각하며 당신의 마음이 정말 어떤지 느껴 보라. 그리고 질문해 보자 '지금 이 관계가 에너지를 다한 것일까? 우리가 함께 배워야 할 것들을 다 배운 걸까?' 마음속에서 떠오르는 첫 번째 대답이 앞으로 가야 할 길을 보여 줄 것이다.

낭만적인 단계 중독자들은 금방 싫증을 느낀다. 그렇게 새로운 사람이 불러오는 환각 상태가 실망과 함께 사라지면 무기력한 상태에 빠지고 '사랑은 망상일 뿐이다'라고 확신한다. 사랑의 거대한 바닷속을 잠수복을 입고 깊이깊이 내려가 탐험해 본 적이 한 번도 없으면서 말이다. 새로운 영혼과 매번 처음부터 다시 시작하며 매번 다시 자신에 대해 말하고 상대를 알아가는 대신 지금 그 관계를 새로운 수준으로 끌어올릴 수도 있다. 어떤가? 이쪽이 더 흥미롭지 않은가?

당신이 진정으로 함께 하는 사람

관계가 제대로 작동하려면 다음을 이해하는 것이 매우 중요하다. **관계에 있을 때 당신은 항상 자신과의 관계에 있는 것이기도 하다.**

당신은 "그게 무슨 말인가요?"라고 물을지도 모르겠다. 많은 사람이 그렇게 묻는다. 그렇다면 작은 비유를 하나 들어 보겠다. 당신은 거울 앞에 서 있다. 그리고 격분한 표정을 짓는다. 거울이 격분한 당신의 얼굴을 비춘다. 이제 당신은 천사 같은 표정을 짓는다. 그리고 거울이 천사 같은 당신의 얼굴을 비춘다. 여기서 바뀐 것은 무엇인가? 당신 얼굴 또는 당신 내면이 바뀌었다. 인생은 당신 내면의 문제를 그대로 비춰 주는 거대한 거울방이다. 당신의 결점, 장점, 당신이 그리워하는 것 모두 그 즉시 반사되어 당신에게 돌아온다.

당신이 보기에 굉장히 고압적인 사람을 만났다면 그것은 다음과 같은 의미일 수 있다.

1. 당신 자신이 다른 상황에서 다른 사람(들)에게 똑같이 고압적이다.

2. 상대가 점점 당신의 구역을 침범해 옴에도 계속 자신의 의견을 말하지 않고 자신을 지나치게 낮춘다.

3. 고압적인 성격이 과거에 당신이 해결 혹은 치유하지 못한 오랜 문제인데 이제 해결할 때가 되었고 그러함을 그 고압적인 사람이 당신에게 알려 준다. 어쩌면 과거의 부모나 선생이나 배우자가 고압적이었는데 맞서서 당신의 의견을 관철하지 못했을 수도 있다. 과거의 감정적 상처를 알아차린다면 이제 그 즉시 새롭게 행동할 수 있다. 나는 그렇게 과거의 상처를 보자 몇 시간 안에 온전히 받아들이고 치유되는 사람들을 많이 봐 왔다. 그러고 나면 옆의 그 고압적인 사람이 여전히 고압적이라도 더이상 문제되지 않는다. 또래보다 작아서 학교에서 늘 난쟁이라고 놀림 받는 아이가 있다. 어느 날 성장 호르몬이 폭발하면서 이 아이는 190센티미터까지 자란다. 이제 다른 아이들이 여전히 난쟁이라고 불러도 이미 자랄 만큼 자란 아이는 눈썹도 꿈쩍하지 않는다.

우리는 모두 상처받은 아이다

어릴 때 겪는 감정은 내면 깊숙이 각인되고 그렇게 모인 감정들이 그 후 인생을 결정짓는다. 나는 어린 시절을 생각하면 어머니가 연극단 사람들과 함께 순회공연을 가곤 할 때 혼자 남아 느꼈던 감정들이 금방 치고 올라온다. 아버지는 내가 태어나고 얼마 안 가 우리를 떠나 다른 여자에게로 갔다. 친척들은 모두 3,800킬로미터나 떨어진 시베리아에서 살았으므로 어머니는 나를 24시간 맡아 주는 유치원에 맡겼다. 낮 동안에는 서른 명의 아이들이 함께 놀았고 점심시간에는 늘 플라스틱 컵에 사과주스를 받아 마셨다. 날이 저물면 아이들이 하나둘 집으로 돌아가고 이층 침대로 가득했던 큰 방이 텅 비었다. 마지막 아이조차 집으로 돌아가면 관리인 같은 여자가 와서 불을 끄며 말한다. "막심, 이제 잘 시간이다!" 지금도 나는 가슴이 조여 오던 그 느낌을 잘 기억한다. 그리고 그것과 함께 내 내면에 확실히 박혀 버린 생각도 함께 떠오른다. '나는 사랑받을 자격이 없는 아이야. 엄마도 아빠도 나를 보러 오지 않아!'

그리고 20년도 더 후, 성인이 된 지도 이미 오래된 어느 날 나는 여자친구와 라인강을 따라 자전거를 타고 있었다. 자전거 길이 좁았으므로 여자친구가 내 앞에서 달렸다. 그런데 어느 때가 되자 그녀가 점점 더 빨리 달렸다. 그리고 바로 그때 갑자기 어릴 때의 그 느낌이 올라왔고 내 내면의 아이가 물었다. "내 여자친구는 내가 옆에 없다는 걸 알아차리지도 못하는 건가?" 그러자 내 속도는 점점 느려졌고 결국 나는 멈춰 서서 그녀가 지평선의 점이 되어 가는 모습을 그저 보기만 했다. 마음 깊은 곳에서 슬픔이 올라왔고 어느새 나는 다섯 살 아이로 돌아가 있었다. 내가 오지 않음을 알아차린 여자친구가 나에게로 되돌아왔다. 창피한 기분에 나는 자전거 기어가 말을 듣지 않아서 멈췄다고 둘러댔다.

5분 후 진실을 털어놓았는데 여자친구가 화를 내며 "거짓말하지 마! 아까 스쿠터 타고 지나간 여자들 보느라 멈췄던 거잖아!" 세상에! 나는 대체 이게 무슨 상황이지 싶었다. 그날 우리 두 명의 에고가 처음으로 크게 부딪혔다. 과거의 상처에 갇혀 둘 다 각자가 생각하는 진실만을 고집했다. 그 하나의 상황에서 서로 완전히 다른 두 상처가 터져 나왔다. 나의 문제는 '버려진 기분'이었고 그녀의 문제는 '배신당한 기분'이었다.

그러다 우리는 마음을 진정시켰다. 여자친구가 내 말을 믿는다고 했다. 그리고 이어 아주 인상적인 말을 했다. "막심, 그 어린 시절 문제는 이제 이해했어. 그런데 그런 기분이 들 때 그 기분에 빠져서 말 그대로 이렇게 내 속도까지 늦추지 말고 그냥 그 문제를 해결하고 속도를 내서 나를 따라잡을 수는 없는 거야?" 그녀 말이 맞았다! 하지만 우리는 대개 그렇게 하지 않는다. 스스로 자신을 치유하지 않고 대신에 감정적으로 자신과 가장 가깝고 가장 사랑하는 사람으로부터 위로받고 보호받고 싶어한다.

당신의 파트너는 당신의 치료사가 아니다.
당신의 파트너는 당신의 문제를 반사하며 당신이 그 문제를 알아
차리게 도와주는 사람이다. 해결은 당신 스스로 해야 한다.

사람들은 사랑받고 싶어서 관계를 만든다. 자신의 시간을 주는 대가로 사랑받고 싶다. 그리고 주는 것은 최소한으로 하고 싶다. 하지만 사랑은 주는 것이다. 비판하고 기대하지 말고 존중하고 베풀어라.

그런데 사랑을 주려면 우리 안에 사랑이 있어야 한다. 상처 주는 사람은 내면에 상처가 있는 사람이고 사랑하는 사람은 내면에 사랑이 있는 사람이다. 그러니 자신에 대한 사랑을 키워 보자. 다음이 그 방법들이다.

- 자신을 제대로 볼 수 있게 혼자만의 시간을 더 많이 가져라.
- 어떤 문제에 확신이 없을 때 이렇게 자문해 보라. '자신을 정말로 사랑하는 사람이라면 이 상황에서 어떻게 할까?'
- 아주 좋은 연습 하나 : 매일 옷을 다 벗고 거울 앞에 서서 그날 한 일 중에 잘한 일들에 대해 진심으로 칭찬하라. 오늘 잘 마친 과제나 소소하게 잘한 일도 좋고 육체적인 매력도 좋고 누구나 칭찬하는 자신의 성격도 좋다. 그리고 "사랑해! 너는 너무 아름다워. 내면, 외면 모두!"라고 말하자.

자신을 사랑하라. 자신에 대한 사랑을 계속 키워라. 마지막까지 당신과 동행할 사람은 당신 자신이다.

자극제들을 잘 의식하라

그런데 파트너의 너무 많은 것이 당신을 자극한다면 어떨까? 자극은 나쁜 것이 아니다. 사실 좋은 것이다. 자극이 없다는 것은 둘 사이에 아무런 끌림이 없다는 것이고 이것이 더 큰 문제이다. 관계는 기본적으로 행복하기 위해서가 아니라 의식을 높이기 위한 것이다. 상대의 무엇이 당신을 자극한다면 그것이 당신이 해결해야 할 문제이고 동시에 잠자고 있는 당신의 가능성을 보여 주는 것이다. 인격적으로 성장하려면 어떤 점을 조정해야 할까? 무언가가 당신을 자극한다면 당신 자신의 의견을 더 잘 관철하는 법을 배울 수도 있고 좀 더 너그러운 사람이 되기 위해 노력할 수도 있다. 혹시 당신이 영적으로 이미 깨달은 것 같은가? 그렇다면 즉흥적으로 부모님 실험을 한번 해 보자. 한 달 정도 부모님 집으로 들어가 살아 보는 것이다. 내 어머니는 세상에서 내 꼭지를 돌게 하는 유일한 사람이다. 하지만 이제는 예전처럼 큰 소리를 내거나 나가 버리는 대신 눈에 사랑을 가득 담고 웃으며 "사랑해요. 엄마!"라고 말한다.

자극 없이 살고 싶다면 두 가지 방법밖에 없다. 주변에 반사 거울이 하나도 없는 무인도에 가서 혼자 살거나 의식을 충분히 계발해 사람들이 어떤 행동을 하든 오직 사랑과 연민과 이해만 느끼는 것이다.

이 우주의 원천, 그 완전하고 영원한 신이 우리를 사랑하는 방식을 상상해 보자. 우리가 무슨 짓을 하든 신은 무한한 사랑으로 늘 우리를 변함없이 사랑할 것이다.

성경 「고린도전서」(13장)에 나오는 '사랑의 찬가'는 사랑을 이렇게 묘사한다.[78]

"사랑은 오래 참고 사랑은 온유하며 투기하지 않으며 자랑하지 아니하며 교만하지 아니하며 무례히 행치 아니하며 자기의 유익을 구하지 않으며 성내지 않으며 악한 것을 생각지 않으며 불의를 기뻐하지 않으며 진리와 함께 기뻐하고 모든 것을 참으며 모든 것을 믿으며 모든 것을 바라며 모든 것을 견딘다. 사랑은 절대 멈추지 않는다 ···."

다음에 또 기분 나쁜 일이 생긴다면 파트너에게 풀지는 말자. 함께 어둠에 빠지지 말고 혼자 시간을 가지며 성찰을 통해 기분을 좋게 하라. 그다음 둘이 함께 빛 속으로 나아가자. 사람은 누구나 무조건 사랑받고 싶지만 동시에 사랑에 대한 굉장한 두려움을 갖고 살아간다. 우리는 사랑이 우리를 삼켜 버릴까 봐 두렵다. 사랑으로 상대 안에서 자신이 사라져 버릴 것이 두렵다. 에고는 사랑의 대양 속에 빠져 죽을 것이 두려워 비명을 지른다. 이것은 '조건 없는 사랑'이 그만큼 대단하다는 뜻이기도 하다. 진정한 사랑은 조건을 걸지 않는다. 진정한 사랑은 '~한다면' 혹은 '~ 때문에' 사랑하지 않는다.

영혼의 짝 찾기

당신은 지금 싱글인가? 그렇다면 내가 확신하는데 그것은 우연이 아니다. 그것은 현재 당신 내면 세상이 외부로 드러난 것이다. 하지만 그 내면 세상을 로맨틱한 그림과 감정으로 바꿀 때 그 에너지를 타고 당신 꿈의 파트너가 당신 인생으로 들어올 것이다. 당신 에너지 진동수가 바뀔 때 그 즉시 그 사람을 만나게 될지도 모른다. 시간은 단지 우리가 사는 차원 속의 가정일 뿐 우주에서 기다림 따위는 필요 없다. 과정을 지루하게 늘리는 것은 우리의 에고-지성이다. 의식이 물질에 강하게 박혀 있는 사람은 소망을 이루는 데 시간과 노력이 많이 든다. 모든 것이 오래 걸린다. 물질은 무거워서 초심리학적 혹은 영적인 사고보다 느리게 움직인다.

이렇게 생각해 보자. 현실에서 짐을 가득 실은 배가 함부르크를 떠나 뉴욕에 이르려면 얼마나 걸리나? 약 10일 정도다. 그런데 당신 머릿속에서는 그 똑같은 배가 대서양을 건너 목적지에 도착하는 데 얼마나 걸리는가? 10초도 안 걸린다!

당신 영혼의 짝이 등장하는 것도 마찬가지이다. 그 사람은 이미 저기 어딘가에 있고 당신이 예를 들어 둘이 함께 해변에 누워 있거나 공원에서 그네를 타는 낭만적인 모습을 감정을 더해 상상하기만 해도 그 에너지를 타고 들어와 그 일이 당신에게 일어날 수도 있다! 나는 파트너에 대한 나의 주문을 우주가 얼마나 정확하게 받아 주는지 보고 놀라움을 금치 못할 때가 많다. 그런데 우리는 이성으로 원하는 것이 아니라 영혼의 수준에서 우리가 제일 필요로 하는 것을 받는다. 그러므로 파트너에 대해 당신이 이상적으로 생각하는 조건들을 장황하게 나열하는 대신 당신이 정말로 원하는 조건들을 1~5개 정도로 제한해 전달하자. 그렇게 자율 공간을 주면 우주는 당신 영혼에게 필요한 것을 배달해 준다.

관계는 언제 그 진정한 꽃을 피우는가

관계에는 신뢰가 필요하다. 신뢰는 분명한 동의와 양쪽 모두의 지속적인 노력이 있을 때 쌓인다. 당신은 지금 신뢰와 공통의 비전과 깊은 이해를 바탕으로 두 사람 모두 치유와 의식의 장기적인 발전과 계발이 가능한 관계 안에 있는가?

영적인 서약

사람들이 삐걱거리는 관계 속에서 힘들어하는 가장 큰 이유는 그 관계에 진정으로 100퍼센트 들어가지 않기 때문이다(나는 이것을 내 클라이언트들을 보면서 거듭 확인했다). 동거 여부나 아이를 갖는 문제를 말하는 것이 아니다. 이런 것들보다 더 중요한 것은 정신적·감정적으로 상대와 진정으로 결합하기로 결심했느냐이다. 그런 결합을 의식적으로 결심하기를 바란다. 그리고 최소한 둘이 함께 합의

한 기간만이라도 그 약속을 지키자. 한쪽이라도 상대에게도 중요한 어떤 일을 숨기기 시작한다면 그때부터 신뢰는 깨지게 되어 있다. 이것은 두 사람이 보이지 않는 밧줄을 팽팽하게 잡아당기고 있는 것과 비슷하다. 둘 중에 한 사람이 그 밧줄을 갑자기 놓거나 생각 없이 흔들어 대면 두 마음 사이의 깊은 연결이 끊어지고 그때부터는 대화도 일상도 피상적일 수밖에 없다.

당신의 모든 생각과 행동을 숨김없이 나눌 때 상대는 어쩌면 놀라고 심지어 상처를 받을 수도 있다. 하지만 그때 관계가 깊어지고 둘의 결합이 더 단단해진다. 예를 들어 상대도 당신에게 지금까지 비밀이었던 일, 듣기에 따라서 아프고 모욕감을 주는 일을 털어놓을 수도 있다. 그래도 강하게 견뎌라. 그리고 절대적인 정직의 전제가 관용임을 기억하라. 비난은 거짓말을 부르고 상호 신뢰를 죽인다. 영혼의 수준에서 약속한 것이 있으므로 금방 헤어질 수는 없다. 영혼 안내자들의 인도에 의지하자.

더 나은 사람을 만날 수 있다는 생각에 그 누구에게도 진정 마음을 열지 못하는 사람들이 있다. 이런 사람들은 더 나은 사람을 영원히 만날 수 없는데 왜냐하면 마음이 반쯤은 딴 데 가 있는 상태로 계속 더 나은 사람을 찾을 테니까 말이다. 늘 문을 열어 두는 사람은 평생 현관을 벗어날 수 없을 것이다.

갈등 상황이면 관계 자체를 회의하기 쉽다. 하지만 그것은 좋지 않다! 동반자 관계에 대한 신뢰는 곧 집의 초석과 같기 때문이다.

싸울 때마다 그 초석을 흔들면 집 전체가 불안정해진다. 이때 벽을
새로 칠하거나 조명을 바꾸는 것은 별 의미가 없다.

자유가 좋다며 타인에게 마음을 열지 않는 사람은 대개
사랑이 에고보다 커질 것을 두려워하는 것이다.

당신과 당신의 파트너는 마음을 열고 관계 안으로 온전히 들어
가기를 두려워하는가? 그렇다면 서약의 기간을 반년 정도로 정해
보라(일 년이면 더 좋다). 그리고 서약 기간이 지나면 그 관계를 일 년
더 연장할지 말지 자유롭게 다시 결정한다. 그 결정에는 양쪽 모두
동의해야 한다.

공통의 비전

오늘 하루 이를 닦지 않으면 어떤 일이 일어날까? 아무 일도 일
어나지 않는다! 그런데 반년 동안 닦지 않으면 어떨까? 그럼 문제가
생긴다! 관계도 적극적인 돌봄이 필요하다. 관계는 일정한 상태가
아니라 끊임없이 변하는 역동적인 과정이기 때문이다. 관계가 좋아
지지 않음은 곧 나빠진다는 뜻이다. 관계는 서로 붙잡아 두는 상태
가 아니라 상호 발전하는 상태여야 한다. 관계가 어떠해야 한다는
믿음을 갖고 있다면 버려라. 사람은 다 다르다. 모두 각자의 현실

속에서 산다. 모든 소유욕도 버려라. '이 사람'이 아니라 '내 사람'이라고 말할 수 있다고 해서 그 사람이 당신 소유가 되는 것은 아니다. 건강한 관계는 늘 자유를 허락하고 의무가 아니라 발전 가능성이 기초가 되는 관계이다. 아무도 당신에게 빚지지 않았다. 서로 소유하지 않으므로 헤어진다고 잃을 것도 없다. 모든 것이 하나의 초대일 뿐이다.

우리는 기대해서 너무 자주 불행해진다. 기대가 없으면 실망도 없다. 관계는 자신의 의지를 관철하는 것이 아니라 상대가 그 자신의 의지에 따라 제공하는 것을 받아들이는 것이다. 두 영혼이 함께할 때 두 인생 노선이 하나가 되는 것이 아니라 인생 노선이 하나 더 생겨 세 개가 되는 것이다! 이것을 절대 잊지 말라. 당신, 당신 파트너, 그리고 둘이 함께하는 관계 모두 그 각각의 노선을 갖고 있다.

당신은 당신 인생을 책임져야 하고 파트너와의 관계도 파트너와 함께 책임져야 한다. 하지만 파트너의 감정에 책임을 져야 하는 것은 아니다. 누군가를 웃게 만들 수는 있다. 다만 그 사람을 영원히 행복하게 해 줄 수 있다는 착각에서는 벗어나기를 바란다.

**인생에서 가장 소중한 시간을 서로에게 주니
함께하는 매 순간이 선물이다.**

관계가 불행한가? 위기를 맞고 있는가? 그렇다면 구체적인 비전이 필요하다. 다른 수많은 잠재적 파트너를 무시할 정도로 서로에게 빠지려면 그 관계가 흥미진진한 모험 여행이 되어야 한다. 이렇게 질문해 보자. '나는 이 파트너십에서 무엇을 가장 바라는가? 현재 나는 무엇을 가장 즐기나? 나에게 현재 무엇이 가장 부족한가? 내가 아직 해 보지 못한 것은 무엇인가? 그리고 당신 파트너도 똑같이 알아보라고 하자. 그리고 각자가 바라고 그리워하는 것과 각자가 가진 비전을 나누고 계속 그것들이 모두 충족될 수 있게 영리하게 노력하자.

매일 저녁 둘이 관계를 위해 그날 한 노력에 점수를 매겨 보는 것도 자아 성찰에 좋다.

깊은 이해

앞에서 보았듯이 두 사람이 함께하는 데에는 다양한 이유가 있다. 하지만 두 사람이 오랫동안 함께 하는 데는 한 가지 이유만 있다. 바로 인정과 존중을 바탕으로 한 상호 신뢰가 있기 때문이다. 사랑과 우정의 차이는 무엇일까? 그것은 바로 섹슈얼리티가 있고 없고, 이다. 이것을 공식으로 만들어 보면 다음과 같다.

사랑 = 우정(존중) + 열정(섹스)

물론 성생활을 거의 혹은 아주 하지 않고도 사랑을 유지할 수 있다. 두 사람이 친구처럼 돕고 의지한다면 말이다. 그런데 우정에도 소통이 필요하다.

대화에서 자신의 세계관만 강조한다면 그것을 좋아하는 상대도 있겠지만 대개 그렇지는 않을 것이다. 아무리 정성을 다한 미트볼 스파게티라도 채식주의자라면 먹지 않을 것이다. 진정한 관심으로 상대에게 물어보고 상대가 원하는 것을 찾아내야 한다.

당신은 파트너가 무슨 생각을 하는지 무엇을 바라고 꿈꾸는지 어떤 경험을 했고 하고 싶어 하는지 아직도 잘 묻는가? "나는 이 사람을 이미 너무 잘 알아!"라며 더이상 질문하지 않는 사람이 많다. 하지만 정말 그렇게 잘 아는가? 수년을 함께 살아도 우리는 파트너가 정말 어떤 사람인지 잘 모른다고 나는 감히 말하겠다. 우리 뇌는 무엇이든 성급하게 정의해 꼬리표를 붙이기를 좋아하고 그것은 당신의 파트너와 같은 고도로 복잡한 존재에 대해서도 마찬가지이다. 다음에는 파트너와 대화하기 전에 "나는 당신이 누구인지 전혀 모르고 당신을 새롭게 알아가는 게 믿을 수 없이 흥미진진하다!"같이 말하며 마음의 준비를 한 다음 상대에게 집중해 보자. 여자가 갑자기 다른 남자에 빠지는 이유는 그 다른 남자는 집에 있는 남자와 달리 자신의 있는 그대로의 모습을 흥미진진하게 봐 주기 때문이다. 이제 막 사랑에 빠진 커플은 밤이 새도록 몇 시간이고 대화를 나눈다. 그리고 몇 년이 지나면 그렇게 많던 말이 온데간데없고 일상에서 꼭 필요한 말만 한다. 이제 시간을 내어 서로의 완전히 새로운 면을 다시 제대로 알아가 보자. 정말 처음 만난 것처럼 서로에 대해 궁금한 것을 물어보고 상대가 대답하면 다 알았던 거라고만 생각하지 말고 새롭게 바라보자.

둘을 떼어놓는 것이 아니라 결합하는 것에
집중하는 관계가 좋은 관계이다.

그런데 사랑은 소통보다 이해이다. 어떤 사람과 몇 시간이고 소통해도 도무지 이해할 수 없을 때도 있다. 그런데 이해는 또 소통과 질문을 통해서만 가능하다. 정보만 받는 소통이 아니라 이해하는 소통 말이다. 이해는 감정적인 '왜'에 관한 것이고 정보는 이성적인 '무엇'에 관한 것이다. 그리고 소통에는 '어떻게(좋은 방식)'가 중요하다. 따라서 행복한 관계에서 가장 중요한 말은 사실 '당신을 사랑해'가 아니라 '당신이 옳아!'이다. 얼마나 행복한 관계를 만들어 가느냐는 얼마나 의식 수준이 높으냐에 달렸다.

CHAPTER 8

사람

당신과 영혼의 여정을
함께 하는 사람들

당신을 끌어내리는 사람은 버려라

당신은 아침에 일어나 출근 준비를 한 후 집을 나선다. 그런데 현관문 밖에 달걀 껍데기, 사과 껍질 등 쓰레기들이 널브러져 있다. 당신은 이상한 일이다 싶지만 쓰레기들을 모아서 잘 버린다. 그런데 심지어 다음날 아침에도 똑같은 일이 벌어진다. 그리고 그다음 날, 또 그다음 날 아침에도 똑같다. 이쯤 되면 당신은 어떤 기분이 드는가? 그리고 어떻게 하겠는가? 아마도 당신은 그런 못된 짓을 하는 사람을 잡고자 퇴근 후 밤마다 현관문에 귀를 대고 바깥 동향을 살필 것이다. 당신은 그런 짓을 당장 멈추게 하고 싶다.

그런데 우리가 스스로 그런 쓰레기들을 불러들인다면 어떨까? 우리는 불평불만이 많고 힘든 일만 말하고 비판 일색인 손님들을 초대한다. 왜 그럴까? 왜 그런 비합리적인 행동을 멈추려고도 하지 않을까? 혼자가 되는 게 두려워 차라리 불편함과 스트레스를 선택하는 것이다. 그러면서 자신이 얼마나 비싼 대가를 치르고 있는지 모른다.

당신은 그런 손님들 때문에 인생의 소중한 시간을 낭비하게 되는데 그보다 더 큰 문제는 삶의 에너지를 빼앗겨 손님들이 가고 난 뒤에도 좀처럼 기력을 되찾을 수 없다는 데 있다. 예민한 사람이라면 그런 상태가 며칠 동안 이어진다. 그런 만남이 잦을수록 에너지는 더 고갈된다.

당신은 쓰레기통이 아니고 타인의 늘 똑같은 문제를 거듭해서 들어줄 시간도 없다. 그런데도 우리는 왜 그렇게 하는가? 텔레비전을 보면 그 답을 알 수 있다. 저속한 텔레비전 프로그램들이 많지만 사람들이 그런 방송을 계속 보는 것은 간접적으로 자신의 상황과 비교하며 우월감을 느끼기 때문이다.

영혼이 영감을 줘서 당신은 대단한 아이디어가 하나 생각났다. 당신은 그 소중한 아이디어를 매우 사랑하는 사람에게 이야기한다. 그런데 어떤 일이 일어나는가? 그 사람은 호응은커녕 당신의 기를 꺾어 놓는다. 이제 당신은 용기를 잃고 회의에 빠진다. 말 한마디 없어도 턱으로 가며 깍지를 끼는 두 손, 치켜올리는 눈썹이면 충분하다. 약간의 몸짓도 아이디어를 영원히 죽일 수 있다. 그러므로 아무나 함부로 친구라 부르지 말라. 부정적인 사람이라면 당신의 재능, 자질, 능력, 장점을 순식간에 약점으로 만들기도 한다.

당신에게 옳은 일을 틀린 일로 둔갑시키는 사람들이 있다.

인간은 감정적 존재이므로 타인의 영향을 많이 받는다.

내 첫 공개 세미나 일정이 공시되고 며칠 뒤 나는 19세의 학생으로부터 이메일을 한 통 받았다. 그 학생은 내 세미나에 오고 싶은데 너무 비싸서 올 수 없다고 했다. 그래서 나는 친구를 한 명 데리고 오면 가격을 절반으로 깎아 주겠다고 했다. 나의 제안에 기뻐할 줄 알았는데 학생은 오히려 "그건 더 어려워요. 내 주변에는 술 마시고 파티만 좋아하지 세미나 같은 건 다 헛소리고 한마디로 돈 낭비라면서 세뇌 당하고 싶으면 가라고 하는 아이들 뿐이거든요."라고 써서 보냈다. 나는 그 학생에게 그럼 돈은 괜찮으니 그냥 혼자 오라고 했다. 왜냐하면 그 학생이 나에게 자동차, 텔레비전, 혹은 휴가가 자신의 인생보다 더 중요하다고 생각하는 사람이 너무도 많다는 걸 가르쳐 주었기 때문이다. 당신의 아이디어 혹은 당신 자체를 깎아내리는 사람이 있다면 이렇게 생각하자. "이건 이 사람이 갖는 신념의 한계를 보여 줄 뿐이지 그 한계가 나의 한계일 필요는 없다."라고 말이다.

날아오르고자 한다면 당신을 끌어내리는 것들에서 벗어나야 한다. 모든 해결책에서 문제를 보는, 부정적인 사람은 단호하게 피하라. 길게 설명해서 잘 되는 경우는 거의 없다. 고통을 겪어야 진실을 알아차리는 영혼도 많다.

내 경험상 부정적인 사람들 속에 있다면 그 사람들을 긍정적인 쪽으로 바꾸려 하기보다 그곳을 나오는 게 더 빠르고 더 간단한 방법이다. 우리는 다른 사람을 바꿀 수 없다. 주변에 어떤 사람을 둘지 선택할 수만 있다. 당신의 말을 듣지 않는 사람은 당신이 소리를 질러도 듣지 않을 것이다. 반대로 당신을 이해할 준비가 되어 있는 사람은 당신이 침묵해도 이해한다. 당신이 주변에서 가장 의식이 높은 사람이라면 그건 분명 좋은 환경이 아니다. 직업적으로, 사적으로 스물다섯 명 정도를 의식적으로 선택해 주변에 가깝게 두자.

비판을 잘 받아들여라

당신 혹은 당신 행동에 대한 반응을 신중하게 다음 세 종류로 나눈 다음 각각에 다르게 대처하라.

- 당신에 대한 원천적 거부
- 의식 낮은 사람의 비판
- 의식 높은 사람의 피드백

당신에 대한 원천적 거부

당신이 무슨 말을 하고 무슨 행동을 하든 무조건 거부하는 사람도 있을 것이다. 그렇다고 놀라지는 말자. 충만한 삶을 살다 보면 때로 그렇지 못한 사람들에게는 불편한 사람이 될 수도 있다. 강력한 거부는 늘 아래로부터 온다. 이것은 비범한 인생을 살고 싶다면 치러야 하는 대가이다. 나는 가식적으로 착하게 행동해 모두의 사랑을 받느니 차라리 솔직해서 공격받자는 쪽이다. 모두의 마음에 들고 싶어하는 사람은 대개 진짜 자신을 보여 주기를 두려워하는

사람이다. 모든 사람이 좋아하는 사람은 무언가 잘못하고 있음이
틀림없다.

의식 낮은 사람의 비판

내 유튜브 채널 통계를 보면 긍정적인 피드백이 90~99퍼센트이
다. 그리고 아주 가끔 내 채널에서 길을 잃은 듯 내가 뭐라고 하든
비판만 하는 영혼이 보인다. 왜 그럴까? 그렇게 해서 그 사람이 얻
는 게 뭘까? 보통은 이렇다. 자신의 실패를 보고 싶지 않아서 무의
식적으로 불평만 한다. 하지만 다른 사람을 악평해서 자신이 더 나
은 사람이 되는 것은 결코 아니다. 에너지로 자신을 끌어올리는 것
보다 다른 사람을 끌어내리는 것이 훨씬 더 쉽다. 그러므로 의식 낮
은 사람의 피드백은 무시하기를 바란다. 그 사람은 늘 당신의 생각
에 반대할 것이다. 그런 사람을 설득하려고 노력하는 것은 어차피
듣지 않고 고맙게 생각지도 않을 상담을 무료로 해 주는 것과 같다.

파산만 하는 사람이 돈에 대한 팁을 준다면 당신은 곧이곧대로
받아들이겠는가? 의식이 낮은 사람들은 잠시나마 자신이 중요한 사
람인 것처럼 느끼려고 혹은 다른 사람보다 잘났다고 느끼려고 비판
한다. 돼지와 싸우면 둘 다 더러워지고 그래서 기분 좋은 건 돼지뿐
임을 절대 잊지 말자.

의식 높은 사람의 피드백

자유로 향한 길 위에 선 당신에게 의식 높은 사람이 주는 피드백은 매우 소중한 지지이다. 그 길을 이미 걸어 본 사람이 주는 충고는 다 귀중하다. 그 피드백에 감사하라. 다소 불친절한 것 같더라도 공손하게 노력하며 발전에 필요한 정보를 더 많이 얻어내라. 내가 겪었던 최고의 멘토들은 모두 아주 직설적이었다. 덕분에 나는 아주 빨리 배울 수 있었다.

의식이 높은 사람들 혹은 크게 성공한 사람들과 같은 방에 있다면 짧은 시간 안에 아주 많이 배울 수 있다. 당신이 갖고 온 지식이 그 방의 사람들이 갖고 온 지식보다 분명 더 적을 테니 말이다. 평균 나이 40세의 똑똑한 사람 스무 명이 함께 있다면 800년 인생 경험이 그 방 안에 있는 것이다.

그 똑똑한 사람들로부터 피드백을 얻었는데 당신은 그들의 피드백에 반박하며 토론을 시작할지도 모르겠다. 하지만 그렇다면 당신이 갖고 온 지식만 그대로 갖고 집으로 돌아가기 쉽다. 말을 많이 할 때 새로운 것이 들어올 수 없다. 그러므로 성공한 사람의 시간을 1초도 낭비하지 말자.

작은 사람은 자신을 변호하기에 급급하다.

큰 사람은 경청하고 질문하고 감사하다고 말한다.

◯

다음에 좋은 아이디어가 생겼는데 주변 사람들이 그 아이디어를 편견 없이 판단해 줄지 잘 모르겠다면 혹은 그 아이디어가 정말 좋은지 확신이 서지 않는다면 일단 아무에게도 말하지 말고 혼자 일을 추진해 보라. 섣부른 의심은 타인의 것이든 당신의 것이든 당신이 나중에 실제로 할지 모를 실수를 방지하기보다 그 아이디어 자체를 죽이는 경우가 더 많다.

주변 사람을 점검하고 강화하라

현재 당신 주변의 사람들을 점검해 보라. 직업적으로 그리고 사적으로 만나는 사람들을 잘 관찰해 보라. 그리고 자문해 보라. 이 사람들은 내 인생의 목적에 부합하는 사람들인가?

당신의 사람들은 당신의 자본이다. 그들은 당신이 하는 일에 좋게 나쁘게 굉장한 영향을 준다. 마약 중독자가 재활 치료를 받았는데 다시 예전의 중독자 친구들 속으로 들어간다면 다시 마약에 손을 댈 위험성이 굉장히 커진다. 나는 스페인에서 축구 스타 메시와 호날두가 막상막하로 다득점왕을 노리던 2011/2012시즌을 잘 기억한다. 각각 FC 바르셀로나와 레알 마드리드에서 뛰었는데 둘이 서로를 어찌나 (좋은 방식으로) 자극했던지 둘 다 사상 최다 골을 넣었다. 호날두가 46골을 넣었고 메시는 심지어 50골을 넣었는데 이것은 스페인 축구리그La Liga에서 전무후무한 기록이다. 흥미로운 것은 다음 시즌에는 둘 중 한 명이 목표치를 낮게 잡았고 그러자 다른 쪽도 골을 그다지 많이 넣지 못했다는 것이다. 각각 31골과 28골을 넣었다. 그런데 또 그다음 시즌에는 목표를 더 높게 잡았고 그러자 호날두는 48골을 메시는 43골을 넣었다. 이게 과연 우연일까? 나는 그렇게 생각하지 않는다. 스물다섯 명의 소중한 영혼을 선별해 가까이하다 보면 조만간 에너지적으로 좋은 결과를 얻을 수 있을 것이다. 이 시대 기술의 아이콘, 스티브 잡스, 마이클 델, 빌 게이츠도 서로 경쟁하며 고무했고 덕분에 짧은 기간 안에 IT업계가 크게 발전할 수 있었다.

강한 사람들 틈에서는 강해지고 약한 사람들 틈에서는 약해진다.

나는 천재들의 인생을 많이 연구했다. 천재들은 대개 혼자거나 친구가 적다. 대체로 주변 사람들의 이해를 받기 어려웠고 그때그때 영혼의 숙제에 혼자 몰두했기 때문이 아닐까 한다. 그래도 의식이 높은 사람들이었으므로 순응하고 주변에 맞출지 튀기 마련인 자신만의 진실대로 살아갈지 그때그때 잘 선택하며 살았다.

다행히 현대에는 강력한 사람들을 주변에 두는 일이 조금은 수월해졌다. 인터넷과 조금씩 높아지는 인간 의식 덕분에 옛날보다는 긍정적인 동지들을 더 빨리 찾을 수 있다. 나는 우리 '천재 공동체 Genie-Community'에서 유럽 전역의 의식 높은 영혼들과 교류할 수 있어서 참 다행이라고 늘 생각한다.[79]

강력한 네트워크를 갖고 있을 때 사적으로도 좋지만 직업적으로도 장점이 많다. 극도로 복잡한 이 세상에서 무언가를 온전히 혼자이룰 수 있는 사람은 거의 없다고 봐야 한다. 당신이 사는 지역의 유기농 농장에서 온 과일이든 훨씬 멀리에서 온 컴퓨터 마우스든 이것들이 당신의 손에 들어온 데는 수많은 사람이 다양한 능력을 발휘했기 때문이다.

성공적인 삶을 원한다면 강력한 동맹자들이 필요하다. 동맹자를 얻으려면 사람을 관대히 대하고 의식적으로 소통 능력을 키워나가야 한다. 대화하면서 계속 상대를 무시하거나 모욕하면서도 전혀 의식하지 못하는 사람들을 나는 종종 본다. 왜 그럴까? 생각이 '나 자신'에 고정되어 있기 때문이다. 나는 자주 네트워크 행사에 초대받아 가곤 하는데 사람들이 다른 사람들에게 진심으로 흥미를 갖기보다 자신을 흥미로운 사람으로 보이기 위해 애를 참 많이 쓴다는 인상을 거의 매번 받는다. 한 사람이 한마디 하기가 무섭게 다른 사람이 성급하게 끼어든다. 주의를 끌기 위해서다. 하지만 가장 강한 사람은 말을 가장 많이 하는 사람이 아니라 상대에게서 최대한 많이 끌어내는 사람이다. 자신의 영리함을 증명하려 드는 대신 상대의 영리함을 끄집어내려 할 때 대화는 그 마술 같은 힘을 드러낸다.

대화 능력이 좋은 사람들은 잘 알고 있다. 자신을 대단한 사람으로 보이게 하는 것이 아니라 주변 사람을 대단한 사람으로 만드는 것이 중요함을 말이다. '존중Respekt'은 '회상Rueckblicken' '배려Ruecksicht' '고려Beruecksichtigung의 뜻이 있는 "라틴어 '레스펙투스respectus'에서 나왔다. 그리고 라틴어 '레스피서러respicere'는 '돌아보다zurueckblicken' '다시 생각하다ueberdenken' '고려하다beruecksichtigen'라는 뜻이다. 당신 대화 상대를 배려하고 그가 하는 말을 다시 생각해 보고 고려해 보기 바란다.

카리스마는 신이 준 선물이다

잠시 카리스마 있는, 당신이 특별히 좋아하는 사람을 두세 명 떠올려 보자. 그들은 무엇이 다른가? 성실한가? 유머 감각이 좋은가? 진심인가? 세심한가?

그리스어에서 나온 '카리스마Charisma'는 원래 '은총' 혹은 '신의 선물'이라는 뜻이었다. 그래서 카리스마 있는 사람이 옆에 있을 때 우리는 선물같이 느껴진다. 옛날 사람들은 카리스마는 타고난다고 생각했다. 신이 주는 선물이니까 말이다. 오늘날 우리는 무엇이든 배울 수 있음을 잘 안다! 하지만 카리스마를 배우기 위해서는 꼭 정직하게 내면을 들여다봐야 한다. 카리스마 있게 보이고 싶지만, 아직 내면을 바꾸고 싶지는 않은 사람이 많다. 당신은 성격이 의심쩍고 거짓말하고 배신하고 다른 사람에 대해 나쁘게 말하는 사람치고 카리스마 있는 사람을 본 적이 있는가? 아마도 없을 것이다. 몇 년이 걸리지만 단 몇 초 안에 영원히 잃어버릴 수도 있는 것이 신뢰이다. 카리스마는 더 말할 것도 없다.

나는 장기적으로 볼 때 사람은 최대 자신의 성격만큼의 카리스마만 가질 수 있다고 굳게 믿고 있다. 잠깐 카리스마 있게 보이기는 쉬워도 진정 카리스마 있는 사람이 되고 안 되고는 당신의 성격이 결정한다.

내면의 성향은 적극적으로 바꿀 수 있다. 스스로 자문해 보자. 나는 지난 일 년 동안의 나 같은 사람과 기꺼이 친구가 되고 싶은가?

내가 볼 때 카리스마의 초석은 다음 두 가지다.

1. **주의 집중** : 진심으로 집중해서 들어주는 상대와의 오랜 대화 끝에 찾아오는 기분 좋은 느낌을 당신도 잘 알 것이다. 이해받고 있다 느끼므로 몸이 행복 호르몬을 한껏 분출한다. 완전한 주의 집중은 우리가 타인에게 줄 수 있는 가장 큰 선물이다. 매일 하는 인사도 형식적으로 "안녕하세요?"하고 넘어가지 않고 다른 생각은 모두 접고 그 순간에 온전히 존재하며 "안녕하세요?"라고 묻는다면 상대는 그런 당신의 관심을 제대로 느낄 수 있다. 누군가에게 "잘 지내?"라고 물을 때는 꼭 상대가 하는 대답을 진정으로 들을 준비가 되어 있어야 한다. 참고로 상대에게 주의를 집중하

는 것과 이래라저래라 시끄럽게 간섭하는 것은 분명 다르다. 자기 생각을 내세우지 않고도 사람을 바꿀 방법은 많다.

2. **감정** : 줄리아 로버츠, 레오나르도 디카프리오 같은 세계적 스타들은 사람의 감정을 건드리고 울리기 때문에 그렇게 인기가 많고 다른 배우들보다 월등하게 더 많은 돈을 받는다. 쇼비즈니스에서는 대중의 감정을 사로잡을 줄 아는 사람이 더 좋은 대우를 받는다. 카리스마 있는 사람도 대화 후 상대가 감정적으로 더 나은 상태가 되게 하는 것이 좋은 대화의 비결임을 잘 안다. 사람을 바꿀 정도로 깊은 인상을 남기는 것이 카리스마다.

주의 집중으로 당신의 카리스마를 강화하라

카리스마 있는 대화란 에너지가 교환되는 대화이다. 여기서 대화자는 집중해서 경청하다가도 상대에게 가능한 긍정적인 감정을 주거나 불러일으킨다. 상대를 감동하게 하는 법보다 집중하며 상대를 인식하는 법을 더 빨리 더 쉽게 배울 수 있다.

기본적으로 우리는 모두 서로 다르다. 두 사람이 만나면 언제나 그 즉시 우리가 의식하든 않든 가치 체계 내 수많은 비교가 이루어진다. 우리의 뇌는 몇 초 안에 수많은 즉각적인 질문을 한다. '우리는 같은 부류인가? 이 사람을 신뢰해도 될까? 이 사람은 나와 잘 맞는가?' 그리고 무의식적으로 상대가 보내는 다양한 신호도 받아들인다. 그가 말하는 법, 그의 외모, 옷차림, 제스처와 신체적 습관 등.

그렇게 만나자마자 몇 초 안에 우리 뇌는 상대에 대한 첫인상을 완수하고 그때부터 그 판단이 맞음을 보여 주는 증거들을 찾기 시작한다. "첫인상은 아무도 못 이긴다."라는 말도 그래서 있는 것이다. 하지만 그렇지 않다. 당신은 첫인상을 바꿀 수 있다. 다만 대개 시간이 걸린다.

다음에 새로운 사람을 만날 때는 자신부터 드러내지 말고 정보부터 수집하자. 상대가 누구냐에 따라 당신의 행동이 다르게 해석될 테니까 말이다. 대화 중에 상대의 눈을 보지 않는 것이 독일에서는 무례한 짓이지만 일본에서는 그 반대이다. 일본에서는 말하는 상대를 주시하는 것이 오히려 공격적이고 집요하다는 인상을 준다.

의식적으로 잘 들어주고 상대의 말에 집중하는 것이 처음 사람을 만날 때 실수를 덜 하고 그 사람을 내 사람으로 만드는 첫걸음이다. 무엇을 타고 어떻게 왔는지나 날씨 이야기가 아닌 깊은 대화로 이어질 수 있는 영리한 질문들을 미리 생각해 놓자. "그 사람과 날씨에 관해 이야기한 게 정말 즐거웠어. 당신도 그 사람 꼭 만나봐!"라고 말하는 사람은 없을 것이다. 좋은 출발을 원한다면 대답이 뻔히 보이는 질문 혹은 지루한 질문은 가능한 한 피하자.

질문할 때 좋은 점들

똑똑한 사람은 대답을 잘하고 지혜로운 사람은 질문을 잘한다는 말이 있다. 다음은 질문할 때 얻을 수 있는 좋은 점들이다.

1. 대화의 방향을 설정하며 대화를 이끌어갈 수 있다.

2. 질문을 잘하면 **상대의 관심사와 주의를 끌어낼 수 있다.** 질문할 때 정신이 깨어나고 논쟁할 때 정신이 닫힌다. 따라서 질문은 이어질 대화를 풍성하게 해 준다.

3. 질문은 호감도를 높인다. 대개 질문을 받은 사람이 질문한 사람보다 말을 오래 하게 되고 그때 자신이 관심을 받고 있다고 느낀다. 그리고 행복 호르몬인 세로토닌이 분출된다. 세로토닌은 누군가로부터 칭찬이나 존경을 받을 때 혹은 자신이 자랑스러울 때 분출된다. 사회적으로 소외된 지역에서 범죄율이 높은 이유 중에 관심을 받지 못해 무가치한 존재처럼 느껴서 뉴스에 나와서라도 다른 사람들의 주의를 끌고 싶기 때문인 것도 있다. 경청할 때 상대를 중요한 사람으로 높여 주고 동시에 간접적으로 상대의 호감을 산다. 중요하지 않은 사람의 말을 경청하지는 않으니까 말이다. 경청할 때 필기까지 약간 더해 준다면 상대는 대단히 인정받았다고 느낄 것이다.

4. 몰랐던 정보와 지식을 얻는다. 말을 한다면 이미 알고 있는 것을 반복할 뿐이다. 좋은 질문을 던진 다음 경청한다면 새로운 것을 추가로 배울 수 있다. 게다가 상대에 대한 정보를 얻으면 얻을수록 상대의 아픈 곳이나 심기를 건드릴 위험도 줄어든다.

5. 기억에 남는 사람이 된다. 우리는 수동적으로 듣기만 하기보다 적극적으로 말하거나 행동했던 때를 더 잘 기억한다. 그리고 그

렇게 하게 만들어 준 사람을 자기 말만 하는 사람보다 더 잘 기억한다. 다시 말해 상대에게 말할 자리를 마련해 주면 당신이 말할 때보다 상대의 뇌 속에 더 잘 저장된다.

단정적으로 말하지 말고 질문하라. 매력적인 사람들은 질문한다. 그리고 집중해서 들어준다.

질문의 다양한 형태를 알고 이용하라

대화에 능한 사람은 언제 어떤 질문을 해야 하는지 잘 안다.

1. **네 혹은 아니오로만 답할 수 있는, 닫힌 질문**은 웬만하면 대화를 시작할 때만 한다. 그런 질문은 상대가 에너지를 쓸 필요가 없는 질문이다. 대화 분위기를 좋게 만들기 위해 처음에 '네' 대답이 나올 법한 질문을 한두 개 정도 하는 건 좋다.
2. **언제, 어디서, 어떻게 같은, 부분적으로 닫힌 질문**은 정확한 정보를 얻는 데 좋다.
3. 한편 **부분적으로 열린 질문**도 상대에게 특정 주제에 대해 무엇을 얼마나 말할지 스스로 결정할 수 있게 한다는 점에서 좋다. 예를 들어 "채식주의에 대해 얼마나 알고 계시나요?"
4. **완전히 열린 질문**은 상대에 대한 정보를 열린 마음으로 예외 없

이 가능한 한 많이 얻고 싶을 때 좋다. 예를 들어 "평소에 음식은 어떻게 드시나요?"

5. **유도성 질문**은 되도록 피한다. 대답이 이미 정해져 있으므로 상대를 조종하려는 질문이기 때문이다. 예를 들어 보험회사 대표가 "선생님도 밤에 편하게 주무시고 싶겠죠. 아닌가요?"라고 하는 질문

6. **가정적 질문**은 상대가 부담 없이 창의력을 발휘할 수 있으므로 언제나 좋다. 예를 들어 "지금 당장 여행을 갈 수 있다면 어디로 가시겠어요?"

최고의 질문은 '좋은 광고를 위한 원칙'을 잘 따르는 질문이다. 당신도 잘 만들어진 광고를 보고 웃거나 미소 지은 적이 있을 것이다. 사람들을 그렇게 웃게 하려고 기업들은 광고에 수억씩 투자한다. 웃음은 긍정적인 감정이고 사람들은 자신의 뇌 속에 그런 긍정적인 감정을 일으킨 회사와 무의식적 동질감을 느낀다. 그러면 마트에서 긴 진열대 앞에 섰을 때 그 회사의 물건을 선택한다.

이 원칙을 우리 자신을 위해서도 이용할 수 있다. 대답하며 환히 웃을 수 있는, 칭찬하는 질문을 하는 것이다. 예를 들어 "어떻게 그렇게 지혜롭고 날씬하고 부자에다 카리스마까지 갖추실 수가 있죠?" 같은 질문.

좋은 질문을 찾는 것이 어렵다면 얼음도끼Eispickel 방식을 써보기를 바란다. 얼음도끼로 얼음을 찍어 가며 빙산을 오르는 등반가처럼 상대가 말한 문장 단어 하나하나를 기반으로 질문을 만들어 보는 것이다. 예를 들어 상대가 "나는 어제 괜찮은 이탈리아 레스토랑에 갔었어요!"라고 했다고 치자. '어제'라는 단어로는 "전에도 거기 갔었어요?"라고 물을 수 있다. 마찬가지로 '갔었다'로는 "어제 처음 간 거예요?"라고 물을 수 있다. 그리고 '나는'으로는 "누구랑 갔는데요?"라고 물을 수 있고 '괜찮은 레스토랑'으로는 "어떤 레스토랑이 괜찮은 레스토랑이라고 생각하나요?"라고 물을 수 있고 '이탈리아'로는 "그 이탈리아 식당 이름이 뭐죠?"라고 물을 수도 있다. 기본적으로 우리는 상대가 하는 모든 말에 질문하는 것으로 주제를 넓힐 수도 있고 좁힐 수도 있다. "그 레스토랑 어디에 있나요?"가 주제를 좁히는 질문이라면 "이탈리아 음식 외에 어느 나라 음식을 또 좋아하나요?"는 주제를 넓히는 질문이다.

의사소통 기술이 감탄스러울 정도로 좋은 사람은 세상을 다 가진 것이나 다름없다. 당신도 배울 수 있다. 그렇다는 걸 굳게 믿기를 바란다. 이렇게 생각해 보자.

당신은 방금 외계 행성에 떨어졌고 이제 그곳의 존재와 소통하려 한다. 그 존재를 당신은 얼마나 집중해서 보겠는가? 그리고 그 존재의 말을 얼마나 집중해서 듣겠는가? 그렇게 집중할 때 모든 대화가 새롭고 그야말로 유일무이한 대화가 될 것이다. 좋은 대화라면 꼭 그래야 한다. 사실 모든 대화가 유일무이하다. 두 사람이 인생에서 가장 중요한 자원인 시간을 대화에 쓰고자 했다면 분명 그만한 가치가 있어야 할 것이다. 그렇지 않다면 대화를 시작할 이유도 없다. 인생에서 지나간 시간은 1초도 다시 오지 않는다.

또 이렇게도 상상해 보자. 당신이 세상에서 가장 사랑하는 사람이 죽을 뻔한 것을 당신 앞의 그 사람이 방금 살려냈다고 말이다. 그럼 그 사람이 하는 말을 얼마나 열과 성의를 다해서 듣겠는가?

훌륭한 소통자는 관대하고 늘 베푸는 데 집중한다.

◯

언제나 주고자 하는 마음으로 대화에 임하라. 상대를 통해 어떻게 하면 빨리 나의 목적을 이룰 수 있을까가 아니라 상대가 자신의 목적을 이루는데 어떻게 하면 가장 큰 도움을 줄 수 있을지를 생각하라.

물론 어디서나 사랑받는 사람이 되라는 뜻은 아니다. 누구에게나 사랑받는 사람이 되기보다 당신에게 중요한 몇몇 사람에게 사랑받는 사람이 되는 게 낫다.

피상적인 관계를 많이 갖기보다 좋은 관계를 조금 갖는 게 낫다. 누구를 알고 있느냐가 아니라 그 사람에 대해 얼마나 알고 있느냐

가 중요하다. 네트워크는 집단 안에서 정보를 교환하면서 함께 성
공적으로 일하기 위해 있는 것이다. 그러니 수신 안테나를 쫑긋 세
우자. 사실 마트나 축구경기장에서도 마찬가지이다. 정보는 어디서
든 얻을 수 있고 그 과정에서 서로서로 연결된다. 나는 새로 어떤 사
람을 알게 되면 그 사람이 하는 일에서 고객을 더 받을 수 있는지 물
어본다. 나는 직업상 사람들을 많이 만나는 편이고 그 사람들에게
내 네트워크의 사람들을 추천하고 싶기 때문이다.

이렇게 자문해 보자. 내 주변에서 가장 중요한 사람 스물다섯 명
을 꼽자면 누가 들어갈까? 개인적으로 그리고 직업적으로 모두 함
께 말이다. 스물다섯 명이 모두 이미 잘 아는 사람일 필요는 없고 심
지어 전혀 모르는 사람이어도 괜찮다. 그 사람 하나하나의 현재 가
장 큰 관심사가 무엇인지 알아보라. 그 사람에게 최대한 물어보고
그 사람의 소셜 미디어 계정을 방문해 현재 그 사람의 인생에 대해
최대한 알아내라. 프로필에 그 사람이 자신에 대해 올려놓은 글들
을 읽어라. 다양한 채널에 구독자가 많은 것이 보이면 그 사람의 사
업이 번창하는 중이라는 뜻이다. 영적인 글을 쓰는 것 같으면 그런
대강의 정보만으로도 적당한 질문으로 좋은 인상을 줄 수 있다. 건
강을 잘 챙기는 사람이라면 사람들이 잘 모르는 좋은 음식에 대한
링크를 전달해 줄 수도 있다.

처음 해고를 당하고 아는 사람이 한 명도 없는 상황에서 몇 달 동

안 혼자 공부만 할 때 나는 내가 생각하는 훌륭한 책의 저자들에게 정직하고 훌륭한 피드백을 보냈다. 그리고 그 사람들을 위해서 무료로 일하고 싶다고 했다. 그리고 그 사람들이 나와 함께 일할 때 얻을 수 있는 좋은 점들을 열 가지 정도 구체적으로 생각해 써 보냈다. 그럼 대개 친절한 답장이 오고 덕분에 나는 짧은 기간 안에 매우 성공한 사람들을 만나게 되었고 그들을 위해 일하면서 무료로 많은 것을 배울 수 있었다.

강력한 인간관계를 구축하려면 다음 세 가지가 필요하다.

1. 좋은 의도
2. 상대가 현재 가장 열정을 보이며 하는 일이 무엇인지 알아야 한다.
3. 언제나 확실히 도와줄 준비가 되어 있어야 하고 그걸 상대가 알게 해야 한다.

능력, 경력, 언제든 활용할 수 있는 사람들, 영향력이 미칠 수 있는 범위 같은, 당신이 지금 가지고 있는 자원들을 모두 적어 보라. 그리고 다른 사람이 이용할 수 있는 것으로 당신이 무엇을 가졌는지 분명하게 보라.

힘 있는 사람은 관심을 받고자 애쓰지 않아도
사람들이 먼저 그를 찾는다.

산책하러 나갔더니 아주 매력적인 사람이 보였다고 하자. 질문 하나. 당신은 그 사람을 신뢰하는가? 대답은 "아니다!"일 것이다. 그런데 왜 어떤 사람은 다른 사람들에 비해 우리를 더 끌어당길까?

내가 생각하는 매력은 이렇다.

매력 = 당신에 대한 타인의 흥미 - 당신 개인적인 노력

예를 들어 조지 클루니 같은 스타는 아무런 노력을 하지 않아도 많은 사람이 관심을 보인다.

그러니 누군가에게 좋은 인상을 주기 위해 너무 애쓰지 말고 둘 사이에 이미 존재하는 공통점을 찾아보는 게 신뢰를 얻는 데는 더 낫다. 그러기 위해서는 때로 검색만 잘해도 충분할 때가 있다. 혹시 둘 다 똑같은 경험을 하지 않았나? 그리고 둘 다 각자 알고 지내는 인물은 없는가? 이런 방식이 자신의 좋은 점을 드러내려 애쓰는 것보다 둘 사이 더 좋은 감정적 다리를 만들어 준다. 신뢰에 꼭 필요하고 중요한 재료는 시간이다. 그다음이 믿음을 주는 행동이다.

처음 만날 때 언제나 통하는 일명 마법의 문장도 있으니 잘 써 보자. 예를 들어 상대가 무슨 일을 하느냐고 물으면 뻔하게 대답하지 말고 당신만의 마법의 문장을 생각해 보자. "저는 투자상담가입니다."라고 하기보다 "사람들이 돈을 몽땅 잃지 않게 도와줍니다." 혹은 "매달 가진 돈의 1퍼센트에서 3퍼센트까지 수익을 보장하는 방법을 알려 줍니다."라고 하는 게 더 좋다. "저는 치과의사입니다."보다는 "사람들이 당당하게 웃을 수 있게 도와주지요." 혹은 "무슨 음식을 가장 좋아합니까? 저는 사람들이 맛있는 음식을 먹을 때 통증이 아니라 맛만 음미할 수 있게 도와주는 일을 합니다."라고 한다면 상대는 당신을 반드시 기억할 것이다.

칭찬은 보통 윗사람이 아랫사람에게 하는 것이므로 (또 그럴 때 효과도 좋다) 칭찬을 할 때는 오만하게 들릴 수도 있으니 조심해야 한다. 한 가지 일에 대해 칭찬하기보다 그 사람 전체를 칭찬하는 게 좋다. 그래야 상대는 칭찬받으려면 당신이 원하는 것을 해야 한다고 생각하지 않는다.

비판할 때는 그 반대이다. 사람 자체가 아니라 특정 행동만 비판해야 한다. 질문 형식을 취해 상대가 자기 행동을 스스로 반성할 수 있게 하면 더 좋다. "당신이 그런 걸 경험해야 한다면 어떻겠습니까?"처럼 말이다. 가정법 문장을 쓰면 비판하고자 하는 요지를 불쾌하지 않게 잘 전달할 수 있다. 예를 들어 "만약에 그 일을 한다면 A

와 같은 결과를 얻을 겁니다. 하지만 그 일 말고 이 일을 한다면 B라는 결과를 얻을 겁니다."처럼 말이다.

우리는 왜 모두가 같은 마음일 거라고 생각하는가? 외모만 봐도 사람들은 서로 얼마나 다른가? 다음에 누군가를 비판하고 싶다면 비판은 뜨거운 조개탄 같은 것임을 기억하자. 다른 사람에게 던지기 전에 자신부터 데이게 되어 있다. 비판하는 사람도 밀려오는 부정적인 감정들을 겪어야 하니까 말이다. 이런 말도 있잖은가? "세상에는 비판을 절대 소화하지 못하는 네 그룹의 사람이 있는데 바로 가족, 친구, 아는 사람, 모르는 사람이다." 그 외에 다른 사람은 비판해도 된다.

당신이 두 명의 서로 다른 사람을 알게 되었다고 하자. 첫 번째 사람은 당신에게 이렇게 말한다. "나는 직원이 4,120명이나 되는 큰 회사를 책임지고 있고 외국어를 다섯 개나 하고 별 다섯 개 호텔이 아니면 자지 않소." 두 번째 사람은 이렇게 말한다. "부모님이 제가 어릴 때 이민을 오셨지요. 어릴 때는 집에 먹을 게 없을 때도 많았어요. 어머니는 우리를 먹이겠다고 몇 푼 안 되는 돈이라도 벌고자 청소 일을 하셨죠." 당신은 어떤 사람을 더 좋아하겠는가? 아마도 두 번째 사람일 것이다. 인간적인 사람만큼 믿음이 가는 사람도 없으니까 말이다. 두 번째 사람은 자신을 포장하지 않고 감정을 보여 주는 용기도 갖고 있다. 솔직하게 자신을 보여 주면 대개 상대는 신뢰감을 느끼고 다가온다.

말하지 않는 사람은 언젠가는 공격당하고 다친다.
솔직하게 말하는 사람은 무적이 된다.

영화 〈록키 발보아〉의 주인공 록키를 싫어하는 사람은 세상에 아마 없을 것이다. 솔직하고 말과 행동이 같은 사람이기 때문이다.

심리학적 현상으로 '최신 효과'라는 개념이 있다.[80] 마지막에 한 말이 상대의 기억 속에 더 강력하게 저장되는 효과를 말한다. 나는 이제는 그럴 필요가 없음에도 이 효과를 잘 알고 쓰는, 어느 매우 유명하고 성공한 남자를 한 명 알고 있다. 나는 그를 어느 네트워크 이벤트에서 처음 만났는데 그때 모든 사람의 눈이 그에게로 향해 있었다. 하지만 그가 너무 유명한 사람이라 아무도 감히 그에게 말을 걸지 못했다. 그래서 내가 그에게 말을 걸었고 우리는 45분 동안 대화를 나누었고 그날 그 장소를 함께 빠져나왔다. 헤어질 때 그가 나에게 아주 특별한 칭찬을 해 주었다. "이보게 친구, 자네의 그 겸손하고 소박한 자세가 참 특별하네 그려." 지금도 나는 그 말을, 좋은 의미에서, 잊지 못한다.

강력한 관계들을 만들어라. 그리고 그 사람들을 잘 보살펴라. 중요한 것은 핸드폰 속 연락처 수가 아니라 그들과의 실질적인 관계니까 말이다. 중요한 사람들에게 최소한 2주에 한 번은 그 사람이 흥미로워할 것 같은 정보와 함께 짧은 메시지를 보내라. 그리고 그 즉시 대답이 올 거라 기대하지는 말라. 눈에 띈 신문 기사도 좋고 SNS 포스팅도 좋다. 질문을 해 볼 수도 있다. "프로젝트는 잘 되고 있나? 내가 도와줄 게 있으면 말해 주게."처럼. 당신에게 중요한 사람이 자신의 계정에 글을 올렸거나 당신에게 사진 혹은 글을 보냈다면 답글을 달고 답장을 하자. 꼭 생일이나 명절이 아니라도 상대에게 중요한 일이 있으면 축하나 인사말을 개인적으로 보내자. 상대에게는 의미 있는 날이지만 다른 사람들도 다 축하해 줄 정도는 아닌 날에 당신만 메시지를 보낸다면 상대는 감동할 것이다. 요약하자면 이렇다. 훌륭한 소통자가 되고 싶다면 스물다섯 명 당신의 영혼들에게 그들을 보지 못할 때라도 늘 생각하고 있음을 알려라. 당신들은 더 높은 의식으로 향한 길을 지구에서 함께 걸어가는 중요한 동반자들이다.

CHAPTER 9

창조

당신만의
성공 이야기를 쓰라

꿈 · 실천 · 환호

다음 시나리오를 한번 상상해 보자. 오늘이 당신 인생의 마지막 날이다. 당신은 혼자 침대에 누워 죽을 준비를 하고 있다. 그런데 갑자기 어디선가 유령들이 나타난다. 그들은 모두 당신이 한 번도 쓰지 못한 재능, 한 번도 실현해 보지 못한 아이디어들이다. 유령들은 모욕이라도 당한 듯 화가 나 있고 매우 슬퍼한다. 소리를 지르며 분개하기도 한다. 그리고 이렇게 말한다. "우리가 지금 여기 온 이유는 네가 우리를 깨워야 하기 때문이야. 그런데 너는 이제 죽는다는군. 우리도 너와 함께 여기를 떠나야 해. 너와 함께 죽어야 한다고." 상상력이 지나친가? 그럴지도. 그래도 중요한 질문은 남는다. 당신이 죽는 날 당신 옆에는 유령이 몇 개나 서게 될까? 나에게 세상에서 가장 슬픈 단어는 '언젠가는'이다! "언젠가는 세계여행을 떠날 거야." "언젠가는 내 가게를 열거야." "언젠가는 사랑하는 사람과 몰디브에 갈 거야." 이런 '언젠가'는 대개 '절대 하지 않겠다'란 뜻이다. 그러니까 '언젠가'가 '절대 하지 않겠다'가 되기 전에 가능한 한 자주 '언젠가'를 '바로 지금'으로 바꾸자.

지구라는 행성에서는 모든 것이 두 번 일어난다. 아이디어로 한 번, 실천을 통해 한 번. 인생은 이 둘 사이의 틈을 없애는 것이다. 세상의 모든 아이디어가 단지 머릿속의 일에 그쳤다면 오늘날 우리가 바흐의 음악을 들을 일도, 아스트리드 린드그렌의 책을 읽을 일도,

살바도르 달리의 작품을 논할 일도 없었을 것이다. 아이디어는 그 것을 처음 생각한 사람의 것이 아니라 처음 실행한 사람 혹은 최소 한 처음 특허를 낸 사람의 것이다.

시작에는 굉장한 힘이 든다. 비행기는 출발하는데 전체 연료의 35퍼센트를 쓴다. 무언가를 시작할 때는 언제나 에너지가 많이 들 어간다. 자전거도 달릴 때보다 출발할 때 더 힘껏 밟아야 한다.

계획을 성공적으로 실현하려면 결정부터 단호해야 한다. 자신이 하고자 하는 일에 100퍼센트 몰두하며 진정으로 뛰어들 때 비로소 거장의 반열에 오를 기회가 생긴다. 현재 이 순간은 정확하게 과거 의 당신이 내린 결정들의 합이다. 직업, 건강, 인간관계를 위해서 당 신이 했던 그 모든 일, 더 중요하게는 당신이 하지 않은 그 모든 일 말이다. 그러므로 내일 더 나은 삶을 원한다면 오늘 무언가 다른 일 을 해야 한다. 한 번도 이루지 못한 것을 이루고자 한다면 역시 지금 까지 한 번도 하지 않은 일을 해야 한다. 대다수가 하는 일을 한다면 대다수가 얻는 것을 얻는다.

성공은 각자의 자유 의지에 의한 것이다. 각자의 결정이다. 당신 의 결정이다. 오늘 무언가를 바꾼다면 향후 5년은 지난 5년과 완전 히 다르게 흘러갈 것이다. 오늘 아무것도 바꾸지 않는다면 향후 5년 도 지난 5년과 똑같이 흘러갈 가능성이 크다. 그렇게 또 후회하고 있는 자신을 본다. 아직 인생이 끝난 것은 아니니 여전히 무언가를 바꿀 수 있음에도 대개 너무 늦었다고 생각한다. 세상에서 고개를 숙이고 다니는 데 익숙해져 버렸다. 그렇게 자기실현 능력이 조금씩 사라진다. 목표는 큰데 가능한 일이 너무 없는가? 그래도 시작하라. 일단 시작하면 가능한 일이 점점 늘어날 것이다.

당신이 현재 어떻게 행동하느냐에 따라 미래의 목표 달성 여부가 결정된다. 그리고 그 미래가 다시 당신 현재의 행동을 결정할 것이다. 행동하지 않는 비전은 공상일 뿐이다. 자신에게는 자격 혹은 능력이 없다고 믿고 아이디어를 실현하는 데 두려움을 느끼는 사람이 많다. 그리고 평생 다른 사람이 허락해 주기를 혹은 독촉해 주기를 바란다. 완벽주의도 행동을 막으며 많은 사람에게 괴로움을 선사한다. 사실 심한 완벽주의도 노력하면 극복할 수 있다. 이렇게 자문해 보자. "아무 일도 일어나지 않으면 무슨 일이 일어날까? 1년, 2년, 3년, 4년 뒤 혹은 10년 뒤에 난 어디에 있을까?" 인생에서 중요한 것은 완벽하게 하는 것이 아니라 나아가며 성장하는 것이다. 신은 우리를 불완전한 존재로 만들었다. 이것은 모든 형태의 완벽주의가 신에 대한 직접적인 도전이라는 뜻도 된다.

기꺼이 무언가를 시도했다가 며칠 만에 포기한 적이 당신도 있을 것이다. 왜 이런 일이 벌어질까? 대답은 간단하다. 시작은 아이디어만 좋으면 할 수 있지만 끈기가 없다면 목적지까지 갈 수 없기 때문이다. 단호한 결심 없이는 시작할 수 없고 끈기 없이는 목적지에 도달할 수 없다.

꿈을 꾸게 하는 것은 영감이고 실천하게 하는 것은 동기지만
마지막에 환호하게 하는 것은 끈기이다.

O

실수해야 하는 이유

대가가 되기 위한 길 위에 선 당신은 거듭 실수할 것이다. 하지만 실수는 성공의 반대가 아니라 가장 중요한 조건이다. 진짜 거장들은 무엇이 다른가? 이제 막 시작한 사람보다 더 자주 넘어져 봤다는 점에서 다르다. 다음에 넘어진다면 길을 잘못 들었다는 뜻이 아니라 길을 걷기 시작했다는 뜻임을 알자. 계속 성공한다 함은 단지 틀린 결정보다 옳은 결정을 더 많이 내린다는 뜻이다. 옳은 결정은 경험에서 나오고 경험은 틀린 결정을 통해 얻을 수 있다. 결론은 이렇다. 되도록 빨리 넘어지고 그 경험에서 배워라!

따라서 세계적으로 큰 축구 클럽들은 경험 많은 감독을 영입하고 경험 없는 감독들보다 훨씬 많은 보수를 지급해야 할 의무가 있다. 경험 많은 감독은 이미 다른 곳에서 대부분의 실수를 다 해 보았기 때문이다.

실수하지 않고 어떻게 새로운 것을 배우겠는가? 절대 넘어지지 않으려면 절대 새로운 일을 하지 않는 수밖에 없다. 인생이라는 게

임에서 실수는 당연히 따라오는 것이다. 실수를 전혀 하지 않는다면 당신은 아직 덜 용감한 것이다. 자주 충분히 넘어져 본 사람만이 크게 성공한다.

**사람들이 무너지는 이유는 대부분 실수해서가 아니라
실수를 너무 적게 해서이다.**

오늘 당신의 아이디어를 실행하기 시작한다면 다음 두 가지 일이 일어날 수 있다.

1. 성공한다. 그리고 그 성공을 바탕으로 더 나아간다.
혹은
2. 실패한다. 하지만 배웠고 그 배움을 바탕으로 더 나아간다.

하지만 지금 실행하지 않는다면 당신도 이제 알 것이다. 무슨 일이 일어날지. 그렇다. 아무 일도 일어나지 않는다! 때를 기다리지 마라. 시간이 없다. 무엇을 하든 안 하는 것보다 낫다. 실패한 후에 새롭게 시작하기를 두려워하지 마라. 실패라는 소중한 경험을 했으니 이제 바닥부터 시작하는 것이 아니니까 말이다. 한 단계씩 나아갈 때마다 두려움을 느끼는 것은 당연하다. 성공한 사람은 두려움에도 불구하고 계속 나아갔다는 점에서 다를 뿐이다. 바지 주머니에 손을 넣고 바다를 보기만 해서는 대양을 횡단할 수 없다.

두려운 일은 어차피 언젠가는 일어나게 되어 있다. 때가 되면 실수는 언제나 또 하게 되어 있다. 조만간 창피도 당할 것이다. 사랑하는 사람이 당신을 마음 아프게 할 날도 올 것이다. 그리고 생이 다하면 죽을 것이다. 그런 지구에 온 것을 환영한다! 지구에서는 분명우리가 어떻게 할 수 없는 것들이 있다. 그러니 우리가 어떻게 할 수없는, 앞으로 일어날 수도 있는 일이나 미래에 당신이 되고 싶은 것에 집중하지 말라. 오직 오늘 하는 일에 집중하라.

당신은 스페인의 정복자 에르난 코르테스Hernán Cortés를 아는가? 1519년, 코스테스는 자신의 열한 척 배를 이끌고 쿠바에서 멕시코로 이동한 후 굉장히 극단적인 조치를 하나 취했다. 자신과 부하들이 돌아갈 수 없게 배를 전부 불태워 버린 것이다.[81] 성공하기 위해모든 것을 건 것이다. 그리고 그는 성공했다. 두 번의 해고를 당한후 자기 계발 분야에 발을 들여놓았던 나에게도 다른 선택권이 없었다. 플랜B는 없었다. 플랜B가 있었다면 플랜A에 방해만 되었을것이다.

잘 단련된 스포츠 스타들은 기본적으로 자기 확신이 강한 사람들이다. 어디서 그런 절대적인 확신이 나올까? 자신을 증명해 보여야 하는 상황들을 수천 번 연습했고 경험했기 때문이다. 우리는 분

리수거나 샤워를 어떻게 하면 더 잘할 수 있을까 생각하지는 않는다. 확신을 얻으려면 한동안 가능한 한 자주 불확신의 길을 걸어야 한다. 하지만 그러다 보면 대개 커다란 의심이 통찰로 바뀌는 날이 온다.

미국의 전설적인 농구 선수 마이클 조던은 경기가 있을 때마다 절대적인 확신으로 코트 위에 설 수 있을 때까지 연습했다. 조던은 '태풍의 눈'이라는 별명을 얻었는데 주변이 혼돈으로 가득할수록 더 차분해졌기 때문이다. 경기가 위기에 처했는가? 중요한 동료 선수가 부상을 입었나? 원정 경기에서 지고 난 후 그 시즌 가장 중요한 복수전이 코앞인데 다들 이번에도 질 거라고 예상하는가? 그런데도 그는 다 해냈다! 언젠가 어떻게 그렇게 우수한 선수가 될 수 있었느냐는 물음에 조던은 이렇게 대답했다. "나만의 기준이 있었으니까요! 나는 다른 사람들보다 나에게 늘 더 많은 것을 요구했죠. 나는 나를 다른 사람이 아니라 할 수 있는 일을 하는 나 자신과 비교했을 뿐입니다!"[82]

천재들이 사람들 앞에서 펼쳐 보이는 것은 사실 자신이 몇 년 동안 혼자 연습한 것을 기념하고 축하하는 것이다. 보람은 시작만 해서는 얻을 수 없고 끝까지 했을 때만, 꼭 끝까지 했을 때만 얻을 수 있다. 아리스토텔레스는 이런 지혜로운 말을 남겼다. 우리가 반복하는 것이 우리 자신이 된다. 그러므로 좋은 것은 행동이 아니라 습관이다.

좋은 습관과 높은 의식은 충만한 인생을 지탱하는 두 버팀목이다. 당신 영혼의 숙제를 알고 그 길을 결연히 갈 준비를 하자. 그럼 대가의 반열에 오를 수 있다. 한 번의 성공은 성공이라고 할 수 없다. 성공을 계속 이어가는 것이 진정한 성공이다. 뛰어나기란 어렵지만 뛰어난 상태를 유지하기란 더더욱 어렵다. 당신 영혼의 숙제에 몰두하고 있다면 그 안에서 당신만의 절대적인 대가다움을 추구하라. 그 외의 다른 것은 모두 당신 영혼의 힘과 시간을 낭비하는 것이다.

먼저 당신이 습관을 만들면 나중에 습관이 당신을 만들 것이다. 한참 운동을 안 하다가 마지못해 다시 시작해 본 적이 있다면 몇 주 안에 찾아오는 긍정적인 느낌을 잘 알 것이다. 운동을 즐기게 되고 하루라도 빠지면 서운해진다. 좋은 습관은 의지력이 만든다.

나쁜 습관은 들이기는 쉽지만 그러면 인생이 힘들어진다. 좋은 습관은 들이기는 어렵지만 그러면 인생이 가벼워진다. 이미 가지고 있는 습관들을 자주 돌아보라. 종종 세상에서 가장 질긴 것이 바로 습관이다. 꾸준히 열심히 한다고 해서 늘 다 이루는 것은 아니지만 성공하려면 꾸준히 열심히 하는 것은 기본이다. 재능이 뛰어난데 노력을 안 한다면 결국 성공하지 못한다. 재능이 그리 많지 않아도 한 가지 일에 열정을 다한다면 조금씩 나아지다가 결국에는 성공한다. 이것은 하버드 대학교의 연구도 입증한 것이다.[83]

오늘 배를 타고 뉴욕을 떠나 리스본으로 향한다고 하자. 이런 여정이면 보통 약 7일이 걸린다. 그런데 선장이 첫날 밤 항로를 단지 몇 도 틀었다면 어떨까? 다음날 아침 곧장 눈치챌 수 있겠는가? 아니다. 대양은 어제와 똑같이 푸르기만 할 것이다. 하지만 그 상태로 7일을 계속 간다면 그 배는 계획했던 포르투갈이 아니라 프랑스나 심지어 아프리카에 도착할 수도 있다. 별것 아닌 것처럼 보여도 작은 변화는 언제나 그 가치를 톡톡히 한다. 그러니 자신의 비범함을 굳게 믿고 또 당신 영혼의 여정이 옳음도 굳게 믿고 용감하게 당신 영혼의 숙제에 매진하기를 바란다.

마음을 열고 근본 신뢰 안에 머물러라

당신 손에 이 책이 들려 있고, 그 책을 하필이면 내가 쓸 수 있었음이 나에게는 신의 섭리에 대한 증명처럼 느껴진다. 이런 일이 어떻게 일어날 수 있었는지 말해 보겠다. 열두 살 때까지 나는 어머니와 함께 크림반도에서 살았다. 아버지는 이미 우리를 떠난 지 오래였고 배우였던 어머니는 돈을 아주 조금밖에 못 벌었으므로 우리는 창문에 창살이 달린 반지하 아파트에서 살았다. 거실의 바닥은 무릎 대로 물러서 자꾸 내려앉았고 벌레들이 들끓었다. 쥐들이 들락거렸으므로 어머니와 나는 병을 수건으로 감싸고 망치로 내려친 다음 그 조각으로 매일 쥐구멍을 막아야 했다. 일곱 살 때 일어났던 어떤 일을 나는 지금도 또렷이 기억한다. 어느 날 아침 현관문을 열었더니 그곳에 노숙자가 벌거벗은 채 죽어 있었다. 오래된 딱딱한 빵에 마늘즙을 발라 하루에 한 번만 겨우 먹었던 날도 많았다. 너무 가난해서 어머니는 먹을 것을 좀 사겠다고 내가 애착했던 알루미늄 썰매를 팔기도 했다. 그 어떤 신성한 힘의 개입이 없었다면 그래서 내 영혼의 계획을 실현할 수 없었다면 내 인생은 어떻게 흘러갔을까? 나는 상상하고 싶지 않다.

어느 날 어머니는 직업상 독일의 어느 작은 마을로 가게 되었다. 그때 베를린에서 살던 홀스트라는 이름의 한 남자도 세미나에 참석하기 위해 함부르크로 가야 했다. 그런데 남자는 그만 장염에 걸려 세미나를 취소해야 할 것 같았다. 그런데 같이 세미나에 가기로 했던 친한 친구가 열이 39도인 홀스트에게 그래도 가 보자고 했다. 단 운전은 하지 말고 열차를 타자고 했다. 자동차 업계에서 일했던 홀스트는 기차를 타 본 적이 거의 없었다. 하지만 그렇게 그들은 세미나에 참석했고 돌아가는 길에 홀스트와 친구는 사람들로 꽉 찬 기차에 세 명씩 서로 마주 보고 앉는 칸에 앉았다. 그 기차가 어느 간이역에 섰을 때 내 어머니가 탔다. 동시에 그들이 있던 좌석에 한 승객이 일어났고 그렇게 하필이면 홀스트 옆자리가 비었다. 홀스트는 러시아어를 몰랐고 내 어머니는 독일어를 몰랐기에 둘은 손짓 발짓으로 소통했다. 그래도 그 여정이 끝날 즈음에는 베를린에서 다시 만날 것을 약속할 수 있었다. 약속은 저녁 7시였다. 홀스트는 정각에 도착했고 내 어머니는 그렇지 못했다. 7시 10분, 그는 여전히 그곳에 있었고 그녀는 여전히 오지 않았다. 7시 15분, 20분, 25분에도 마찬가지였다. 홀스트는 7시 30분까지만 기다려 보기로 했다. 그리고 7시 30분이 되었지만 그녀는 여전히 오지 않았고 홀스트는 내면에서 '더 기다려'라고 하는 소리를 들었다. 그리고 마침내 7시 34분에 멀리서 내 어머니가 웃으며 걸어오는 모습이 보였다. 다음 이야기는 예상한 그대로다. 둘은 결혼해 그때부터 25년 동안 베를린에서 잘살고 있다.

나는 왜 이런 이야기를 자세히 늘어놓는가? 이 이야기 중에 작은 한 대목만 달랐어도 내 어머니와 내 의붓아버지는 결코 만나지 못했을 것이고 그럼 나는 독일로 오지 못했을 것이고 그럼 당신이 지금 이 책을 들고 있을 일도 없었을 것이다. 홀스트가 그 기차를 타지 않았다면 혹은 다른 교통수단을 이용했더라면 혹은 약속 시간에 늦은 내 어머니를 쉽게 포기했더라면 둘은 만나지 못했을 것이고 나는 지금 아주 다른 곳에 있었을 것이고 당신이 이 문장이 읽을 일도 없었을 것이다.

**모든 것이 연결되어 있다. 우주의 섭리를 알고
당신 영혼의 계획을 믿어라.**

이 책을 여기까지 읽었으니 당신은 상당한 실천 에너지를 갖고 있을 것이다. 책을 펼치기는 쉬워도 끝까지 읽기는 쉽지 않으니까 말이다. 많은 제안이 있었지만 나는 이 책을 쓰기를 오랫동안 거부해 왔다. 하지만 동시에 20년이 넘게 이 책을 준비해 왔다. 그동안 나는 배움에 수천 시간을 투자하며 자기 계발에 힘썼다. 당신 손에 있는 이 책은 당신의 머리만이 아니라 마음에까지 가닿고자 했던 내 깊은 소망의 결과이다. 이 책의 끝은 곧 당신만의 새로운 인생의 시작이다. 대가다움으로 향하는 길 위해서 벌어지는 놀라운 일들을 당신이 만끽하기를 바란다. 그리고 어제보다 오늘 더 베풀고 더 사랑할 것을 당신 자신에게 약속하자. 그리고 오늘을 기억하기를 바란다. 1년 뒤 오늘, 지금 무엇을 상상하든 그 이상으로 아주 다른 곳에 가 있을 테니까 말이다. 당신은 무엇이든 할 수 있다.

고난을 거쳐 영예의 별로
당신의 막심

주석

1   James, William: The Energies of Men. In: *The Philosophical Review*, Vol. 16, No. 1, 1907, S. 1–20

2   Grimmelmann, James: Law and Ethics of Experiments on Social Media Users. In: Cornell University Law School, Scholarship@Cornell Law: A Digital Repository Cornell Law Faculty Publications Faculty Scholarship, 2015

3   North, A., Hargreaves, D., McKendrick, J.: The influence of in-store music on wine selections, Journal of Applied Psychology, Vol. 84, No. 2, 1999; S. 271–276

4   https://www.welt.de/wissenschaft/plus225453603/Stefanie-Stahl-Die-Macht-negativer-Glaubenssaetze-und-wie-wir-sie-ablegen.html, aufgerufen am 17.11.2021

5   End of the road for Cliff≪. The Sydney Morning Herald. 3 November 2003; https://www.smh.com.au/national/end-of-the-road-for-cliff-20031104-gdhpof.html; aufgerufen am 17.02.2020

6   Lehrer, Jonah: Imagine. How Creativity Works, 2012

7   https://bigthink.com/words-of-wisdom/tesla-on-inspiration/, aufgerufen am 17.11.2021

8   Solomon, Maynard: Mozart: A Life. 1966, S. 312

9   Samples, Bob: The Metaphoric Mind: A Celebration of Creative Consciousness, 1976, S. 26

10 Rede des Apple-Grunders Steve Jobs vor Absolventen der Universitat Stanford, 12.06.2005, https://www.youtube.com/watch?v=Hd_ptbiPoXM, auf-

gerufen am 17.11.2021; Zitat aus dem Amerikanischen ubersetzt von Maxim Mankevich

11   Giannotti, Donato: Gesprache mit Michelangelo: Erste vollstandige deutsche Ubertragung. 2008

12   zitiert nach Hermann, Armin: ≫Albert Einstein≪, 1994, zitiert nach Calaprice, Alice (Hrsg.): Einstein sagt, 1996, S. 225

13   Freud, Sigmund: Eine Kindheitserinnerung des Leonardo da Vinci. 1995

14   https://www.spiegel.de/spiegelgeschichte/a-652396.html, aufgerufen am 17.11.2021.

15   https://www.geo.de/magazine/geo-kompakt/6553-rtkl-erfinder-nikolates-la-das-betrogene-genie und: https://medium.com/@businessinrhyme/how-poetry-inspired-tesla-to-design-one-of-his-most-important-invention-se72a13f1d745, aufgerufen am 17.11.2021

16   https://www.geo.de/magazine/geo-kompakt/6553-rtkl-erfinder-nikolates-la-das-betrogene-genie, aufgerufen am 17.11.2021.

17   https://www.dpma.de/docs/dpma/veroeffentlichungen/1/jb2007_dt.pdf, aufgerufen am 7. Dezember 2021, S. 98

18   Nikola Tesla uber Thomas Alva Edison, New York Times, 19. Oktober 1931 https://www.nytimes.com/1931/10/19/archives/tesla-says-edi-sonwas-an-empiricist-electrical-technician-declares.html, aufgerufen am 17.11.2021

19   https://www.geo.de/magazine/geo-kompakt/6553-rtkl-erfinder-nikolates-la-das-betrogene-genie, aufgerufen am 17.11.2021.

20   Kirkpatrick, Sydney: Edgar Cayce. An American Prophet. 2014

21   https://www.edgarcayce.org/the-readings/akashic-records/, aufgerufen am 17.11.2021

22   Pureyear, Herbert: The Edgar Cayce Primer. Discovering the Path to Self Transformation, 2009

23   Gregg, Susan: The Complete Idiot's Guide to Spiritual Healing, 2000, S. 5

24   https://praxistipps.focus.de/zirbeldruese-entkalken-das-koennen-siedarunt-er-verstehen_122613, aufgerufen am 17.11.2021

25   Torres, John: Lionel Messi. Top-Scoring Soccer Star. 2015

26   Seiwert, Lothar: Noch mehr Zeit fur das Wesentliche: Zeitmanagement neu entdecken. 2009, S. 9

27. Jiddu Krishnamurti (1895–1986), sh. auch Rosenberg, Marshall B.: Gewaltfreie Kommunikation, 2001

28. Larre, Claude et al.: Les grands traites du Huainan zi. 1993, S. 208–209

29. Vgl. auch: Sigdell, Erik Jan: Reinkarnation. Christentum und kirchliches Dogma.: Christentum und das kirchliche Dogma, 2001

30. Vgl. zum Beispiel: Pryse, James M: Reinkarnation im neuen Testament, 2005

31. Die Bibelzitate in diesem Abschnitt aus: Die Bibel. Einheitsubersetzung der Heiligen Schrift. Vollstandig durchgesehene und uberarbeitete Ausgabe. Katholische Bibelanstalt, 2016.

32. Jung, Carl Gustav: Erinnerungen, Träume, Gedanken. Aufgezeichnet und herausgegeben von Aniela Jaffe, 1962, posthume Autobiografie

33. Holden, Janice Miner; Greyson, Bruce; James, Debbie (Hrsg.): The Handbook of Near-Death Experiences: Thirty Years of Investigation, 2009

34. Der Codex Leicester (1506–1510)

35. Russel, Peter: Quarks Quanten und Satori – Wissenschaft und Mystik: Zwei Erkenntniswege treffen sich; 2002

36. https://promisglauben.de/russell-crowe-fuehrten-existenzielle-fragen-unddie-ordnung-in-der-schoepfung-zu-gott, aufgerufen am 17.11.2021

37. Lutherbibel 1912; 1. Mose 28:16

38. Albert Einstein, 1. Ausgabe zur Relativitatstheorie, 1917

39. Russel, Peter: Quarks Quanten und Satori – Wissenschaft und Mystik: Zwei Erkenntniswege treffen sich; 2002

40. Ebd.

41. https://www.forbes.com/sites/christinecomaford/2012/04/04/got-inner-peace-5-ways-to-get-it-now/?sh=700df3006672, aufgerufen am 17.11.2021

42. Babylonischer Talmud; Schabbat 153a

43. Ware, Bronnie: 5 Dinge, die Sterbende am meisten bereuen: Einsichten, die Ihr Leben verandern werden. 2012

44. https://www.youtube.com/watch?v=Ia1Md31N-14, aufgerufen am 17.11.2021

45. McCullough, M. E.; Emmons, R. A.; Tsang, J.-A. The grateful disposition: A conceptual and empirical topography. Journal of Personality and Social Psychology, 82 (1), 2002, S. 112–127

46. https://www.wmn.de/health/food/verdauungszeit-so-lange-dauern-diese-typischen-lebensmittel-im-darm-id237441, aufgerufen am 17.11.2021

47. https://minesgreencircle.wordpress.com/2011/04/20/10-genius-vegetarians/, aufgerufen am 17.11.2021

48. From a letter to Hermann Huth, Vice-President of the German Vegetarian Federation, 27 December 1930. Supposedly published in German magazine ≫Vegetarische Warte≪, which existed from 1882 to 1935. Einstein Archive 46–756. Zitiert in: Calaprice, Alice: The Ultimate Quotable Einstein by Alice Calaprice, 2011, S. 453

49. zitiert in Claus Leitzmann: Vegetarismus. Grundlagen, Vorteile, Risiken. Munchen 2009, S. 10

50. https://www.welt.de/wissenschaft/article6012574/Ein-Kilo-Rindfleischkostet-15-000-Liter-Wasser.html, aufgerufen am 17.11.2021

51. https://www.caritas-international.de/pressemitteilungen/caritas-10.000-menschen-sterben-taeglich-durch-ver/361243/, aufgerufen am 17.11.2021

52. https://de.statista.com/statistik/daten/studie/38995/umfrage/weltweitetodesfaelle-aufgrund-chronischer-krankheiten/, aufgerufen am 17.11.2021

53. World Health Organization: Guideline: Sugar intake for adults and children. 2015 http://apps.who.int/iris/bitstream/handle/10665/149782/9789241549028_eng.pdf, aufgerufen am 17.11.2021

54. https://www.hsph.harvard.edu/nutritionsource/cancer/preventing-cancer/

55. Kammerer, Ulrike; Schlatterer, Christina; Knoll, Gert: Krebszellen lieben Zucker - Patienten brauchen Fett, 2017

56. https://tier-im-fokus.ch/milch/wie_gesund_ist_milch_wirklich, aufgerufen am 17.11.2021

57. The Physicians' Committee for Responsible Medicine:https://www.swissveg.ch/vegan_vegetarisch, aufgerufen am 17.11.2021 sowie Campbell, Colin T.; Campbell, Thomas M.: China Study: Die wissenschaftliche
Begrundung fur eine vegane Ernahrungsweise: Pflanzenbasierte Ernahrung und ihre wissenschaftliche Begrundung, 2017

58. https://www.provegan.info/de/basisinformationen/vegan/, aufgerufen am

17.11.2021

59. http://stopcancer.us/wp-content/uploads/2013/07/The-Prime-Cause-and-Prevention-of-Cancer.pdf, aufgerufen am 17.11.2021

60. https://www.badenova.de/blog/wie-viel-wasser-sollte-man-trinken/, aufgerufen
am 17.11.2021

61. https://www.businessinsider.de/leben/vergesst-10-000-schritte-so-vielmuesst-ihr-wirklich-gehen-r12/, aufgerufen am 17.11.2021

62. Horne, Jim: Sleeplessness: Assessing Sleep Need in Society Today, 2016

63. https://www.bedeutungonline.de/was-bedeutet-hara-hachi-bu-iss-bis-du-80-prozent-voll-bist/, aufgerufen am 17.11.2021

64. Nink, Marco: Engagement Index: Die neuesten Daten und Erkenntnisse der Gallup-Studie, 2018

65. https://de.statista.com/statistik/daten/studie/1223/umfrage/arbeitslosen-zahl-in-deutschland-jahresdurchschnittswerte/, aufgerufen am 19.10.2021

66. https://de.statista.com/statistik/daten/studie/289105/umfrage/arbeit-slosenzahl-in-der-schweiz-nach-monaten/, aufgerufen am 19.10.2021

67. https://de.statista.com/statistik/daten/studie/289159/umfrage/arbeit-slosenzahl-in-oesterreich-nach-monaten/, aufgerufen am 19.10.2021

68. Witte, D. R.; Grobee, D. E.; Bots, M. L.; Hoes, A. W.: Excess cardiac mortality on Monday: the importance of gender, age and hospitalisation. In: European Journal of Epidemiology, 2005, S. 395–399

69. Langer, Ellen J.: Mindfulness: Das Prinzip Achtsamkeit: Die Anti-Burn-out Strategie, 2015

70. https://www.businessinsider.com/google-20-percent-time-policy-2015-4, aufgerufen am 17.11.2021

71. https://arbeits-abc.de/jobzyklus, aufgerufen am 17.11.2021

72. haufig zitiert als Grundsatz der Pythagoreer; siehe z. B. Schibli, Hermann S.: On ›The One‹ in Philolaus, Fragment 7, in: The Classical Quarterly 46, 1996, S. 114–130

73. FL Denmark, The Corsini encyclopedia of psychology, 2010 –Wiley Online Library: https://onlinelibrary.wiley.com/doi/abs/10.1002/9780470479216.corpsy0924, aufgerufen am 17.11.2021

74. https://application.wiley-vch.de/books/sample/3527504311_c01.pdf, aufgerufen
am 17.11.2021

75. Frankfurter Neue Presse online: https://www.fnp.de/deutschland/tesla-elon-musk-ceo-spacex-universitaet-bewerber-abschluss-bildung-fragenerfolg-zr-90089232.html; aufgerufen am 16.11.2021

76. Parcinson, Northcote C.: Parkinson's Law, and Other Studies in Administration, 2021

77. Einstein, digitales Grunderzentrum: https://www.einstein1.net/warumstartups-scheitern/; aufgerufen am 17.11.2021.

78. Charlie Chaplin im Brief an seine Tochter Geraldine, 1965

79. Die Bibel. Einheitsubersetzung der Heiligen Schrift. Vollstandig durchgesehene und uberarbeitete Ausgabe. Katholische Bibelanstalt, 2016.

80. www.maximmankevich.com/; aufgerufen am 17.11.2021.

81. Baddeley, Alan D; Hitch, Graham: The recency effect: Implicit learning with explicit retrieval? Memory & Cognition, Volume 21, 1993, S. 146–155

82. https://www.wissenschaft.de/faszinierende-figuren/mutig-grausam-konsequent/;
aufgerufen am 17.11.2021

83. https://www.inc.com/marissa-levin/tony-robbins-and-michael-jordanattribute-their-su.html, aufgerufen am 17.11.2021; Zitat aus dem Amerikanischen ubersetzt von Maxim Mankevich

84. Perkins, David: Outsmarting IQ: The Emerging Science of Learnable Intelligence, 1995

SOUL MASTER
소울 마스터

2023년 4월 3일 초판 1쇄 발행
2024년 1월 19일 초판 2쇄 발행

지은이   막심 만케비치(Maxim Mankevich)
옮긴이   추미란
펴낸이   류지호
책임편집 이상근
편집   이상근, 김희중, 곽명진
디자인   단새우

펴낸 곳 원더박스 (03150) 서울시 종로구 사직로10길 17, 301호
대표전화 02) 720-1202 · **팩시밀리** 0303-3448-1202
출판등록 제2022-000212(2012. 6. 21)

ISBN 979-11-92953-03-8(03190)
값 19,800원